本书获中国社会科学院老年科研基金资助

美国产业研究丛书
主编：陈宝森　副主编：王荣军

美国矿业的调整、转型和发展战略

THE ADJUSTMENT, TRANSFORMATION AND DEVELOPMENT STRATEGY OF THE UNITED STATES OF AMERICA MINGING

陈宝森　刘元玲 ◎著

中国社会科学出版社

图书在版编目(CIP)数据

美国矿业的调整、转型和发展战略/陈宝森、刘元玲著.—北京：中国社会科学出版社，2013.11
ISBN 978-7-5161-3587-7

Ⅰ.①美… Ⅱ.①陈…②刘… Ⅲ.①矿业经济—经济发展—研究—美国 Ⅳ.①F471.261

中国版本图书馆 CIP 数据核字(2013)第 264460 号

出 版 人	赵剑英
责任编辑	张　林
特约编辑	孔　晓
责任校对	高建春
责任印制	戴　宽

出　　版	中国社会科学出版社
社　　址	北京鼓楼西大街甲 158 号（邮编 100720）
网　　址	http://www.csspw.cn
	中文域名：中国社科网　010-64070619
发 行 部	010-84083685
门 市 部	010-84029450
经　　销	新华书店及其他书店
印　　装	北京君升印刷有限公司
版　　次	2013 年 11 月第 1 版
印　　次	2013 年 11 月第 1 次印刷
开　　本	710×1000　1/16
印　　张	19.5
插　　页	2
字　　数	309 千字
定　　价	56.00 元

凡购买中国社会科学出版社图书,如有质量问题请与本社联系调换
电话:010-64009791
版权所有　侵权必究

目　　录

引　言 …………………………………………………………………… (1)

第一章　美国矿业概貌和发展历程 ………………………………… (3)
　　第一节　美国矿业的分类 ………………………………………… (3)
　　第二节　美国矿业发展简史：1850年到20世纪 ……………… (6)
　　第三节　21世纪的新挑战 ……………………………………… (14)
　　第四节　美国矿业发展的战略和战术 ………………………… (23)

第二章　金属矿物 ………………………………………………… (41)
　　第一节　钢铁 …………………………………………………… (42)
　　第二节　有色金属 ……………………………………………… (60)
　　第三节　轻金属 ………………………………………………… (70)
　　第四节　贵金属 ………………………………………………… (80)
　　第五节　稀土元素 ……………………………………………… (89)

第三章　非金属矿物（工业矿物） ………………………………… (105)
　　第一节　用于建筑业的非金属矿物 …………………………… (105)
　　第二节　化工和化肥矿物 ……………………………………… (118)
　　第三节　工业矿物 ……………………………………………… (133)

第四章　美国矿业的微观基础 …………………………………… (154)
　　第一节　美国的钢铁公司 ……………………………………… (154)
　　第二节　美国的铜公司 ………………………………………… (173)

第三节　美国铝公司 …………………………………………（181）
　　第四节　美国黄金公司 ………………………………………（188）
　　第五节　矿业员工状况 ………………………………………（201）
　　小结 ……………………………………………………………（208）

第五章　矿业的发展和美国政府的政策 ……………………………（210）
　　第一节　美国的国防储备战略 ………………………………（210）
　　第二节　美国矿业劳资关系和政府政策 ……………………（222）
　　第三节　采矿业的环境问题和政府政策 ……………………（232）
　　第四节　美国采矿业安全问题和政府政策 …………………（243）

第六章　美国矿业发展道路的国际比较和借鉴意义 ………………（250）

附　录 …………………………………………………………………（271）

引 言

矿业是美国产业结构中的重要组成部分。在美国政府的统计中，矿业与林业、农业、牧业、渔业等，同属自然资源类。矿物的特点在于它来源于大自然，每个国家拥有多少矿产资源纯属天然禀赋，然而这些资源却不是当地居民都能唾手可得。矿物的开采和利用常常取决于生产力的发展和科学技术水平。所以处于农耕时代的居民和处于工业化、现代化时代的居民，对矿产资源的获得和受益有很大差异。而现代化强国，由于有现代的科学技术支撑和先进的管理，也必然拥有现代化的矿业。

矿业在国民经济中的重要性在于它是人类生存和发展不可或缺的物质基础，是社会发展最重要的生产要素之一。在人类早期，社会生产的进步是以石器时代，铜器时代和铁器时代为标志的，这个事实说明：社会生产力的提高同人们对矿物的认知能力和利用能力密切相关。在从农业社会向工业社会过渡中，建立基础设施，发展工业化和现代化都离不开矿物。城市和交通系统的建设需要钢筋、水泥、砂石；制造业需要铜、铝、锌、铅等资源；现代电子业、信息业需要稀土金属；国防工业的建设更需要所有金属矿物和非金属矿物的支撑。而化石能源则更是各行各业的粮食、动力和命脉所系。即使是金融业，虽然金银等贵金属在现代社会已经不再是流通手段，但在储备货币中仍有它们的一席之地，发生金融危机时特别能彰显其不可忽视的作用。所以矿业的发展以及矿产品的充足供应不仅是单纯的经济问题，也是关系全局的战略问题。

由于矿物在工业化和现代化过程具有不可替代的重要性，发达国家在过去二三百年工业化过程中已经将其拥有的许多矿产资源要么消耗过度，要么出于战略和环保考虑加以封存，寻求外部供应。例如美国就是如此。新兴经济体在自己的工业化过程中需要大量矿物，但作为后来者，获取矿物资源的途径和来源就比先行国家少得多。因此就带来全球范围内矿物的供求问题，并衍生为各国之间进行战略博弈的主题之一。与此同时，矿物的稀缺和不可再生性也向人们提出节约消耗，循环利用和寻找代用品的问题。

矿业面临的另一个课题是环境保护和污染控制。矿业属于采掘业，无论是金属矿物还是非金属矿物，燃料矿物或非燃料矿物都需要从地表或地下采掘出来，因此对环境的破坏难以避免。另外，许多矿物是与岩石或其他金属共生的，要获得它的纯粹形态，必须用物理的和化学的方法，经过粉碎、加工、浮选、熔炼、电解、提纯等过程。在此流程，废水、废气、废渣往往会构成对周围环境的严重污染和破坏，给生产者和居民带来灾难性的伤害。而且这种伤害还有外溢效用，给整个地球带来温室效应，造成臭氧空洞和全球气候异常等严重后果。因此，建成既高效节约又环境友好的矿业就成为各国所面临的一大难题。

矿业所面临的再一个课题是生产安全和劳动保护问题。矿业属于高危险性行业。生产者要到几千公尺的地下，波浪汹涌的海面，形势险峻的山谷从事作业。矿井塌陷，瓦斯爆破，粉尘毒害，都对生产者构成巨大威胁。如何把生产者保护好，保证矿产品在既安全又高效的条件下生产出来是矿业面临的又一个重大课题。

作为世界第一经济大国，美国的矿业是十分发达的。在100多年的工业化过程中，美国的矿业得到了巨大的发展。创建出若干具有强大竞争力的跨国公司并培育出一支有较高技能的劳工队伍。在此过程，美国矿业经过调整转型和升级适应了变化着的国际格局和国内形势，使美国矿业继续成为发展美国现代化经济的有力支撑。同时，在21世纪各种新的挑战面前，美国政府和企业正在制定各种政策和发展战略，使矿业发挥在整个产业结构中的应有作用。因此把美国矿业作为一个专题，研究美国走过的道路，无疑会给我们带来许多启示和教益。

第一章 美国矿业概貌和发展历程

第一节 美国矿业的分类

这里讲的矿业主要是指采矿业。采矿业指对固体（如煤和矿物）、液体（如原油）或气体（如天然气）等自然产生的矿物的采掘。包括地下或地上采掘、矿井的运行，以及一般在矿址或矿址附近从事的旨在加工原材料的所有辅助性工作，例如碾磨、选矿和处理，均属采矿业。美国的采矿业包括5个主要行业，根据它们所生产的产品分为：（1）石油和天然气开采业；（2）煤炭开采业；（3）金属矿物开采业；（4）非金属矿物开采和采掘业；（5）支撑采矿的行业[①]。

一 石油和天然气开采业

油气行业关系到经济社会发展的很多方面，油气资源对各个国家来说都是非常重要的战略物资。尤其是石油作为"工业发展的血液"，影响着我们人类生活和工业发展的各个层面，是塑料、化学、医药、化肥和合成纤维的原料。同时，这个行业生产家庭取暖和汽车用燃料，也为工厂生产电力。亨利·基辛格博士曾经指出："如果你控制了石油，你就控制了所有国家。"美国石油钻探开始于1859年，宾夕法尼亚州成功地提取出石油。20世纪初美国超过俄罗斯成为最大的石油生产国。第二次世界大战结束后，中东国家的石油生产领先于美国。第二次世界大战后石油开采获得重

---

① Mining – Nature of Industry 2020 – 2011 Bureau of Labor Statistics, U. S. Department of Labor.

大发展包括深水钻探、石油钻探平台、全球油船和石油管道网络。目前，天然气在美国能源构成中的地位越来越重要，钻探技术的进步使美国得以从深埋地下的页岩中开发出新的石油和天然气资源。最新资料显示，美国可开采的页岩气储量仅次于中国，居世界第二位，甚至能满足其未来 100 年的需求[①]。

二 煤炭开采业

煤炭作为一种化石燃料，主要用于发电、发热以及钢的生产。和石油一样，煤也是几百万年前遗留的植物和动物物质在高温高压下生成的，与石油不同的是煤是固体，所以矿工必须进入到地下去挖掘。不过，许多煤炭矿层位置与地表接近，这就使得提取这种资源较为容易。煤炭的地面提取通常采用被称为"露天开采"的方法，它比地下开采成本低、效益高。美国业已证明的储量居世界第一位，占世界总储量的 22.6%。2010 年美国煤炭产量仅次于中国居世界第二位，占世界总生产量的 14.8%。2011 年，美国出口 1.07 亿短吨煤，比 2010 年增加 31%，达到 1991 年以来的最高水平。[②]

三 金属矿物开采业

这个行业主要包括采掘金属矿石如黄金、铁、铜、铅和锌等等。这些不同的矿物各有其产业目标，黄金和白银主要用于珠宝和高端电子产品，铁用于生产钢，铜是电线的主要部分，铅用于电池，锌用于镀铁以减少腐蚀，同时作为一种合金，制成青铜和黄铜。多数金属并不密集存在，而是包含在被称为"矿石"的岩石之中。普通人无法把它同一般岩石加以区别，某些被开采的矿石只包含很少的金属。结果，大量的石头必须从地下开采出来以便从中获得有用的金属。由于这些原因，同时由于金属矿并不像煤矿那样集中存在，所以金属矿会比煤矿大得多，并且在更严峻的环境中运作。煤矿很少超过地下几百英尺，而金矿则可能在地表以下一英里。

---

① http：//energy.gov/articles/secretary-energy-advisory-board-subcommittee-releases-shale-gas-recommendations

② http：//www.eia.gov/forecasts/steo/report/coal.cfm

同煤矿一样，金属矿石也可能在地表和地下被发现，这取决于矿石储藏所在位置。此外露天开采地表存在的矿石也使用露天剥离技术。这些矿井是地上的巨大洞穴，用炸药从侧面和底部把岩石炸开，把炸碎的矿石用卡车运出来，并且重复这一过程。露天开采金属能够发展为深达几百英尺，宽达几英里的矿区。地下开采金属矿石并不普遍，通常只在发现有富矿，或者当矿产品价格高到使追加的开支足够合理时才会开采。

金属矿石转变为可以使用的金属需要大量的加工。采矿业包括矿物的初步加工和准备活动，它们在矿山上进行，并且作为采掘过程的一部分。进一步加工则归类为初级金属制造业。美国金属矿物的蕴藏量是丰富的，在19世纪工业化过程和20世纪的两次世界大战中，美国的金属矿物业繁荣起来；自20世纪60年代以后经历过一段困难时期；通过公司的调整，转型自80年代后期开始复苏。目前，美国一些大型金属矿业公司仍然活跃在全世界，具有很强的竞争力。

四 非金属矿物开采和采掘业

这个行业的矿物采掘范围很广。产品的大部分如碎石、沙和沙砾，用于修路和盖房。其他重要的矿物有黏土，主要用于生产陶瓷，或者用于水的过滤和制造水泥；石膏，用于制作墙板；盐，用于食物以及化雪剂；磷，用作肥料；硫是制造硫酸的主要成分，也是工业生产的主要投入品。这些矿物的大部分存在于接近地面的地层，储量十分丰富，所以这个产业部门很少在地下开采。

地面开采石料也被称为"采石场"。在采石场工人们使用机器采集石料。石料主要是花岗岩和石灰石，要用炸药把地面上巨大的石头炸开，制作成需要的原料。这种碎石可以进一步粉碎，用于生产沥青和水泥。某些高质量的石头，如汉白玉和一定类型的花岗岩要大块开采，形成一定尺寸的石料，它本身就是建筑材料。美国的非金属矿物蕴藏量也极其丰富，它们也在工业化过程和两次世界大战中发展壮大，成为美国建筑业、化工、制造业的强大基础。

五 支撑采矿的行业

这个行业的活动常与其他行业的支撑活动相同。但是工作是由专业分工的承包公司进行的，它们从事开采特定的资源。例如，大多数新油井钻探是由特殊的钻井公司承担的，其他支持公司则专门从事新资源储藏的勘探或者从事海上石油的钻探。这个行业是采矿业分工细化的结果，它们对提高生产效率，降低成本发挥着积极作用，是美国采矿业特有的优势。

本书将重点讨论两方面，第一是金属矿物开采业；第二是非金属矿物开采业，它们同属于非燃料矿物。石油和天然气开采业和煤炭开采业将作为燃料矿物另设一册。在以采矿业为主的同时，难免涉及金属冶炼业，特别是在谈采矿业的微观基础——企业的时候，对大公司来说，采矿和冶炼是很难分家的。这是必须说明的。

第二节 美国矿业发展简史：1850年到20世纪

作为世界首屈一指的经济大国和经济强国，美国的矿业十分发达。在100多年的工业化过程中，美国的矿业生产走过了一条从粗放生产到集约生产，从手工操作到机械操作，从机械化到自动化的道路。从发展过程来看，美国矿业走过了一条从高度繁荣到跌入低谷，继而逐步复苏，到面临各种新挑战的曲折道路[1]。

一 繁荣时期（19世纪中叶到20世纪70年代）

美国矿物的勘探热潮开始于1850年左右，当时发现了世界上许多重要矿物的顶极矿藏。如高等级的铁矿石、铜、金和银等，储量都十分丰富，铅、锌的矿藏范围很广。就满足本土需求而言，其相对较低的品位之劣势可被靠近市场的优势所抵消。当时的工业化在各个部门的纵深发展也是相当迅速的，尤其表现在生产的机械化水平提高和新工艺技术的应用方面。在钢铁行业，自1863年底特律的沃德炼铁厂首先采用先进的贝塞麦炼钢法以后，各企业纷纷淘汰内战前用的鼓风炼钢的陈旧工艺，采用新方法。由于降低了炼钢成本，钢产量迅速上升。随着新工艺的普及，美国的钢产量从1875年的不足40万吨，上升到1900年的1000万吨[2]。

---

[1] Competitiveness of the U. S. Mineral and Metal Industry (1990), The National Academies Press.
[2] The Historical Statistics of the United States, Millennial Edition, Volume I, p. 693.

在19世纪最后10年，世界对矿物需求的增长开始刺激美国对全球矿物勘探的兴趣。黄金是第一个目标，由于担心北美的矿藏不能满足北美和欧洲工业经济的需求，英国和美国公司在南非、澳大利亚和拉丁美洲开采新的金矿。到20世纪，基础性金属也在加拿大、澳大利亚和墨西哥开采。

第一次世界大战开始后，美国的几家大型铜项目着手在智利和中非经营，铅、锌和银富矿则来自秘鲁。在这个国际化阶段，美国国内矿业的许多部门仍然生机盎然。下降的矿石品位通过规模经济和技术进步得到了补偿。到1920年，用蒸汽大铲进行露天开采，成为铁矿和铜矿的常规，而在大型地下矿山则引进了电动设备。浮选法是英国发明的，首先在澳大利亚应用，并很快普遍采用。1913年安那康达公司开发了锌的电解精淬法，而美国创造的铜的电解法则在智利进行了安装。直到1945年，这些在规模和技术上的进步为美国赢得了领导地位。

第二次世界大战使美国和加拿大较高等级的矿石储备加速陷于枯竭。这时美国经济开始了20世纪的高速增长，对矿物和金属的需求远超过美国自身产量，使这个国家需要的主要金属矿石开始依赖于进口。美国、欧洲和加拿大的地质学家和工程师们，奔波于世界各地，寻找新的矿藏和工厂。然而许多新增的国外产量大多为欧洲和日本的经济复兴所消耗，因此美国矿物和金属公司原来的市场供求并没有很大变化。此外，由于美国公司拥有和控制着许多外国生产商，因此可以说，即使美国矿业的增长放慢，美国的利益仍然会得到保护。

真正影响美国矿业和金属业的国际变化，是在最近几十年中逐渐发生的。美国的矿业投资起初集中在加拿大和墨西哥，后来进入了南非和澳大利亚的金矿、智利的铜矿以及一些其他地区。到二战结束，美国公司和英国以及其他欧洲投资家一起控制了世界的矿业生产。虽然有些公司兴起于利用特定的地区和矿藏（如在塞浦路斯的塞浦路斯矿业公司，和在秘鲁的 Cerro de Pasco 公司），但是多数公司是从强大的国内基地进入国际市场的（安纳康达、阿撒柯、坎尼柯特和纽芒特都很典型）。然而与此同时，许多大公司如费尔普斯·道奇、新泽西锌公司和圣乔矿业，直到20世纪60年代或稍晚一些，仍然几乎完全是在国内。当美国公司进入海外市场时，它们拥有产权的形式常常是全部或几乎全部控股。许多美国拥有的设施保持着庞大的外派班底，它们的业务通常是由许多税收优惠和利润回流来加以保护的，这是殖民时代的特色。

第二次世界大战以后，第三世界民族独立运动风起云涌，改变了矿业发展的这种情况。许多殖民地变成独立自主的主权国家，逐渐将外国人拥有的矿产部分或全部地国有化，使得自然资源收益的大部分为这些新兴主权国家所有。这主要包括铜矿、铁矿石和铝矾土等。其中，铅和锌较少受到影响，主要因为矿山和冶炼集中在发达国家，如加拿大、澳大利亚和美国自身。国有化浪潮本身对美国国内生产商的竞争地位影响较小，因为发展中国家大部分矿产原料还是要流入发达国家的市场。然而，这些事件大体上同1973年的石油危机以及随之而来的衰退耦合。能源成本的上升驱使采矿和加工的成本高涨。金属和矿物价格先是上升，后来又随着对金属需求的减少而下降。由于债务负担和对外汇的需求，发展中国家生产商积极扩大生产而未考虑需求的降低。商业银行和多国放贷机构热衷于回流石油美元，继续为新项目贷款。大约同时，美国的采矿和金属公司认为需求的下降只是衰退时期的暂时现象，继续对昂贵的项目大量投资以利用有限的资源，这样就以更高成本增加了更多的供应。石油公司为利用石油涨价所增加的收入而寻找扩张的机会，收购了大型矿物和金属公司，并且支持它们的扩张计划。但是在1975年经济衰退之后，甚至当世界经济复苏后，对金属的需求一直处于低迷状态。一个原因是越南战争的结束，另一个重要的原因是对这些原料的使用密集度①在下降。这就是说：在20世纪70年代以后，初级金属在发达国家的使用开始急剧下降。形成一个企业裁员（例如汽车业）、废料利用（例如铝罐的循环利用）和使用其他代用品（例如塑料对电话、卡车等各种东西的替代）相结合所形成的金属消耗低谷期。

金属需求到20世纪70年代后期开始复苏，直到1979年石油市场再次被中东石油输出国组织的禁运行为所动摇。能源费用上升的威胁再一次使需求受到压抑。发展中国家的生产商面对经济需求的压力以及资本来源的短缺，再一次试图增加生产而不顾停滞的需求。这一政策导致进一步的生产过剩，使价格低迷，反过来又增加了他们的财务困境。

---

① 使用物资的密集度被定义为单位 GNP 所消耗的矿物或金属。

过度生产和过剩的生产能力,引发了激烈的国际竞争。尤其突出的是美、日之间的钢铁战。日本在美国的扶植下,迅速复兴,由于使用了炼钢的新技术,降低了成本,向美国大量出口,美国钢铁业岌岌可危,要求政府进行干预。引人注目的是经过政府间谈判,美国对日本钢铁的进口实行了"扳机订价"[①](trigger pricing)和自愿限额协议等措施,才使政府在较高的金属价格水平上努力实现了市场的平衡。传统上,美国在矿物和金属市场居于绝对的统治地位。它也是在20世纪前半期金属使用密度增长最快的国家。这种情况在第二次世界大战以后开始转变,欧洲和日本也是如此,当它们战后重建完成以后,金属使用密度也在下降。一般来说,随着工业化的完成,对矿物和金属的人均需求会下降。在发展中国家则与之相反,随着它们修建住房、工厂、学校以及基础设施,金属需求会上升。在某些情况下,发展中国家能靠开发出本地资源得到供应,但是在许多情况下它们必须依赖进口。

在20世纪中叶,美国是占统治地位的矿产品生产商和主要市场,几家美国公司和它们欧洲伙伴,实际上控制了多数矿物部门的价格和供应。这些大公司专业分工于一种矿物及其副产品。它们也试图实行垂直一体化,采矿后把矿石加工成为金属,同时在某些情况下(特别是在铝业)继续开展业务一直到生产下游消费品。

然而,世界矿物和金属行业在过去四分之一世纪经历了巨大的变化。现在世界上有更多的国家参与其中,完全的垂直一体化已经不普遍,特别是基础性行业。以前的矿业巨人现在多数已经收缩甚至消失,它们逐渐把兴趣拆分集中到生产活动的某一个方面(采矿、加工或制造)。此外,这些公司已经把它们的风险分散到不同的金属、非金属矿物、甚至是能源和其他类型的产品。多数最大的公司今天已经是多国公司,多种金属的控股公司,包含独立的子公司。

二 艰苦岁月(20世纪70—80年代)

20世纪70年代,由于政策失误和两次石油危机的影响,美国经济陷入

[①] 20世纪70—80年代竞争力很强的日本钢铁在美国旺销,美国钢铁公司陷于困境,向政府求助,谈判结果日本同意由美国政府实施所谓的"扳机价格机制":当钢铁进口价格达到某个低点时,美国政府就启动反倾销调查,对进口钢铁确定有效的最低价格,以便保护本国钢铁业。

"滞胀"。通货膨胀率最高达到13%以上,由于纳税的"等级爬升"[①]使许多企业在经营上虚盈实亏。为了治理通货膨胀,联储主席沃尔克下决心实行控制货币发行量的方针使利率猛涨,导致80年代初的严重经济衰退。

在这种宏观经济的背景下,20世纪80年代初成为美国矿业最困难的时期。当时美国国会研究部哀叹说:"美国已不再是世界多数金属的领先生产商,它现在运行在整个世界市场的框架中,而不再孤立,或充当统治的力量。"[②]

与此同时,矿业本身在与其他国家竞争中也丧失了早先的优势地位。国会研究部认为:管理和技术优势一度给予美国公司强大的优势。然而,随着矿石品位的降低,它已经越来越难以单纯依靠管理和技术进步保持其市场上的强有力的地位。外国同行已经学会美国的管理技能,同时技术比以前更容易跨越边界,流失到其他国家和地区。许多采矿,加工和制造金属活动的外部因素也对美国矿业不利。例如,遵守联邦环境法规的成本要占每磅铅的6%,占每磅铜的9%到15%,1986年更上升到占每种金属价格的20%,虽然金属价格的上涨使之降到10%左右,但这种不断增长的成本对许多环境限制不那么严格的国家来说则要相对低很多。

20世纪80年代以来,尽管经济的其他部门已经感受到普遍的复苏,面对外国的生产过剩,美国公司的价格仍然低迷,利润继续下降。劳工成本是世界上最高的,强势美元使进口金属比国内产品更有吸引力。20世纪70年代末80年代初,大石油公司曾经收购了矿业公司,不过不久,大部分公司经营不能获利。随着行业的紧缩、买断、解雇、关厂成为常态。到1985年国内有色金属业连续四年遭受严重亏损。几种金属的价格(按不变美元计算)已经达到自大萧条以来的最低水平。就收益和就业而言,当时最大的有色金属矿——铜——遭受到特别严厉的打击。国内铜矿只能满足不到60%的国内总需求,国内冶炼和精矿业务日子更不好过。在1983年,随着铜价每磅下降70美分,美国一体化铜公司没有一家能够盈利。

[①] 通货膨胀使企业收入虚盈,但纳税等级的边际税率则上升到高档,要纳更高的税额。此外会计制度上的先进先出原则,在通货膨胀条件下也加大了企业成本。

[②] 《1986年美国国会研究部报告》,第51页。

即使传统上比其他金属部门都更为有利可图的铝生产商，在1982年每磅也亏损30美分，1984年亏损19美分。1981—1982年，对美国GDP有相同贡献的铁矿石行业，也经历着严重的收缩。1982年设备利用率约为40%，低于1979年高峰的一半。然而，由于国内钢铁行业显著的生产一体化，国内铁矿石的价格比其他矿石的价格要稳定。例如，1979—1983年铅、铜和锌的国内价格分别下降了68美分、37美分和15美分，而矿石球铁只下降了不到10%。

美国的钼矿是世界是最大的，拥有大约世界探明储量的一半。由于它是高价值的产品，很多时候美国钼矿生产为铅和锌产量的两倍，总价值排在第三位，仅次于铜和铁矿石。当时，钼和黄金是美国大量出口的仅有的两种金属矿物。然而由于世界范围持续的生产过剩和低价，20世纪80年代以前，国内初级钼业也经历着巨额亏损、解雇和关厂。80年代以后，作为副产品的钼，同铜、铅恢复繁荣，以矿业生产为基础成为国内第四大金属行业。

美国是世界上最大的铅生产国。尽管国内矿石品位比国外低，国内生产商的成本并不高，而且生产很有效率。美国的铅业在20世纪80年代早期经济衰退时进行了改造，在80年代后期业绩良好。美国的铅业生产不同寻常，在90%以上的铅矿中，铅是主产品，而在其他地方，铅通常是一种与锌以及其他金属一起的次级共生产品。

市场价值居于第五位的是锌矿业。由于矿石的低品位，以及在美国的锌矿中不大有共生产品，加上世界锌价很低，国内锌业的发展状况自20世纪60年代以来比铜、铅或铁矿石行业下降得还要厉害。这种下降是全面的，在开采、冶炼和精矿方面都是如此。在1975年到1985年间，冶炼和精矿能力被削减了一半。到1986年国内矿山产出是80年来最低的，金属的生产也是50年来最低。由于其脆弱的储备基础，美国国内锌不可能出现强劲的复苏。

就钢、铝和基础金属而言，20世纪80年代后半期比前半期显示出普遍的改善。其他国内采矿和金属业在近年来有着不同的发展经历。例如，整个80年代，钛在生产和消费上都有稳定增长。部分原因是美国国防建设的需要，以及在油漆色素中大量使用二氧化钛。钛的出口一直是稳定的，大约占产量的13%。然而高价值海绵体钛金属的国内生产有所下降，而出口则有所上升。1986年美国单是海绵体钛的生产就下降了25%，年底设备利用率只有55%。

对比起来，贵金属业在国内保持强劲，黄金和白银通常的价格保持稳定或者有所上升。新金矿高速开业，1986年新开40多家，1987年新开30家，1988年新开36家。国内黄金矿产在1985—1988年增加了172%。

三 矿业的复苏（20世纪末）

在1985年年底，多数国内采矿业和矿产品业形势严峻。然而到了1986年，需求增长，价格陡升，有时甚至相当迅猛。许多公司亏损收窄，转为盈利。这种进步延续到1987年和1988年，这个转折点十分明显。1987年美国的原料生产比1986年翻了一番，从58亿美元上升到104亿美元，利润也继续改善。1989年一季度平均收益增长了73%，到四季度才放缓。

1. 复苏的原因

首先，从宏观经济说，20世纪90年代中期美国已经基本上解决了经济的"滞胀"问题，进入了长达92个月的里根经济扩张期。里根政府亲大资本和大公司的税收政策，给美国公司以较好的盈利条件。这为美国矿业的发展复苏奠定了较好的经济基础。

其次，就行业发展说，很多内外因素汇集到一起，创造了矿业和金属业的复兴。这主要包括：

（1）为应对严峻的经济环境，行业进行大洗牌和增强内部管理。工厂关闭导致生产能力的削减，而采矿方法的合理化则降低了成本。成本的进一步降低是靠削减劳工成本实现的，为此解雇和减薪双管齐下。从1981年到1989年，北美金属采矿公司把就业数量削减了一半，而生产率提高了六倍。组织调整和工厂矿山所有权的改变降低了管理成本，引进了新资本。同公用事业当局的谈判在许多情况下导致能源成本的降低，与此同时，也在努力增加能源效率。例如铝业总体能源效率在1976—1986年期间提高了22%。生产率和利润率不仅靠组织调整，还更多通过利用低成本、高效益的技术，如铜业方面，用溶剂提炼法和电解冶金法处理适宜的矿石。

（2）对多数金属的需求在1986年急剧增长，主要是经济复苏的态势已经超出美国本土，世界其他地区的经济发展态势良好。与此同时，世界范围内对铜、铝、铅和锌的需求快速增加。

（3）美元对其他多数货币的弱势，导致国内生产成本的相对下降，并且使产品对国内以及许多外国消费者具有吸引力。弱势美元还有助于某些金属，如铜，比其他金属获得更多收益。

2. 复苏的效果

在20世纪80年代上半期，虽然进行了关厂和一定的设备削减，矿物和金属业的设备利用率仍然下降。一旦复苏开始，在多数情况下，设备利用率迅速上升到较高水平。经济复苏帮助了许多金属业的复苏，主要表现在以下几个方面。

（1）铜业的复苏。在20世纪80年代，美国铜业拥有了最好的资源基础，并且采取了强有力的措施降低成本提高劳动生产率。由于降低成本措施和新技术，在较小的程度上靠美元的贬值，美国生产商的成本相对于许多外国生产商而言已经是急剧下降。铜的平均生产成本从1985年每磅79美分下降到1986年每磅54美分。1986年随着消费的增长和铜库存下降到12年以来的最低水平，铜价开始趋于上升，从60美分的基础上升到64美分。到1987年均价已经超过80美分，美国铜生产商又开始盈利。

（2）铅业和铜业一样强劲回暖。尽管仍然低于1979年的水平，在1987年和1988年铅矿和金属生产都有所增长，扭转了前几年的颓势。铅的世界平均价格上升了62美分。然而由于环境规章和汽油中含铅量的降低，铅的需求下降，美国铅业的处境并没有得到明显的改善。近年来，美国铅业的初级冶炼能力急剧下降。铅业的初级精矿设备利用率在1987年仍然只有60%，是自1968年以来最低的，尽管其他工业的设备利用率几乎上升到90%，创历史的最高水平。1986年，圣乔（St. Joe）铅公司同侯姆斯泰克（Homestake）矿业公司的铅业务合并，建立了道润（Doe Run）公司，代表着美国铅采矿能力的三分之二，并超过初级炼铅能力的一半。设备整合与合理化，加上疲软的美元，帮助铅业回归微利。

（3）锌的世界消费在1986、1987两年连续创造纪录。1988年又有所下降。采矿和金属生产在1987年也达到历史的高水平，反映出对锌的高度需求，锌的价格在1987年4月以后急剧上升。国内的采矿和金属产出在1987

年和 1988 年也在增长，有两个新矿山开张，还有两个老矿山重新营业。随着美元的贬值，国内生产商的价格比伦敦金融交易所的价格有强劲的上升。然而，国内锌行业在继续收缩。

（4）铝业的演变不同于基础金属业。美国的生产能力和初级铝产量在整个 80 年代中都在逐步下降。在 1987 年年初情况开始好转，价格随着出口订单急剧上涨，某些以前关闭的工厂在重新临时开张。粗铝的价格在 1987 年上升超过 50%。作为相关效应，粗铝产量在 1987 年增长 5%。设备利用率从 72% 上升到 90%。然而，总的国内生产能力没有增长。一个主要问题是能源成本同其余世界比相对较高。从长期来看，矿业局估计国内铝的生产大概会仅占国内粗铝需求的 63%，到 2000 年占美国工业需求的 43%。

（5）钢铁业也进入复苏。1987 年世界粗钢产量是 8 年中最高的，不锈钢生产超过 1986 年，增长了 9.3%。1988 年世界钢产量又增加了大约 7%。1987 年钢铁产品的价格急剧上涨，但是到 1988 年又下滑到 1986 年的水平。总体上，国内钢铁产业的情况由于进口较少而有所改善，强劲的需求以及美元的贬值使美国的粗钢产出上升了接近 14%。原因是国内厂商的价格有竞争力，以及当时的自愿限额协议。由于国内对钢的需求增长，所以 1988 年工厂的运行超过设备能力的 85%，比起 1986 年设备利用率 55%—70% 有很大改善。不过铁矿石行业的改善相对落后：1986 年是美国铁矿石生产自 1939 年以来最糟糕的一年。尽管由于价格稳定，从 1987 年到 1988 年生产增长了 25%。但这是由于早期的改善，即多数来自于以废钢铁为基础，使用电解炉的"迷你工厂"。

第三节 21 世纪的新挑战

20 世纪 90 年代，在克林顿治理下，由于信息革命和网络经济的大发展，美国经济经过了连续 120 个月的扩张，给矿业带来良好的生存环境。进入 21 世纪，国际和国内形势都发生了深刻变化，美国矿业又面临着新的巨大挑战。美国国家物资咨询委员会在其研究报告中，从几个方面分析了这种新形势，它们是：全球矿物需求激增；美国更加依赖进口；美国本土矿业弱化；跨国公司竞争加剧①。

一 全球矿物需求激增

美国的研究人员认为：矿物市场的变迁，部分地可以追踪到正在发生的全球化的世界市场，乃至整个经济的转型。经济学家们提出了金砖国家（BRICs）这个概念，即巴西、俄罗斯、印度和中国，最近又增加了南非。人们预言到 2040 年，这几个国家合并起来的经济总量将大于法国、德国、意大利、英国和美国等经济体的总和。在新兴市场经济中，中国特别引人注目，中国已经变成占支配地位的原料消费者，因为中国的工业发展和消费者的需求正在飞速增长。中国也是一个原料的主要供应国。其增长中的需求在过去 10 年中一定程度上推高了矿物的价格。

美国地质调查局 2007 年的调查做出了如下陈述："发展中国家经济增长的程度，特别是中国和印度能够引领全球经济的增长，这一点将有越来越重要的意义。前几年中国的经济发展已经是较高商品价格的主要推动力量。如果中国能够继续这种发展并达到欧洲、日本和美国的水平，同时如果印度也继续发展其经济，那么矿物的消费很可能继续增长许多年。"

20 世纪是以当时工业化国家财富的迅速增长为特征。在这个世纪的后半期，这一趋势在每个十年中都有所加速。根据国际货币基金组织的资料，从 1950 年到 2004 年的 50 多年中，全球经济从 7.1 万亿增长到 56 万亿美元（去除通货膨胀后的不变价格），相当于每年增长 3.8%。此后经济继续增长，据国际货币基金组织的数据，2010 年世界 GDP 为 61.9 万亿美元，2011 年世界 GDP 为 69.6 万亿美元。20 世纪及其以后的时间，世界对矿物的需求随全球原料的使用以前所未有的速度上升而快速增长。美国和欧洲是占统治地位的原料使用者。世界矿物产量是这种变化最好的指标。例如在 20 世纪，自 1900 年以来矿物产量增长了 3 倍，铝的生产增长了 3000 倍。

---

① Managing Materials for a Twenty – first Century Military（2008）. National Materials Advisory Board（NMAB）.

更近的数据显示,自 2000 年以来,许多发展中经济体如金砖国家实现了超过世界平均速度的经济增长。IMF 的数据显示新兴市场经济体在过去 6 年的年 GDP 增长率是工业化国家的 2 到 3 倍。① 毫无疑问,这种持续的高速经济增长必将带来对工业原料的更大消费。

这种日益增长的全球活动可以从各国粗钢生产的历史窥其一斑。由于钢的生产需要各种合金元素(如铬、镍和钼),粗钢生产是使用其他原料的最佳指标。1953 年美国钢生产达到每年 1 亿公吨,这同现在的生产水平差不多。而那时,中国的粗钢生产只有 180 万吨,到 2006 年,中国生产了 4.22 亿吨钢,超过美国的 4 倍。单是最近两年,中国每年增加的生产能力就有差不多 1.5 亿吨。

美国对新兴经济体的兴起而引起的巨大矿物需求十分担心。他们指出:主要新兴经济体,如金砖国家,正在开发它们的国内矿物资源用于满足其国内市场和巨大的出口市场,它们的许多采矿公司正在依据它们应有的权利变成全球矿物市场的重要玩家。另一个全球采矿业的最近趋势是,随着对矿物需求的日益增长,使得非洲靠其地质上丰富但大部分未开发的区域,可能会在全球矿物市场上充当越来越重要的角色。中国对原料越来越大的胃口及其国内对某些矿物资源的缺乏,使它越来越在原料进口上领先。为了支撑其资源供应线的安全,北京已经开始同整个非洲国家建立战略联盟。在 2005 年中国超过英国成为非洲第三大贸易伙伴(美国第一,法国第二)。2006 年中国贷给三个非洲国家(安哥拉、莫桑比克和尼日利亚)的 81 亿美元已经远远超过同期世界银行贡献的 23 亿美元。中国还努力在当地建立医院、学校、道路和铁路,同时获得能源和矿物资源,其结果是中国政府拥有的公司正在锁定对非洲矿物和原油的绝对权力。例如,在刚果民主共和国这样一个有巨大未开发矿物财富的国家,中国正在安装浓缩设施以改善钴的运输。

美国人认为 21 世纪发展中国家和新兴经济体对矿物需求的急剧增长,尽管美国的需求放缓,但对其仍在上升的需求趋势而言,是一项

---

① http://www.imf.org/external/pubs/ft/survey/so/2009/rea072209a.htm

严峻的挑战。针对中国在非洲的能源投资行为，小布什政府曾经不无忧虑地指出，"其他国家在非洲多挖掘一桶石油，就意味着美国在非洲少获取一桶石油"①。而对待其他矿物资源，他们也表现出同样的担忧。

二 美国更加依赖进口

美国是世界上差不多每一种金属的最大消费者，但美国不可能是每一种矿物的生产者，更不可能是每一种矿物的蕴藏地。因此，美国早已把获取原材料的视野和行动扩大到全球，进入21世纪更是如此。

全球原料市场的根本特征在于地球的矿物资源数量巨大，地理分布却很不均衡。历史上，矿产行业曾经集中于世界级的矿藏所在地，它们规模巨大并且是高等级的，同时有最大的经济价值。这些世界级的矿藏在20世纪已经供应了大部分世界的工业需求。它们包括刚果的钴、铬、白金族金属和南非的锰、中国的钨、稀土和锑、牙买加的铝土、乌克兰的锰、俄罗斯的铂族金属、加拿大的镍和美国的钼。上面指出的只是其中的少数矿产品。

然而，众所周知，目前大部分能够得到的矿石储量，特别是在欧洲和北美，要么已经被消耗过度，要么由于对本地环境的担心，而不能投入生产，或者出于战略考虑，而封存本国资源，进而开发国际市场，因此勘探所需矿物的新来源和采矿业务将继续扩张到全世界。矿物的开发是一个复杂且昂贵的过程，并且由于地质的、技术的、经济的、社会的和政治的原因，常常具有不确定性和危险性。一座矿藏只有当提取和加工到能够获利才能够开发。人类的技术和创新也影响哪种矿藏能够被经济地提取。举例说，美国正在比其他国家开采等级低得多的铜和铁，这是因为技术上的优势，使其采矿在经济上更有竞争力。

美国地质服务局的数据显示：美国在1980年有4种矿物100%依赖进口，有16种矿物30%到99%依赖进口。12年以后，1992年美国有8种矿物

---

① Daniel Volman, *The Bush Administration and African Oil: The Security Implications of US Energy Policy*. Review of African Political Economy, Vol. 30, 2003, Dec. No, 98: pp. 573 – 584.

100%依赖进口,有 22 种其他矿物 30%到 99%依赖进口。2006 年,美国有 17 种矿物 100%依赖进口,在报告的 65 种矿物中有 45 种进口供应超过 50%。2010 年这种依赖性的提高(见附录表 1),说明美国越来越靠进口矿物和金属用于促进国内的经济活动。

美国从许多发展中国家——智利、中国、加蓬、几内亚、印度、马达加斯加、南非、乌克兰等获得重要矿物。对美国而言,所面临的问题不仅是对外国进口的依赖,而且涉及相关国家的政治稳定与否。对外国进口的严重依赖,也扩大了其他国家贸易政策对美国的影响。例如,对美国供应的出口或投资进行限制。美国通过国内对这个产业的参与,保证对外国进口矿物成本的控制,能够获得某种程度的独立性。除非奉行一种建立在美国比较优势基础上的战略,当前国内产业对外国竞争者的竞争优势可能只是暂时的。国内产业的竞争力将来必须越来越依赖于技术。

需求的增加和价格的高企,把矿物生产推广到全球新兴的和未开发的国家,因而带来了更高的开发和运输成本。海外来源和生产也带来新的政治脆弱性,使得美国对海外矿产资源依赖的脆弱性和敏感性上升。假如某个外国政府能够控制某种特定矿物出口,那么这种矿物越是稀缺,越是昂贵,就越有可能让某种政策影响它的供应,美国越会受制于人。如果没有价格合适的国内外替代来源时,那么一旦出口被切断,这对美国会造成很大的威胁,这也是 21 世纪美国面临的另一个巨大挑战。

三 美国本土矿业弱化

对美国而言,一个强大的国内矿物和金属产业是对国家经济和安全利益的不可或缺的组成部分。因为这个产业为美国的制造业提供物质基础,然而目前这个基础正在向国外转移。

采矿活动通常根据经济规则进行,并且集中于当时能得到的最富的矿石,同时考虑到潜在矿址的安全性和可靠性,开采矿石中矿物的集中度在持续下降。美国铜的产量,反映了铜矿石的品位,它从 1950 年的 0.9%下降到 2008 年的 0.34%(见下图)。

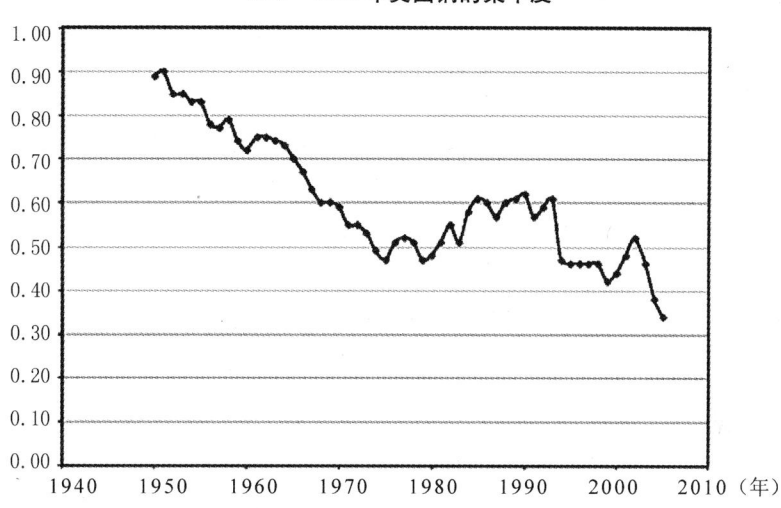

1949—2010 年美国铜的集中度

资料来源：美国矿业局和美国地质调查局。

一种矿石品位的下降，对环境和采矿成本有重要意义，因为它能影响废料（尾矿）以及为提取和集中矿物所使用的能源和水，当然这也取决于提取技术。尽管美国拥有相当竞争力的营运成本——美国的劳动力在技术上是合格的，并且能够用自动化系统操作。但是，采矿业务还是转移到那些较高品位的矿石、较低劳工成本和较低环境标准的较不发达国家。结果，美国对矿物的需求越来越靠海外的开采和矿石加工设施来满足。这种变化最明显的指标是美国对支持国内经济的进口矿物日益增长的依赖。

美国矿业生产过去30年已经严重被削弱。与此同时，矿物加工的形势也非常不容乐观，随着国内加工工厂和熔炼厂的关闭，某些在美国开采的矿物，必须送到外国进行熔炼或进行其他加工。其结果导致美国对进口矿物在原料和加工上日益依赖外部市场。

最近几十年，关于美国矿物和金属产业的弱化一直在进行辩论。采矿业务的数目、加工设备以及金属制作工厂的数量都在下降。

美国国内矿业生产的减少，既有经济的原因，也有社会的原因。随着美国金属矿石品位的下降，开采和加工这些矿石的成本增加。对环境的保护和严格管理增加了采矿的运营成本，并且对采矿公司施加了限制经营的社会压力。不管是什么原因，一旦美国采矿运营关停，为了应对供应中断再重启它们，将是非常耗费时间和巨额资金的。

对矿物加工来说，这也是非常现实的问题。由于经济的或环境的原因，国内加工工厂也被关闭。国民研究会议（National Research Council，NRC）报告建议说："某些美国的国际竞争者并不对生产者强加如此沉重的负担，或者当生产者必须贯彻执行这些规章时设法另外补贴生产者。"建议为了使国内矿物和金属产业生存，必须长期承诺对这个产业面临的问题和机遇进行持续的重新评估。

丧失国内矿物加工能力，也是一个涉及国家物资储备能力的严峻考验。一旦美国获得海外矿物加工设施在很长时期受到阻挠，要想重启国内生产，即使是对那些存在于国境以内的物资而言，也将是缓慢和困难的，因为缺乏重要的基础设施以及有经验的采矿专业人员。

正如上面的讨论，目前美国经常大量进口的物资，在以往都可以自给自足，其数量足以满足国家需求。不过，通过了解美国初级生产，实际消费和世界对8种关键商品的生产的数据（见附录表2）。可以看到，几乎在每一种矿物中，美国需求的商品都在与时俱增，而国内生产则在下降，导致美国对国外来源更高程度的依赖和美国在世界市场供应方的更小份额。

四 跨国公司竞争加剧

为了更有效地利用已经得到的行业资源，并且更好地适应世界市场，全世界的采矿公司在20世纪末和21世纪初，已经卷入了一个合并和收购活动的浪潮。它们在横向和纵向的层面上都扩大了业务，以期获得更多的利润。大型国际金属和采矿公司继续扩张，并且非常精确地找到他们想要获得的原料生产地，它们有具体的目标去获得并控制这些原料，以获得更大的市场份额。它们正在用直接收购或者用新投资而获得新的生产能力。必和必拓、力拓和淡水河谷公司为世界金属矿业前3强，据统计全球金属矿业公司前10

强大多来自发达国家，控制着整个金属矿业市场的30%多的份额[①]。

这里谈到的全球趋势，正在使矿产品市场变得更加集中和一体化。这既有好处，也存在风险。合并的主要问题是垄断的产生会导致原材料价格的上涨。有利的方面是大型、多元化的采矿公司将更为强大，更能经受市场滑坡。它们获得的资本资源，允许它们在发展中国家去进行新生产设备的重大投资，能够接受在第三世界勘探和开发的地质风险。至于合并对供应的保障和储备战略的影响现在还不清楚。

2002年三个最大的跨国公司（力拓公司、必和必拓公司和英美公司）约占采矿部门资本市场的30%，与之比较1990年是15%。必和必拓是今天国际上最大的采矿公司，有3.8万雇员在近25个国家的100个营业点工作。必和必拓2006年的销售额是390亿美元（2002年销售额170亿美元），是世界最大的铁矿石供应商，第二大煤炭出口商，第二大铜开采公司，第三大镍矿主，第四大铀矿主和第六大最重要的铝矿主。

2006年，有几件重大采矿和金属业的兼并与收购。比如法尔康布里奇公司（Falconbridge Ltd.）和英柯公司（Inco Ltd.），两者原来计划合并未果，成为多方兼并的对象。以瑞士为基地的X斯特拉塔公司（Xstrata PLC）掌控了加拿大矿主法尔康布里奇公司（世界上最大的镍和铜生产商）。巴西一家CVDRD公司（Companhia Vale Dou Rio Doce），以190亿加元收购了英柯这家加拿大领导的采矿公司。新公司CVDRD－英柯现在是世界第五大镍、铜和铁矿石生产商。此外，印度公司塔塔钢铁有限公司（Tata Steel Ltd）提出收购考拉斯集团（Corus Group PLC）的报价，它是一家较大的欧洲公司。在铝业，俄国的生产商鲁撒尔（RUSAL）和苏阿尔（SUAL）合并，成为一个俄国铝市场的垄断集团公司。

当由印度的全国拉克什米塔尔（Lakshmi Mittal）公司领导的米塔尔钢铁（Mittal Steel）公司收购了欧洲钢铁公司（Arcelor Aston etal，2004，Reed，2007），世界最大的钢铁公司阿斯勒－米塔尔（Arcelor－Mittal）公司诞生了。阿斯勒－米塔尔是第一家真正的国际钢铁公司，在美国，几家被视为神话的钢铁公司，包括伯利恒钢铁公司、英兰德钢铁公司（Inland Steel）、

[①] 张沉：《全球矿业开发集中度将进一步提高》，《经济观察报》2011年11月23日。

LTV 和威斯康星钢铁公司等，其资产总和，只够它的一个零头。2006 年年底，美国采矿公司费利普斯道奇是世界第二大铜生产商，它被美国公司费利波特－麦克莫兰（Freeport－McMoRam）铜金公司收购。

当美国人回忆起 20 世纪初美国钢铁公司的辉煌年代时，可能会感到今不如昔。当时美国钢铁公司曾经是世界上第一个在股票市场上价值超过 10 亿美元的大公司，它的资产达到 14 亿美元。它控制着美国贝氏钢产量的 72%，平炉钢的 60%。在世界上当然也是首屈一指，而美国现在却感受到印度米塔尔公司的威胁。

不过就金属矿物整体上说，美国跨国公司在某些金属领域仍然居于垄断地位。例如，美国铝公司目前是世界上最大的氧化铝和铝的生产商，其垂直一体化的操作，包括开采铝矾土，精矿氧化铝和铝熔炼，下游产品有化学产品，汽车零部件，饮料罐头用薄铝板，同样具有很大的垄断性。它在世界的子公司遍布全球，例如澳大利亚、西班牙、巴西、荷兰等地。

公司总部设在美国科罗拉多州丹佛市的纽芒特黄金公司是世界最大的黄金生产商。它在印度尼西亚、澳大利亚、新锡兰、加纳和秘鲁都有子公司进行采矿活动。

美国在一体化钢铁生产方面虽然失去了王位，但却出现几家因特色产品而保持着世界级竞争者优势地位的企业。如克利夫斯自然资源公司（Cliffs Natural Resources，CLF），它专业分工于采矿和精选铁矿石。它在美国占有铁矿石小球市场的 28% 的份额。有能力生产高达 4600 万吨铁矿石小球和精矿，是钢铁次级市场竞争力的佼佼者。

纽柯钢铁公司是在美国最先使用电弧炉熔解废钢（主要来自于垃圾汽车），循环利用钢铁的企业。它又被称为"迷你工厂"，是指使用电弧炉熔化废钢，而不是那种经济一体化，使用鼓风炉的巨型工厂。2007 年纽柯在生产流程中循环利用了近 1000 辆小汽车。相当于每 4 秒钟生产一辆乘运两用车。纽柯 20 多年来统治了微型钢厂，但是最近竞争加剧，为此，这家公司正在设法扩大其钢铁工厂和新设备，同时加强兼并收购。2010 年年末，它收购了康奈狄克钢铁公司、维尔柯制钢公司、加拿大产品制造商哈里斯钢铁公司。

纽柯一直是以在美国国内经营为主,但是2008年,它同Duferco公司一起,建立了一家欧洲合营企业,从而进入到国际市场。这个合营企业将在意大利生产点制作钢梁和商用棒材,服务于欧洲和北非市场,这突出显示了钢铁业生存竞争的加剧。

第四节 美国矿业发展的战略和战术

鉴于美国矿业面临的激烈国际竞争,早在20世纪末,美国已经开始热烈讨论保持美国矿业竞争力的国家战略问题。受国会的委托,美国国家研究院在1990年的研究报告中(以下简称报告),对美国应当采取的矿业发展战略进行了全面设计。报告强调:为保持美国矿业竞争力,必须奉行多年来国会立法制定的以科技为基础的发展战略,为此需要政、产、学三家的紧密协作,并突出了以下几方面的内容[①]。

一 警示:美国矿业的竞争潜力受到威胁

报告强调了矿业特别是金属业对美国的重要性。报告认为:保持一个有竞争力的矿业和金属部门,使其继续对美国的经济实力和军事安全做出贡献是美国的根本利益。这个行业有价值870亿美元的企业,雇用超过50万名美国工人,并且为制造业提供物质基础。尽管金属使用密集度预期将随时间的推移逐渐有所下降,但随经济的发展,长期前景将是金属市场的不断扩大。

报告揭示了美国矿业市场存在的弱点,指出:美国几乎是全世界每一种金属的最大消费者之一,许多金属靠进口。1988年,美国的非燃料矿物和金属的净贸易逆差是223亿美元。由于许多世界的矿物资源位于政治上不稳定或经济上受操纵的地区,给供应带来潜在威胁,美国有必要通过对国内行业的参与,保证对国外控制的供应和成本有某种程度的独立性。就竞争力(定义为市场份额、盈利能力、设备利用和/或增长率)而言,特定的金属

---

① National Research Council on Competitiveness of the U. S. Minerals and Metals Industry, *Competitiveness of the U. S. Minerals and Metals Industry*, Commission on Engineering and Technical Systems, pp. 1 – 8.

次级行业是不一样的。在过去 20 多年，美国在世界大多数主要金属市场上的份额在逐步下滑。报告认为国会通过连续不断的立法，已经制定了鼓励国内产业的国家政策。这一政策特别突出对采矿以及对矿物和冶金研究与开发进行鼓励的重要性。强调产业界、学术界和政府有共同合作支撑这个行业研究与开发的责任。

报告指出了保持美国竞争力的问题在于：尽管国内行业保持着强大的竞争潜力，但是这种潜力正在受到威胁，这就是产业界、学术界和政府未能保持过去一个世纪大部分时间对技术相对优势做出贡献的伙伴关系。要消除这种威胁，必须重新建立产业界—学术界—政府之间的伙伴关系。这三者都必须支持这种伙伴关系，矿业局作为负责任的联邦机构，必须充当一名积极的角色来维护它。

报告认为不能因为矿业在 20 世纪 80 年代的复苏而自满，指出：这个行业经历了一个漫长的衰退期才达到今天的盈利水平。与前不久的衰退相伴随的是：严重的财务亏损，企业改组，生产能力削减。导致这次复苏的因素包括矿产品价格的上涨，有利的美元汇率和劳工成本的下降，以及新技术的应用。除非致力于建立一个以美国相对优势为基础的战略，现在美国对国外竞争者的优势可能只是暂时的。非技术性措施（如关厂、削减员工和工资减让）已经产生了大部分可能的效益。未来从这些调整获得的盈利可能比现在要低得多。其结果，未来国内行业的竞争力越来越依靠其他手段，最值得关注的是技术。

报告强调必须增加研发质量和数量，从而来改善美国矿物和金属业的技术基础，同时加快把研究成果进行产业化的速度。报告认为：一种以技术为基础的战略能够改善对一种过程、一家公司或一个国家的独特环境，帮助生产商适应变化了的消费需求，促进矿物和金属业的长期竞争力。一种以技术为基础的竞争力战略，要求对技术的开发和应用做出持续的承诺。尽管对行业而言，技术不是唯一因素，但它的重要性在最近的行业复苏中不断得以显示，即使采用的大部分技术曾被长期搁置，但新技术的采用仍然起着非常重要的作用。

报告认为没有必要担忧外国的"搭便车"行为，虽然新技术可以在国际上迅速扩散并跨越公司边界，创新者从研究与开发投资中获取一种比较优势仍然是可能的。技术的迅速扩散会减少这种优势,但不会取消它。另一种优势来自于与技术相联系的,并不是到处都有的特殊条件(举例说,如高劳动成本、独特的矿石储存、国家环境标准)。对比较优势做出贡献的并不是都是创新性的新技术,在各行业中,多数技术进步是现行设备和方法渐进的改良而不是大的突破。逐渐增长的进步肯定是有益的,但是它们在以非技术因素为基础的强大外国竞争者面前是不够的。在这种环境中需要突破性技术(即依靠完全应用技术突破,使国内产业获得可观收益的不连续的进步),而外国竞争者则往往只想从现有技术获得渐进性的进步。

二 评估:美国矿业在研发上的问题

报告揭示了当前美国在矿业研究与开发领域存在的问题。指出:虽然在重要的科学和技术方面美国并不落后于其他国家,可是在学术研究者和处理产业问题的工程师之间却极度缺乏相互沟通。美国大部分矿业和金属公司的行业实验室和研究班子已经大大削减,在某些情况下甚至取消。而这个行业的供应商经常承担不了开发新产品的研究费用。由于当前美国矿业得到了复苏,这个行业的经理层有一种观念,认为技术的更多进步并不迫切。结果,这个行业对适应和采用由政府或学界因做研究而获得的技术成果很少感兴趣。这个行业丧失了许多研究与开发能力,要恢复到他们早先的状态相当困难。合作研究,特别是在分享技术基础上进行共同开发,能够增强整个行业的竞争力。不论形式如何,一种能产生和利用新技术的国内生产对未来的竞争力是必不可少的。这个行业必须在恢复、保持其研究与开发并接受和实施新技术上起领导作用。

报告指出学术界方面的弱点,认为:学术界对矿业和金属业的研究和教育基础设施的支撑在过去10年大为衰落。研究项目较小,资金不足,重点狭窄,并且以逐渐增长的进步为导向,以致限制了学院和大学完成对矿物和金属生产有用的新技术基础研究的能力。入学的学生(研究生和大学生)学位和课题数量以及教职员工全都大幅度下降,而仍然存在的若干课题的合理性也值得怀疑。大学毕业生的供应(特别是美国本国公民)似乎低于行业的需求。如果现在的趋势继续下去,学院和大学将不能满足行业对训练有素的工程师队伍的需求。

报告还揭示出政府的问题，认为：从历史上看政府和学术界实验室曾经对矿业和金属的研究基础做出过重大贡献，然而现在联邦对政府和大学实验室研究的支持已经削弱。1970年《采矿和矿物政策法》宣布，美国的持续政策是培育和鼓励私营企业发展强大的国内采矿、矿物、金属和矿山复垦业。1984年国家采矿和矿物资源研究所项目法要求内政部长执行，或验证若干能够大大改善美国矿物和金属业竞争前景的功能。这些功能将通过矿业局落实，包括采矿和矿物研究项目的跨部门协调，制订指导性计划，为与采矿和矿物资源相关的所有现行的和计划中的联邦资助研究项目进行编目，为采矿和矿物资源研究委员会在这些领域的研究搞出一个全国数据库，并以此为目的进行跨部门协调与合并。而今天，这些功能并没有以一种连续不断的或考虑充分的方式完成。

总之，报告认为：行业、学术界和政府之间的伙伴关系在过去几十年中被削弱，以致对这个行业未来竞争力至关重要领域的基础研究的资金已经枯竭。报告还认为：由政府和大学进行的采矿和矿物研究并没有同这个行业的长期需求很好协调，这种局面必须改变。正是今天的基础研究将在明天支撑《采矿和矿物政策法》所憧憬的强大的国内矿物和金属行业。内政部特别是矿业局的位置非常有利于改进矿业的研究基础，重建采矿和矿物的研究与开发合作。此外，为了在其自身的实验室进行研究，并且把研究基金拨给学界的研究机构，该局可以培育研究人员之间的交流和合作，以改善研究应用的及时性。

报告特别强调矿业局的作用。认为：矿业局作为唯一的联邦机构。其主要关切是矿物和金属业的需求。报告肯定了该局过去支持了这个行业对研究与开发至关重要的需求，对整个20世纪竞争力的发展贡献巨大，特别是在前几十年。但是报告认为：这个局近年来对技术方面贡献的影响少了。它的研究与开发预算在下降。该局40%到50%的研究致力于矿山安全、健康和环境保护，这就进一步限制了用于改进生产率和技术的可用资金。联邦政府在帮助美国矿物和金属行业在国际上保持强大竞争力方面能够发挥重大作用。矿业局是目前唯一一个联邦机构处于提供这种援助的位置。如果这个局发挥更积极有效的作用，它需要同学界和行业更紧密地合作。

报告谈到政府、学术界、行业三者的合作时指出：32家采矿和矿物资源研究所（矿物研究所）和位于学院及大学的 6 家通用矿物技术中心（GMTC）对向美国矿业提供训练有素的人力资源和技术进步，是十分可贵的。然而，想增加它们的价值则要求更有力的支持，对研究的广泛目标进行协调，对项目的选择和评估要有更严格的方法，取消不太成功的项目，而致力于更有希望的项目。联邦政府对矿物研究所和 GMTC 支持不够，给他们的资助很少，阻碍了他们培养学生和完成研究需要的能力。GMTC 苦于缺乏战略计划和对他们研究项目的严格评估。他们的项目资助倾向于反映研究人员的兴趣而不是行业的需要。在矿物和金属问题上，政府同行业之间的关系常常出现对立。各种各样加之于矿业的限制（反托拉斯、环境等）很少咨询或让行业专家介入。不过环境规则的技术强制方面也迫使公司变得更具有环保性，尽管带来沉重的资本费用。外国矿业生产商通常在贸易谈判、环境和其他政策方面同他们的政府有更密切的联系。的确，外国政府的介入有时在承认他们矿业和金属行业的利益的前提下，为他们提供了在国际市场上的竞争优势。而美国矿物和金属行业的利益，在政府的许多税收、贸易、环境和其他重要政策上却没有体现。美国政府同高技术领域之间有紧密的关系，但在矿物和金属领域没有。为了加强国内矿业的国际竞争力，在美国政府机构和矿物金属行业之间，一种新的更加积极的关系是需要的。为了把浪费最小化，减少环境影响，治理被污染的废料场，开发新技术是需要的，政府和行业应当作为伙伴，更有成效地一起工作，探索其他研究需要，并且在政策问题上应当建立更好的沟通渠道。所有有关方面应当承认，我们某些国际竞争者对这个行业并不施加这种沉重的负担。

三 主要建议

（一）强化政府、行业和学术界三者在研发上的协调。

报告建议采取有效行动，首先行业必须承诺保持以技术为基础的竞争优势，但是同样学界和政府也是不可缺少的角色。特别是矿业局要在研究和搜集、传播信息上起关键作用。任何单方面的行动是不够的。要行之有效，三者必须协调行动。矿业局必须是政府、行业和学界协调一致，改善行业竞争力的领导者。行业必须更多地利用合作研究的机会。现有的行业联合会利用得不够，应当作为开展研究的机制得到更大支持。必须对过去 10 年指导这类共同体的法律和规章的变革进行审议，在此基础上建立研究共同体，致力于基础研究。学界的研究必须解决基础科学和采矿业、金属业的工程问题。大学必须从不同来源寻求资助以保证长期研究的稳定。联邦政府必须承诺通过矿业研究所和 GMTC 支持大学研究，并在经费上做出贡献。学界的项目必须不孤立地进行：必须实现大学研究员之间的更大协调和学界和行业之间的更大合作。

报告主张矿业局在促进由政府支持的研究机构之间的协作方面应当充当领导角色，使研究机构和行业之间的技术转让更为方便。矿业局必须更加强调生产效率和协同努力。研究必须致力于为国家竞争优势提供基础，强调国内的力量，如培养出一支良好的劳工队伍和研究美国独特的、或更普遍的地质特征。优先的课题包括研究矿石的起源和沉积、地浸采矿、智能采矿系统和在加工中改进能源效率。此外由于美国比其竞争对手要求更严格的环境规章，因此对安全、健康和环境的研究将对美国有更大的利益。矿业局应当对在提高竞争力上有贡献，在安全、健康和环境等重大问题具有"突破"性进展的基础研究和探索做出更大的承诺。这种研究应当引导有使整个采矿业和金属提炼过程革命化潜力的新观念。同时它应当长期集中于高风险、高回报的课题。这种工作应当同其他研究机构协调，但必须分别立项。矿业局对信息和分析的承诺必须继续下去，并予以加强。重点应当放在传播数据和分析，同时应当致力于抓住进入电子时代的机会。

内政部长应当促进矿业局在解决同矿物和金属问题的跨部门团体之间的融合，特别是关系到国际贸易、国家安全和环境保护的事务。矿业局必须增加它在更广阔研究领域的活动。它必须积极支持矿物研究所和 GMTC，同时必须同学界研究人员一起工作，集中研究对长期国家利益有贡献的课题。矿业局还应当鼓励行业联合会对界定学术研究目标和机会的介入。为了方便矿业局发挥作用，政府应当支持矿业研究所和 GMTC 对经费的要求，而不是坐等国会立法。矿业局应当就其项目的方向和质量咨询外界的意见。根据《公众顾问委员会法》，顾问委员会应当就该局项目的方向、内容，包括信息需要，行业需要和技术进步，以及优先项目提出建议。此外，审察委员会应当建立起来，审查局内部研究项目的质量和内容，对局实验室的研究主任和局长提供建议。全国矿物和金属界论坛应定期召开，以确认这个行业所面临的重大技术和政策问题。该论坛将在行业、学界和政府代表之间增加沟通，并且培育三者的合作。最后，为了国内矿物和金属业的生存和发展，要承诺长期地、继续不断地重新评估这个行业所面临的问题和机遇。

遗憾的是，报告对矿业局的高度重视却因国会削减预算而受到了重大挫折。在1996年第104届国会期间，国会在共和党控制下通过了撤销矿业局的决定。这是为了削减联邦财政赤字而采取的措施。原来由矿业局承担的各种职能分散转移到其他有关部门。报告中提出的强化矿业局对科技创新的联邦领导作用这一愿景，不可避免地会因这个机构的撤销而被削弱。

（二）矿业科技进步的努力方向

如果说恢复政府、企业和学界三者在研究与开发上的紧密合作是保障美国矿业竞争优势的战略性措施。那么让矿业的勘探、采掘、加工、冶炼等环节在科学技术上取得突破性进步则是最重要的战术性措施。

最近许多采矿公司重新盈利，是由于它们自己削减成本的努力以及许多矿物商品价格的上涨。这种进步已经为开发新技术投资于这个行业的未来创造了有利的机遇。然而单靠采矿设备的进化会走向一个死胡同，为了取得真实的进步，采矿业必须从事一种新的研究计划，它将降低对操作者能力的要求，使操作者尽可能远离危险环境，并且利用机会创造出矿山对人的需求的最小化。由于许多采矿业使用的地面支持系统和环境措施主要是设计用于保护工人，工人不在现场将创造机会重新设计采矿方法。换句话说，新技术（例如，机器人和自动化）应当不仅减少劳工队伍，而且利用这个机会提供没有操作者的工作环境。

报告认为：要想使矿业真正有竞争力，公司必须找到新的、便宜的原料来源，同时随着成本、技术和管理要求的变化，维护、更新并更换生产和加工装备。在矿业，特别是金属行业，勘探实现前一种功能，而采矿、加工、精炼，研究和开发则完成后一种功能。在财务上困难的时候，这些功能要求公司投入并保持一套有效率的基础设施，同时持续不断地获得资金。一个以技术为基础的竞争战略，没有智力的和财政资源的长期投入，是不可能实现的。创造性跨学科的思路以及利用配备良好的实验室和实验车间，由训练有素的科学家、工程师队伍，用现代设备进行实验，能够带来革命性的技术变革。如果公司、大学和政府组织支持研究，同时在其最有希望的产品上落实，并长期承诺这种战略，美国公司将能比较容易地适应变化中的经济和环境的要求，成为在美国和全球矿物和金属领域有竞争力的生产者。渐进式的发展能逐步改善现有的技术，革命性的研究则能转变一个系统。报告确认加强美国矿物和金属业竞争力必须进行的技术开发。报告分别研究了采矿业的四个组成部分：即矿物的勘探、采掘、加工和精矿。在 4 个部分中的每一个部分，美国矿物和金属业的最先进技术和研究努力都受到认真的审视，并确认了研究与开发的发展方向。

报告认为：尽管采矿的起源可以追溯到五六千年以前，其现代化的结构大约为 200 年。19 世纪力学中爆破物的发展大大改善了使用过 500 年以上的破碎和重力选矿的原始器具。今天使用的炸药、空气压缩机和大部分粉碎和研磨机械，都是在 1900 年以前开发的。同时重力选矿依靠较老工具的机械化以及震动台（shaking table）的发明，而得到了极大改善。到 19 世纪末，重力选矿的优势先是受到矿物分离的磁选法和电解法、后来又受浮选法的挑战。然而，从 20 世纪 50 年代以来，采矿技术中革命性的进步很少。1983 年美国矿业局在铜业的技术创新报告中见证说：必须把时间界限扩展到 30—50 年前才能提出一个创新清单。而现有方法的增量改善以及对其他采矿技术的适应（例如计算机，传送系统），渐渐降低了成本并且增加了劳动生产率。结论是：经营矿山和工厂的工程师同那些从事研究与开发的人员之间，常常缺乏有意义的对话。在太多的场合他们的目标和解决问题的努力，是由服务部门界定的；但是行业对采取任何重大新事物的抵抗是十分巨大的，甚至是不可逾越的。在开发新技术方面采取积极态度的公司很少，即使有，也是在冶金提炼方面，特别是开发新的经过大大改良过的冶炼或沥滤方法。很多这类技术来自外国或者首先由较小的国内公司测试。其中最著名的是奥托孔普（Outokumpu's）和英柯（Inco's）的闪速熔炼，最初是在 20 世纪 40—50 年代开发的，美国公司采用得很慢。在经理层认识到迫切需要或被新规则强制去做时，某些对接受外来技术显示强烈抵抗的公司，却深深卷入内部新技术的开发。这种矛盾的态度对采矿和矿物研究开发提出一系列重要问题。比如：什么是最重要的领域？增量的或渐进式的技术进步对提高竞争力能否提供机会？哪些是采矿和金属业革命性技术进步最有希望的领域？

1. 勘探技术

勘探技术被用于对潜在的矿物和金属提炼进行矿物储量的定位和评估。在过去50年，美国的矿物勘探主要是看具体商品。某些物资在特定时期有强大需求，如50年代和70年代初的淘铀热和60年代的斑岩铜繁荣。尽管当前贵金属占勘探预算的大部分，可是有越来越多的铜勘探（特别是氧化铜）、以及其他基础金属、战略金属（例如，铂族金属）、稀土、铍、锗、镓、锰和钛的勘探。地质勘探计算机和选择性敏感传感器在近年大大影响着地质勘探。勘察数据现在能够通过一台个人电脑分享服务，如GEOREF（由美国地质协会编辑的地学数据库），采集参考书。美国地质调查矿物资源数据系统和矿业局的矿物获得系统提供具体位置的矿物储量和生成数据和位置地图。模型也对勘探越来越重要，许多以地区和板块地质构造学相关的新信息为基础。至少有一个叫探矿者（Prospector）的计算机程序收编了这些数据，并且允许使用者依据地质信息输入，辨认某种地区的特殊模型。这种程序设计能够用于加强或改善随后的详细勘探。

矿业的谚语说："发现一个好的新储量矿区，比试图用先进的采矿法和加工技术从一个贫矿增加产量好。"如果认为未发现的丰富矿体在美国仍然广泛存在，那么勘探技术的渐进改良，发现新的有生命力的矿藏，就能加强美国矿物和金属业的竞争力。勘探技术的渐进改良包括：（1）空间的和用光谱穿透树叶和地面覆盖物的影像分辨；（2）用磁化、重力、辐射和光谱等数字地球物理手段覆盖美国；（3）改进钻探/取样技术和分析方法，增加基本的地球物理知识；（4）超热带深钻（15000到25000英尺）。数据库的改进以及增加信息的可得性将允许较小的、有进取精神的公司去完成有效的勘探而不需要非常高的花费。另一个可能使这个行业革命化的研究进展将是有关矿石起源和沉积更完整的综合理论，它将不仅改进发现新储量和沉积的概率，还能开发出新的矿山并选择更有效的采掘方法。

尽管目前使用的勘探方法已经取得重大进展，总的来说是令人满意的，但是即便是小的技术进步，如数据库的改善，公司获得更多数据的可能性，将大大增加发现的储量和美国矿物和金属业的竞争力。

2. 测绘

近年来，基础数据采集的勘探规划阶段因为得到空中和卫星照相覆盖而大大加强。基础地图能快速廉价地做好。高质量彩色和红外线成像的可得性，对地质测绘和解释有极大帮助。在设计阶段，当前电子距离测量工具的产生，大大加强了建立水准点、三角测量点、地产边界、钻孔位置、地球物理站以及其他要求准确地形测量控制的数据。最后大量的地理的和地形的数据能够从计算机数据库中存入和取出。各种计算机辅助制图程序能够立刻按要求生产出任何大小的地图和断面，并且能按意愿用彩色编码。地球物理学、地球物理活动和调查的进步，在过去10年不像以前那样迅速。磁学、电磁学、感应极化以及在较少的程度上地上和空中的重力和地震测量仍然被广泛利用。某些变异现在也被利用，如辐射测量法和来源受控的大地电磁学。近来研究的最重要成果是可靠性以及固体状态的检测仪表重量的减轻。极敏感重力计，特别是重力-时间-差异探测仪，提供了一种强大的新地球物理工具。从地区空中研究的角度看，电子定位系统，如测距仪和远航仪能够提供在5米以内的位置数据。记录数字数据的能力使得数据的掌控、过滤和加强解读都进了一步。在矿物和石油业一项被广泛接受的技术是钻孔位置纪录。现有探测法包括传声速度、自然伽玛测井、自然电位、半导体电阻测试、井径仪、混合液电阻率和高分辨率温度、井眼方位角和倾角、栅陷测试振荡器、伽玛射线密度、中子、感应极化和伽玛能谱测井仪。这些传感器能够单独或在各种混合方式上应用。这些功能有许多在采矿和地球技术设计上都很有用。

3. 地球化学

地球化学作为一种地区和特定位置标度的勘探工具，其用途在过去20年大为增加。开发出一种取样的科学基础用于辨别地质反常，虽然取样和样品制作中还有一些错误。地球化学一些更令人兴奋的发展是通过运送覆盖物取样技术的进步。在改良的轻型钻和钻探器之外，某些新技术对覆盖物不要求实物穿透。生物地质化学，特别是从深层根部系统取样，已经显示出令人鼓舞的成果。一种最近开发的技术，目前仍然处于试验阶段，是探明和对已知同某种金属有亲缘关系的特种细菌的数量测定。这种技术在未来有广阔的用途。另一种已经研究过并在某种程度上已经使用的东西，是把土壤气体地球化学当作一种手段，寻找在地球表面看不见的矿物，它不要求花时间和金钱去钻探和测验样芯。分析技术近年来也有所改进，特别是在微量元素测定方面。尽管火试金（一种测试金属的方法）仍然被认为是对贵金属的最后鉴定,原子吸收分析在准确度和精密度上已经得到改进。共振增强多光子电离（REMPI）和激光诱导荧光已经使具体元素的微量分析在较低的浓缩程度上成为可能。诱导耦合等离子体用个别元素分析的局部成本,提供了多元素微量元素数据。同样中子活化分析显示了在高精度多元素测定上的广阔前景。X射线荧光技术正在变得广泛运用,特别是当在元素浓缩度达到矿石级幅度的矿山；这些工具在快速钻孔扫描仪、工作面和露出地面的岩层上十分有用。计算机统计和制图技术在解释和报告调查结果时被广泛运用。某些更先进的多变量统计方法已经证明在探测微妙反常时很成功。计算机地面模型和地质统计早期阶段被广泛用于解释和评估储量。

4. 钻孔技术

尽管滚动和震动方法很受欢迎,特别是对贵金属的勘探,钻芯仍然在矿物勘探中被广泛运用。钻芯技术近年来的改良是在水力、工具和机械系统领域。新钻头设计和改进的泥浆和化学添加剂有助于改善钻芯的回收。近年来更多的注意被给予样品采集和制作。在市场上有许多样品采集器具,它们收集了多种钻头切割或其他粉碎物质的代表性样品。小直径方向控制钻孔也有所改进。在老的照相法之外,还有陀螺仪和激光系统。

5. 采矿技术

采矿业必须努力开发能够维持工人在最少曝光于困难的或有害环境中进行操作的自动化采矿、加工和提炼技术。设计标准必须包括清洁工厂,在那里所有设备都要做溢出可能性的评估,同时在那里必须提供对有害残余的遏制。研究的领域需要解决开发新一代采矿系统、地质传感或预测矿体或煤层的变动,感知地壳运动,就地获得矿石品位的度量；非爆破性岩石断裂；智能采矿系统结合先进水平和认知能力。就地采矿,可能是一种革命性的采矿方法,它将能大大改进采矿经济,并且允许一种无人的工作环境。

现有的采矿技术要求打开矿体,并从它们的自然存储地把矿石和矿物运走。其发展反映以下的因素：(1)二战后劳工成本迅速上升,使人们追逐更高的生产率;(2)二战、朝鲜战争、欧洲和其他地方的战后重建,都增加了对矿物产品和能源的需求;(3)近几十年来对自然环境担心的提高,变为对美国矿业必须承担更大责任的要求,但对外国竞争者的影响则比较小；(4)

人们认识到战前的安全和健康标准不再是可以接受的。这一点对煤炭行业说最为严重，对金属采矿业的成本也有影响。作为这些因素的结果，现在的采矿技术（有少数例外）被设计为用高生产率处理大量岩石和矿石。采矿机械，特别是那些在地面上使用的机械，都有巨大的功率但单位资本费用极高。这种采矿技术的发展和实施，主要是在美国的地面煤炭采矿。一种连续不断的采矿机加上长壁采矿法，代表着地下采煤的机械化前沿。地下保护层开采（房柱式采矿法）最早也是美国开发的。被许多人认为是最有效的地下采煤法长壁技术，是从欧洲进口的，它将形成大部分未来发展的基础，不过现在采矿技术是有局限性的。实际上今天使用的每一种机械化采矿系统，在20世纪50年代已在使用。近来的进步只限于增加设备的尺寸和少数为实现更高劳动生产率而进行的改良。这种方法提供的机会仅限于继续改良。这种渐进的设备发展已经导致一种局面，在那里多数外国公司使用的技术同美国对手使用的技术相同，把美国公司置于一种不利地位，因为较低的矿石品位和较高的环境保护成本和单位劳工成本，使美国的成本仍然高于竞争者，虽然近来有些改善。

采矿的未来研究与开发的方向。

就其性质而言，采矿涉及同矿石物质的密切互动，不幸的是，靠现在可以得到的手段，地质条件是变化多端的和不可预测的，所以采矿系统必须有很大的认知能力去认识它，并且对不可预测的变化做出反应。

在亚利桑那州圣曼纽尔铜矿，地下火车是由地上无线电调度员控制的。当前，这些培训过的和有经验的操作者具有相当的认知能力，为了减轻操作者的负担，使采矿自动化成为现实。当然，存在着一些障碍阻止智能采矿系统的开发，并且有的是根本性的，例如，如何在不可预测的环境中操作（例如空间或战场上的自动车辆），其他则密切联系于采矿（例如，岩石的分散，在地质环境中预测变化，在受限制的地下空间游走）。采矿研究将必须解决特定问题，这要靠相关高技术公司提供帮助，并获得其他领域的数据，为解决要克服的问题，新一代采矿系统必须实现确认的几个研究领域。

第一，地质感应能力。(1)预测矿体变化，(2)感知地壳运动的临近和(3)就地获得品位变异的尺度，将改进发现新储量的可能，并对设计更有效的采矿设备做出贡献。自动化采矿的可行性取决于驾驭并控制智能系统的一套数据。尽管明显地联系于地球物理和地球化学等方面，这种研究领域必须以迄今为止还没有打算解决的分辨率和准确度为目标。非爆破性岩石断裂对采矿业是一种很大的优势，并且是自动化采矿系统的一个基本组成部分。近几十年在机械提取较软岩石，特别是在水力采矿领域取得了很大进步。无爆破采掘通过较好地控制和连续操作使安全得到加强，导致生产能力的提高。

第二，智能采矿系统，它吸纳了先进水准的认知能力，并且减少工作人员在恶劣工作环境中的工作时间。

第三，地浸采矿是一种较为先进的采矿方法，它可以大大改善采矿经济，并允许无人工作环境，利用低品位矿物资源，还能在地下保存废物。

6. 矿物加工技术

矿物加工在决定用于熔炼的精矿或其他产品制作的产量和质量上起关键作用。多数现行矿物加工技术是在19世纪发明的。例如，现在使用的两种粉碎机（颚形的和扭转的）是19世纪时开发的，自此以后，它们两者在尺寸、产能和效率上都增加了，但是它们在原理上没有改变。圆锥形粉碎机，是20世纪20年代的产品，它只是一种扭转型设计的修正版。球形粉碎机，是在19世纪与20世纪之交从德国进口的，它的尺寸大大增加了，但它的基本设计和机械装置并没有改变。重力浓缩在其早期阶段涉及用有差异的沉淀法使之成层。新型的重力洗矿机是在19世纪引进并且实现了相当高的效率，许多较老的器械使用了改良的设计。更重要的是，机械化被加了进来。磁化分离器的发明改善了单独依靠重力进行浓缩的方法，静电分离也是在19世纪注册专利的，但是在1907年第一次使用。浮选是在19世纪末获得专利的，在澳大利亚1906年第一次使用，在美国1911年第一次使用，同时几乎每一种现在使用的被试验的型号都是在1926年时已经定型的。

一个多世纪以来，磨细和粉化方法浪费能源是广为人知的，然而却一直没有大的改进。19世纪和20世纪阿格利考拉（Agricola）描述的，当时用水力运作的磨细捣击机到19世纪被机械化，先是用蒸汽后来是用电力。滚动粉碎机在英格兰发明（1806在欧洲大陆推广），1832年颚形碎矿机在美国发明，1858年由布雷克（Blake）注册专利，1861年第一次使用；旋转型粉碎机于1866年引进欧洲。1883年由盖茨（Gates）第一次进行对颚形碎矿机的竞争性试验。在美国最早用于矿石是 1905 年。球磨粉机由布鲁克纳（Bruckner）于 1876 年在德国发明，最早于 1905 年在美国用于矿石。除去爆破或应用另一种潜在的能源形式，粉碎完全取决于把电能转换为机械的破碎或研磨运动。滚筒式磨机的低压头及其能源转化的间接性质，说明有可能使用其他更直接产生矿石粉碎的能源形式。这就涉及在传统的粉碎理论中几乎完全被忽视的破碎的其他方面，然而这恰恰是断口理论的起点，这就是说存在着裂纹，最终会影响研磨的效率。利用这种裂纹应当是粉碎研究的主要目标，在提高粉碎与浮选两者的效率问题上，有明显的类比。两种系统都涉及加工原料的相关特性以及加工机械能动特性的相互作用。对两者，机器的演进的目标在于提供几种功能，对于每一个单位，它们常有不同的要求。其结果是必须在所有功能最佳执行的状态上有所妥协。这种妥协在机械浮选法上是明显的。其关键的要求是在稳定的分子/泡沫依附和把泡沫与矿浆的重力分离之间提供最佳状态。另一个要求仅间接涉及方法本身，这就是必须提供足够的流动速度，以便保持所有粗糙碎片能够停留在分子/泡沫接触带之间。浮选法通过开发，最有效地保持并获得分子/泡沫的接触同时，设计分离器的最佳状态，从而使混合器中的流出达到优化。尽管早在 20 世纪 30 年代，对硫化物质无收集器浮选法的成功，就发表过声明和反对的声明，只是在前几年这种现象才从实验室走出来，在实验车间进入积极的、全面的巡回展示。结果令人鼓舞，但只在有限范围，同时专利因素不允许做可靠的经济评估。然而，预期对处理斑岩铜矿石会有重大效益，这种矿石似乎最适合于这种作业。

矿物加工已经发生根本性变化，其前景已经靠近革命边界，一般而言，通过先进的模型和自动化用计算机控制操作；在研细方面，通过爆破和粉碎一体化，充分利用以前存在的和加工制造的结构性弱点，同时利用电机以外的能源；在浮选方面，通过开发显示较高水力的和工艺程序效力的另类机械同时应用硫化矿物无集流器浮选法。

7. 金属精矿技术

金属精矿技术，把矿石和矿物精料转化为可以出售的金属商品。实际上，所有现行精矿技术都建立在热冶和湿法冶金法技术的基础之上。然而，少数例外是有的，如镍的碳醯法。

对现场精矿而言，湿法冶金和生物技术的发现能够大大影响矿物和金属业。进一步对先进试剂的研究或设计出有机物，能够从地下储藏中提炼出特殊金属，同时使土壤的移动和废物的生产最小化，这些都可能使这个领域革命化。然而，在现场提炼法能够恰当地并普遍地应用以前，对地下和地表的液体控制、遏制和脱水等的广泛研究是必需的。研究与开发应当通过以一种系统方法为手段，解决环境质量和废物处理问题，以减少环境规章对竞争力的影响。必须开发使回收金属成本最小化的程序，与此同时能够满足环境标准，保持对有害物质遏制的要求，同时以最低成本制造出无害废物。

最近热冶法的发展。美国铜业大多已经用闪速熔炼法取代了传统的反射炉熔炼法。反射炉和电炉在环境和能源成本的压力下继续凋谢，只有一座电炉现在美国仍然使用。从熔炉中散发的硫被抑制，因为硫酸和液态二氧化硫是可以出售的。外国公司主要依赖闪速熔炼，同时今天在美国运行的熔炉都是外国设计的。研究集中于从熔矿炉把精料投射到残渣清理炉，同时取消转化炉。要寻找转化炉的替代物，使运行连续并且产生经常的高强度二氧化硫气体。某些对铜生产技术重要的研究与开发正在进行，但是总体上拨款仍然很少。最引人注目的项目是以氯化湿法冶金为基础的 Cyprex 方法，Norddeutsche Affinerie/Lurgi Cyclone 熔炼法，Queneau – Schuhmann – Jurgi（QSL）反应炉，ISASMELT 法，锍冰铜的闪速转换，以及闪速熔炼反应热力学和动力学的继续研究，这些创新大多是在美国以外出现并在外国公司实施。闪速镍熔炼和电炉生产的大部分从硫精料得到镍锍冰铜，电炉法和淋沥法统治着红土镍的生产。转化镍锍冰铜是在转动转换炉中由热冶法完成的。20 世纪 80 年代镍熔炼和精矿，集中在增加能源效率和改善现有业务的环境控制以及采用某些在其他行业对镍生产使用的技术上。锌的烘烤—淋沥—电解技术，自从 1913 年发明以来已经稳步改良，在 1980 年增加了它在初级锌熔炼和精矿业的统治地位。只有 10% 到 15% 的初级锌仍然用热冶法。对锌淋沥法残余和炼钢灰尘处理的环境压力，在美国和欧洲已经刺激起能够对生产环境友好的、残余可处理的、锌和铅可回收的方法的开发和改良。在 ISP 中使用铅溅射冷凝器已经使该法处于环境的压力之下。在 20 世纪 80 年代已经开展了不以环境问题为目标的小型研究与开发。自 1950 年以来没有开发出什么关于锌的新的重大生产方法，尽管在减少能源需求方法方面做了少量工作，导致在德国有关氢正极观念的中试规模的实验。

铅。世界大部分粗铅用烧结矿高炉水壶精矿法（sinter – blast furnace – kettle refining process）生产。多数再生铅是废旧电池在高炉、反射炉和短回转窑中熔炼的、初级铅和再生铅一体化技术，还没有形成大的商业规模，尽管 QSL 反应炉法有潜在的可能。环境压力（工作场所和周围环境的铅暴露）导致 1970 和 1980 年间海外重大新熔炼技术的开发，但美国一直没有采用。

铝。原铝是用赫尔－赫罗特法生产的，而再生铝通常是用简单的感应炉再熔炼或在密苏里公司赫克兰尼姆（Herculaneum）铅熔炉中，通过冶炼铸造铅锭生产出来的。随着制造出更多的含铝产品，并继续回收含铝产品，铝的循环利用持续增长。由于现在的循环利用技术相对简单，成本效益较高，报告预期在循环利用技术上不会有什么变化，不过为了在再加工过程使交插污染最小化，还是要开发较好的的挑选铝合金的方法。

贵金属。烘烤是提炼贵金属使用的主要的湿法冶金术。一种选择性烘烤技术在智利的 El Indio 矿开发出来，用以处理含砷的精矿，使这些物资可以出售。新的烘烤技术在美国和加拿大在建的几个项目中也将被使用，使所有气体流出物以一种成本效益较好的方式受到抑制。加工耐火黄金矿石的循环流化床技术是一种适合铝矾土的焙烧技术，正在对一个主要海外项目做调查，并将与另一种高压蒸锅法做比较。

铜。美国本土以及国外的铜生产的大量增长，导致溶液提炼/电解法的使用。新试剂业已开发出来，它有较高的提炼效率和较少的因杂质污染而造成的溶液损失。为了降低资本成本和溶液库存，新设备正在开发。一种使用永久不锈钢阴极的高强度电解技术也被开发出来，那是一种沥滤溶液提炼/电解法，使用氧化铁技术。为了从淡化矿水中除去铜，正在考察离子交换树脂。传统的电解质精矿，继续提供高纯度铜，生产结实耐用的机器。几家使用永久阴极的精矿厂已经建设起来并且计划建立更多。更多的精矿厂将进行上游一体化，以便生产连续铸铜棒。

镍和钴。精矿镍仍然被碳基法和电解法所统治。在铁矾土技术上没有出现重大的新发展以改善能源效率。浓缩技术没有改进，由此导致的整个原料加工的需要，仍然是任何铁矾土加工有待克服的障碍。具有对镍和钴高分离效能的新试剂也开发出来，可是还没有重要的新设施建设起来，利用这类新试剂。

锌。在应用烘烤、沥滤和电解锌流程标准方面继续有所进步。此外，压力沥滤技术已被某些工厂引进用于改进回收和硫管理。在几个扩建项目中，一种压力沥滤已经取代烘烤，生产的副产品是硫而不是硫酸。

铅。在意大利原铅湿法冶炼的重大新发展正在进行，同时，处理再生铅的工厂在欧洲和美国很快即将运营。

铝。实际上世界原铝是用修建得很好，并用接近最优化的矾土拜耳法生产出来，赫尔-赫罗特还原法紧随其后。几种直接还原和氯基法已经开发出来，并且在1970—1980年通过半工业试验规模的中间工厂进行评估，然而没有一个进入商业运营。铝的另类原料来源也在评估，但铝矾土仍然是主要原料。重大的研究与开发已经继续发展到减少电力消耗，改善现有还原方法的电极工作，同时在减少对环境的排放方面也取得了某些成功。

贵金属。耐火黄金矿石的氧化压力法似乎是新兴的技术选择，烘烤法不能使用，生物氧化法也在被开发出来。用氰化溶液对低品位矿石进行堆积沥滤，无论有或没有团聚作用，含金的溶液用碳单位吸收/解吸作用进行处理，随后加以电解，这种方法在继续扩大。使用离子交换树脂和溶液取代碳，正在处于试验阶段，已显示出其良好的前景。铂族金属的主要技术，已经是电炉浮化浓缩冰铜熔炼，随后是冰铜沥滤，冰铜沥滤残余的氯基沥滤，然后是用古典的溶液提炼法对铂金属族（PGMs）的分离和提纯，或使用离子交换技术。在加利福尼亚、犹他、内华达和巴西，贵金属领域的开发也包括安装用于整个矿石氧化的高压蒸锅。在碳激活方法方面也取得了改进，高能接触器已经投入运营。黄铁矿和含砷黄铁矿黄金矿石的生物氧化示范工厂，已经在加拿大和非洲建立起来，在美国建立了一座商业化工厂。为耐火黄金矿石寻找化学氧化剂在继续，注意力集中在氯和硝酸。当有大量银存在的时候，后面这些试剂似乎提供了一种主要的优势；现在使用的烘烤和高压蒸馏法，对银的回收效果不好。

未来研究与开发的方向。湿法冶炼和生物技术与现场提炼对矿物和采矿业可能具有很大影响。现场提炼是一种联结采矿，矿物加工和冶金提炼的跨学科技术，这些现在被用于铀、铜、盐、钾和硼的生产。原地技术也已成功地运用于重晶石。对能够以最少的土壤迁移和废物生产，从地下储藏中提取特种金属的先进试剂或有机物质设计的研究和开发，可能使矿物和金属业革命化。然而，在这些技术能够合适地并普遍地应用于现场提取方法之中，还必须进行广泛的研究，包括地下和地面流体控制领域，遏制和脱水技术。残余加工和废物处理，对矿物和金属业是越来越重要的问题。传统上，在评估矿物储量价值时，对存在不想要的杂质并没有给以很多考虑。然而，现在的美国，要求做巨大的努力使一座矿山投入生产，或者保持现有业务的存活，它们同保护工人队伍和保护环境相联系。因此，国内行业的冶金学家发现他们自己有着越来越艰巨的任务，他们必须生产高质量的产品到世界市场上去竞争，但是还必须完全遏制全部试剂和流出物，并且把任何有毒部分转化为有用的副产品或无害的废物。为了解决这些环境质量和废物处理问题，现在研发必须集中于系统方法直到程序开发。这些方法的目标是发明出这样的程序，它们不是简单地使主要矿物矿石的价值回收成本最小化，还要便于达到遏制的要求，并以最低的总成本创造出无害的废物。

报告指出，如果美国矿物和金属业要想存活并且在21世纪繁荣起来，则必须开发新技术。上述国家研究院的报告，其要旨是强调美国必须坚持20世纪大部时间保持美国矿业竞争力行之有效的，但在新时期有所削弱的，以科技为主导的发展战略。保持科技优势，是使美国矿业立于不败之地的根本保证。这一基本战略思想同国内外新形势变化相适应的国防储备战略，循环利用，节约、环保等政策相结合，基本上勾画出了美国发展矿物金属业的总体战略思想。

21世纪将是大国为保障本国矿物资源的供需平衡而展开激烈争夺的世纪。在这方面，美国既有高度的忧患意识和应对形势变化的战略思考，同时对新兴经济体的快速发展和庞大需求又有很大的担忧和极高的警惕性，对中国尤其如此，这是一场大国之间的博弈。必须承认，美国矿业界对中国的研究是相当深入的。美国的地质调查局掌握了中国矿业的大量数据。在他们发展矿业进行国际博弈时，中国因素是他们的重要战略着眼点。我们如果想在这场博弈中不吃亏，不可不对美国矿业进行认真研究。这是本书重要的出发点和着眼点。

下面我们将就这些问题展开进一步的阐述。

第二章 金属矿物

金属矿物是指具有明显金属性的矿物。金属矿物包括黑色金属和有色金属。其中有色金属又分为有色重金属、有色轻金属、稀有金属、贵金属及半金属 5 类。所谓黑色金属，是一指铁和铁基合金（有时也包括铬和锰）。有色金属是指除铁和铁基合金（有时包括铬和锰）以外的一切金属的通称。在近 50 种金属矿物中，只有少数品种的存储是大量的。其品种标志包括颜色、斑纹、莫氏硬度以及其他明显的特征和化学公式。斑纹和粉末矿物的颜色比起金属矿物的表面外观更为真实，因为后者常受到锈迹和污点的影响。金属矿石的生产商通常也从事初级加工，如粉碎，为的是在运输前缩小体积，把矿石浓缩，以便进一步熔炼和加工。

金属矿物比工业矿物或建筑矿物能进行更多的全球贸易。对多数基础金属而言（铜、铅、锌、铝合金和钢），其价格是由中央交易所确定的，如芝加哥商品交易所（Chicago Mercantile Exchange）、伦敦金属交易所（London Metal Exchange，LME）。贵金属如黄金和白银并不在伦敦金属交易所，而是在场外交易市场交易，即，在伦敦金条市场协会成员的伦敦金条市场上交易。白金和钯则是在伦敦白金和钯市场交易。还有几种次要的金属，它们常常是基础金属的副产品，通过小金属贸易协会（Minor Metals Trade Association，MMTA）所属公司交易。

金属矿物通常要求更多的投资，它反映的是普遍更大的规模，或更复杂的运作和加工，以及把矿石浓缩的加工要求。同时在许多情况下，地下操作也需要更多投资。

地下采矿比起地面运营还要求更多的能源，因为需要通风、抽水，还要进行较长距离的运输。金属矿物生产商的能源成本在总营运成本中的比例，为 10% 到 20%，这取决于不同矿物以及运营的性质。

第一节　钢铁

一　钢铁和铁合金类[1][2]

钢和铁虽然关系密切,但并不是同样的东西。铁开始于铁矿石,它在鼓风炉中被吹入空气,在高温中熔化,然后,经过巧妙地处理把碳和其他杂质的含量加以限制而制成。钢是一种特别的铁,它含有 0.2% 到 2.1% 重量的碳,并使其分布均匀。钢比铁硬,并且不容易生锈。钢可以同其他许多金属如铬、钴、锰、钼、镍、钨、铌、钒等制成合金钢,从而获得各种特殊性能,这些合金统称为铁合金。

碳含量在 2.1% 以上的合金被称为铸铁(cast iron),它有较低的融点和较好的铸造性能。钢也可以同熟铁相区别,后者包含少量碳,但它也包括在铁渣包含物的形式中。但有两个可以区别的因素,钢增加了抗锈性和较好的焊接性。

虽然早在文艺复兴之前很久,钢已经以各种低效能的方法去生产,但只有在 17 世纪更有效的方法被发明出来以后,钢的使用才变得更为普遍。从 18 世纪中叶贝氏麦法的发明起,钢变成既便宜又大量生产的物资。更纯净的方法,如纯氧气顶吹制钢法(BOS),降低了生产成本,同时提高了金属的质量。今天,钢是世界上最普遍的物资之一,每年的产量超过 13 亿吨。它是建筑、基础设施、工具、船舶、汽车、机械、器具和武器的主要组成部分。

美国国内钢铁的生产和使用

2009 年和 2010 年,钢铁行业和翻砂业生产的产品估计其价值分别为 740 亿美元和 1290 亿美元。生铁在 15 个地方的 5 家一体化经营钢厂生产。约有 56 家公司在 114 个小型工厂中生产粗钢。合并起来生产能力约为 1.08

---

[1] Mineral Commodity Summaries 2011, U. S. Department of the Interior U. S. Geological Survey, pp. 70 – 81.

[2] Ashby, Michael F. and Jones, David R. H. (1992). *Engineering Materials* 2 (with corrections ed.). Oxford: Pergamon Press.

亿吨。印第安纳州占整个粗钢产量的24%，俄亥俄州占10%，宾夕法尼亚州占7%。钢的发货量中分到仓库和钢服务中心的占25%，建筑22%，运输（汽车占统治地位）占13%，罐头和容器3%，其他37%。

2010年生铁产量为2900万吨，钢产量9000万吨，连续浇铸钢占97%，进口钢产品2200万吨，出口钢产品1100万吨，实际消费8200万吨。价格指数以1982年为100，2010年为200。总就业人数高炉和钢厂11万人，铁和翻砂厂8.6万人。实际消费对净进口的依赖度为7%。进口来源地（2006—2009年），加拿大19%，欧盟15%，中国13%，墨西哥9%，其他44%。

MEPS公司预测2010世界钢铁生产总量将比2009年上升14%，还预测在2010年欧盟、南美、亚洲、独联体和非洲的钢产量将分别增长22%、13%、12%、8%和6%[1]。据世界钢联合会统计，2011年世界实际钢消费（ASC）预期将增长5%，这是在2010年增长13%以后。中国实际钢消费量预期将增加3.5%，并预计将占世界钢消费量的46%。2011年预期印度的实际钢消费量将上升14%。美国预计将增加8%，欧洲增长差不多6%，这是在2010年增长9%以后[2]。

二　废钢铁[3]

2010年美国国内采购的废钢铁总价值和出口估计为225亿美元，比2009年上升40%。美国实际废钢消费在2010年大约为5100万吨。生铁、粗钢和铸钢制造商约占国内钢业消费废钢的90%，他们利用废钢同生铁以及直接生产的铁，一起制造出适用于电器、建筑、容器、机械、石油和天然气、运输和其他各方面的钢产品。铸铁业则消费掉剩下的10%，用之于生产铁和钢产品，如汽车部件、管道和机械零件。相对较少数量的废钢铁，被用于生产铁合金以及铜的沉淀硬化，同时也被化学行业使用，所有这些用途

---

[1] MEPS (INTERNATIONAL) LTD. is a leading independent supplier of steel market information. Our regular monitoring of steel markets provides us with a unique insight of consumption and production trends worldwide. 是钢铁市场信息的领先供应者，他根据对钢铁市场的跟踪，向客户提供世界生产消费趋势的独特见解。

[2] 注：实际消费等于生产＋进口－出口＋/－（库存变化）。

[3] Mineral Commodity Summaries 2011, p. 80.

加起来少于 100 万吨。

2010 年粗钢生产估计为 8100 万吨，比 2009 年增加约 36%，年度钢厂设备利用率约为 72%，而 2009 年只有 51%。钢厂产品的净发货量估计约为 7600 万吨，而 2009 年为 5600 万吨。2010 年生产家庭废钢 900 万吨，收购废钢 7400 万吨。为消费而进口 4000 万吨，出口 19000 吨。消费 5100 万吨。年终消费单位库存 4000 吨。就业方面，包括交易员，经纪人和工商在内共 30000 人。

循环利用钢铁废料，是生产新钢和铸铁的主要原料。钢和美国的铸造业已经同循环利用废钢铁融为一体。其结果就是对废钢铁的高度依赖。

在美国，废旧钢的主要来源是汽车。2009 年（能够得到的最新数据）汽车的循环利用率约为 140%，资料显示，这个国家的汽车和轻卡的全部车辆已经从最高 2.5 亿辆下降到 2.46 亿辆。循环利用率高于 100%，这是钢业从汽车循环利用的钢大于国内生产新车所使用的钢的结果。汽车循环利用行业，用 220 个汽车切割机从生命终结的汽车中循环利用了超过 1400 万吨的钢，相当于 1400 万辆汽车。在整个北美，有 12000 多家车辆拆卸商销售二手零件。

2009 年，电器用品和钢罐的循环利用率分别为 90% 和超过 66%。2009 年建筑材料的再利用与 2008 年相当，对板材和梁材来说是 90%，对钢条和其他材料为 70%。对电器用品、钢罐和建筑钢材的循环利用预期将不仅在美国增加，而且在新兴工业国家也会有更高的利用率。公众对循环利用的兴趣继续上升，随着对初级生产的环境管理加强，循环利用变得更为方便和有利可图。

循环利用废料在能源节约方面起很大作用，因为废料的再熔化比用矿石生产铁或钢要求较少的能量。同时，通过再熔化消费钢和铁，减少了填埋处理设施，并且防止了废弃钢产品在环境中的累积。循环利用的废料由近 58% 的后消费（老、旧的）废料，18% 的即时废料（由钢产品制造工厂生产的）以及 24% 的家庭废料（在现时操作中周转的废料）所组成。

2010 年废钢铁价格每吨在 290 美元到 367 美元之间波动。在 2011 年头 10 个月，含镍的废不锈钢发货到匹兹堡的平均价格为每吨 2273 美元，比 2009 年的 1502 美元，高出 45%。2010 年，废铁出口下降到估计只有 1900

万吨，而2009年是2200万吨。主要对象是中国、韩国、中国台湾地区，马来西亚和加拿大。出口钢铁价值从2009年的71亿美元增加到2010年的80亿美元。

北美经历着废钢铁的短缺，主要是因为对中国、土耳其和加拿大出口的增长。即使是废料价格的大涨也没有使废料的购买增加，因为几乎所有的废料已经从农场、牧场和其他来源搜集一空，同时经济衰退袭击消费者，使他们尽可能保留并修理旧用具，而不是把它们处理掉。还因为制造商正在紧缩生产，因此很少为市场提供新的废料。

代用品：2009年，在美国约使用了1400万吨直接提炼的铁，作为铁和钢废料的替代品，比2008年下降了200万吨。

三　铁矿石[①]

美国的国内生产和使用：2010年，密执安州和明尼苏达州出口了99%在美国生产的可用矿石，估计价值在20亿美元。这一年有13家铁矿山（11个露天矿坑、1个复垦作业和1个挖泥作业），9家精矿工厂和9家制球工厂在运营。几乎所有矿石都在发货前进行了精选。有三家公司经营8个矿山，实际上涵盖了整个生产。估计美国生产和消费了全球铁矿石产量的2%。

2010年，美国生产出可用的铁矿石4900万吨，发货5000万吨，为消费进口700万吨，出口1100万吨。实际消费4700万吨，价格每吨90美元。矿山、码头和消费工厂年终库存，去除副产品矿石为1700万吨。矿山、选矿厂和球团厂季度平均就业4700人。

在全世界，碎铁矿石运往欧洲市场的价格上涨差不多70%，从澳大利亚运往亚洲市场的价格上涨约80%，2009年的经济衰退使价格大跌。运往欧洲市场的碎铁矿石降价差不多30%，由澳大利亚运往亚洲市场的价格下降了约三分之一。整块矿石的价格在2008年几乎翻了一番，2009年跌回到2007年的原有水平。石粒价格在2008年几乎上涨90%，在2009年的一轮谈判中差不多削减了一半。2010年4月，标志着40年来根据年度合同确定铁矿石销售的全球标准系统的终结。主要生产商同几家客户达成协议，改变

[①] Mineral Commodity Summaries 2011, p. 84.

为签订短期或季度合同。2009年美国的价格变化落后于世界价格,实际增长相当于2008年价格的增长。

主要的铁矿石开采公司继续把利润再投资于矿山的开发,但生产能力的增长在以后几年会超过预期的消费。2009年估计中国的生产要比前一年增加7%（大部分是低品位矿石）——大大低于2007—2008年之间的17%增长率,更不用说比2005—2006年的40%的增长率。在2009年,中国进口了世界铁矿石出口总量的三分之二,生产了大约世界生铁的60%。由于国际铁矿石贸易和铁矿石以及生铁的生产是铁矿石消费的关键指示数字,所以说明中国的铁矿石消费是国际铁矿石产业扩大的主要原因。

在美国,一家直接生产铁矿块的工厂——麦撒比纽加特项目（Mesabi Nugget project）,于2009年第四季度在明尼苏达州建成,2010年开始生产。这个2.7亿美元的工厂生产96%—98%的含铁矿块。已经做了计划重启一家铁矿石矿坑附近的矿块工厂。在明尼苏达州麦撒比山脉,一个16亿美元的生产钢条的项目也已经在进行。一个矽铁球工厂计划在2012年下半年投产,一个在同一厂址,直接生产铁的工厂和制钢设施也将在2015年投产。

世界资源:美国的资源估计约270亿吨铁,包含在1100亿吨矿石中。美国资源主要是低品位的矽矿类型的矿石,来自于苏必略湖地区,在商业应用之前要求经过选矿和凝聚成块。世界资源估计超过2300亿吨铁,包含在超过8000亿吨粗矿石中。

四 铬（Chromium）

一种有光泽的、坚硬的、钢灰色金属元素,抗变色,抗腐蚀,它在抗腐蚀装饰性电镀中用于硬化钢合金和生产不锈钢,在玻璃中用作颜料。原子序数24,重量51.996,融化点摄氏1890度,沸点摄氏2482度[①]。

2010年,预期美国铬矿石的消费约占世界的2%,美国的铬储量有限,只有一家公司在俄勒冈生产铬矿石。消费需求主要通过各种形式进口,如铬矿石、铬化学品、铬铁合金、铬金属和不锈钢。进口铬铁矿由一家化学公司消费,生产铬化学品。一家公司生产铬金属。不锈钢和抗热钢生产商是铁化铬的

---

① http://www.eoearth.org/article/Chromium?topic=49557

主要消费者。超级合金需要铬。2009年铬材料消费的价值是3.58亿美元。2010年预期用净进口价值衡量，去除不锈钢，约为4.2亿美元。

2010年，美国循环利用铬16万吨，为消费进口40万吨，出口20万吨。实际消费36万吨。进口每吨美元价格，铬铁矿石230美元，铁化铬每吨2400美元。铬金属1万美元。年终由消费单位持有的库存5000吨。实际消费对进口的依存度为56%。

循环利用：2010年，循环利用铬占实际消费的44%。

进口来源主要是：南非33%，哈萨克斯坦16%，俄罗斯9%，中国6%，其他36%。

政府储备：在2010财政年度国防后勤署的战略物资报告说：在2010财政年度处理了25.819吨高碳铁铬合金，9.405吨低碳铁铬合金以及151吨铬金属。尚未处理的库存有高碳铁铬95.400吨，低碳铁铬59.600吨，铬金属4.430吨。

情况和问题：

多数铬矿石转化为铁铬合金，由冶金业消费，大部分被消费于制造不锈钢和抗热钢。世界等同于钢锭和钢板的不锈钢和抗热钢的生产在2010年上半年末按年度计算大约能达到2800万吨和3400万吨。在2800万吨的生产水平大约与2006年持平，到3400万吨，则达到了历史的最高峰。

世界资源：世界资源大于120亿吨（发运等级铬），足够满足几个世纪可预见的需求。世界铬资源的95%，地理上集中在哈萨克斯坦和南非，美国铬资源大部分是在蒙大拿州的Stillwater Complex。

代用品：铬在不锈钢（主要终端用途）或超级合金（主要战略终端用途）方面没有代用品。含铬的罐头废料在某些冶金用途上可以代替铁铬[①]。

五 钴（Cobalt）[②][③]

钴是一种化学元素，其标记是Co，原子序数为27。它只能在化学合成

---

① Mineral Commodity Summaries 2011, p. 42.
② Mineral Commodity Summaries 2011, p. 40.
③ http://www.newworldencyclopedia.org/entry/Cobalt.

形式被发现。由还原冶炼生产的自由元素是一种坚硬、有光泽、银灰色的金属。钴的蓝颜色自古就被用于珍宝和绘画，它赋予玻璃以一种独特的蓝色。1735年发现，钴矿石可以还原为一种新金属（这是自古以来的第一次发现），最后它被命名为钴。

今天某些钴是特别从各种有金属光泽的矿石三价钴生产出来的。但是这种元素的主要来源是铜和镍矿的副产品。民主刚果的铜带以及赞比亚占世界范围开采的钴金属的大部分。

钴被用于制作具有磁性、抗磨损和高强度的合金。硅酸钴和铝酸钴给玻璃、陶器、墨水、颜料和清漆以一种特殊的深蓝颜色。钴是叫作钴胺素的辅酶的活动中心，最普通的例子是维生素B12。它是所有动物微量饮食矿物。无机形式的钴对细菌、藻类和菌类也是一种活跃的营养品。

美国国内生产和使用：美国在2010年没有开采或冶炼钴，不过可忽略不计的钴副产品在某些采矿操作中被生产出来。美国钴的供应渠道有：进口、存货投放、以及二手原料（废料）。美国唯一的超纯度钴粉生产商，在宾夕法尼亚州，使用胶合碳化钙废料当作进料。据悉，6家公司生产钴复合物。对60多个行业消费者进行了月度或年度调查，报告数据显示，美国49%的钴消费是使用在高级合金中，主要是在飞机气体涡轮发动机上，7%胶合碳化钴用于切割和耐磨用品，15%用于其他金属用品，29%用于各种化学用品。2010年，估计钴的消费总值为4.4亿美元。2010年美国生产钴2000吨。为消费进口11000吨，出口2000吨，实际消费10000吨，每磅2100美元。年终库存，行业800吨，伦敦金属交易所（LME）美国仓库30吨。

循环利用：2010年，在采购的废料中所包含的钴，估计占有报告的钴消费的24%。

进口来源（2006—2009年）含钴的金属，氧化物和盐：挪威18%，俄罗斯16%，中国15%，加拿大11%，其他来源44%。

情况和问题：从2009年到2010年，全球经济状况开始改善，它导致钴的需求和供应的增长。在2010年上半年，世界能获得的精矿钴比2009年上半年高49%。中国生产的增长最为显著，刚果（金萨沙）、日本和赞比亚的生产也有很大增长。未来几年，全球现有生产商和新项目的供应，预测将超过消费的增长。如果钴的过度供应发生，可能导致价格下降的趋势。2010年2月，LME启动一种钴合同。全球用合同交易的钴起码1公吨，99.3%纯度，亚洲、欧洲和美国仓库交货。11月初，LME在世界各地的仓库持有近200吨钴库存。

中国是世界精矿钴的领先生产者，它的大部分生产来自钴的富矿，部分精矿钴从刚果（金萨沙）进口。中国是美国钴进口的领先供应商。

世界矿山生产和储备：澳大利亚、巴西和中国的储量，是根据来自这些国家修改后的数据。加拿大和"其他国家"，是根据公司报告修改后的数据。

世界资源：美国经过确认的钴资源估计约为100万吨。这些资源多数是在明尼苏达，其他重要来源地是阿拉斯加、加利福尼亚、爱达荷、密苏里、蒙大拿和俄勒冈。除去爱达荷和密苏里，任何来自于这些储量的未来钴生产，将是各种金属的副产品。确认的世界钴资源约为1500万吨。大多数这类资源是在具有镍的红土储藏中，其余大多数生成在澳大利亚、加拿大、俄罗斯镍－铜的亚硝酸盐矿床，寄生于镁铁质和超镁铁质岩石，以及刚果（金萨沙）和赞比亚的沉积铜矿床中。此外，多达10亿吨的预测的钴资源，可能存在于锰岩球和海洋底部的表面上。

替代品

在某些应用上，钴的代用品可能导致产品效能的损失。潜在的代用品包括：钡或锶铁酸盐、钕－铁－硼，或在磁铁、铈、铁中的镍铁合金。颜料中的铅、锰，或钒、钴－铁－铜或在钻石工具中的铁－铜、铁－钴－镍，镍、水泥，或在切割和抗磨损材料中的陶瓷、铁－磷、锰、镍－钴－铝，或在锂－离子电池中的镍－钴－锰、镍基合金，或在喷气引擎中的陶瓷，在汽油中的镍触媒，以及在加氢甲酰化①（hydroformylation）触媒中的锗。

六 锰（Manganese）②

锰是一种化学元素，其标记为Mn，原子序数25。其自由元素在自然界，

---

① 通过与氢和一氧化碳反应将氢原子和钾酰基加到含双键的分子中的过程。
② Mineral Commodity Summaries 2011, p.100.

在许多矿物中都可以发现（常常同铁结合在一起）。作为一种自由元素，锰是一种有重要工业金属合金用途的金属，特别是不锈钢。

历史上，锰是因为希腊 Magnesia 地方各种黑色矿物而命名的，它们是不同元素的矿石。到 18 世纪瑞士化学家卡尔威尔海姆·斯奇勒使用软锰矿生产氯。斯奇勒和其他人知道软锰矿石（现在称二氧化锰）含有一种新元素，但是他们不能把它分离出来，约翰·古特里波·戈恩（Johan Gottlieb Gahn）是第一个在 1774 年把不纯的锰金属样品分离出来的人，办法是用碳还原两个氧。

锰磷酸盐用于处理钢的防锈和防腐蚀。取决于它们的氧化状态，锰离子有各种颜色，并在工业中用作色素。碱和碱性土金属高锰酸盐是强大的氧化剂。在标准的碱性可处理干电池和电池中，二氧化锰用作阴极（电子接受器）材料。

锰离子作为辅助因素，对有各种功能的大量不同的酶起作用。锰在光合作用植物的氧演化复合体中也起作用。这种元素对所有已知活性组织，都是必要的微量矿物。大量地和以较大活动吸入锰，对哺乳类动物可以造成毒性症候。

美国国内生产和使用

美国自从 1970 年以来，用锰含量达到 35% 或更多的锰矿石生产，这是前所未有的。锰矿石主要由 8 家公司消费，它们的工厂主要位于东部和中西部。多数矿石消费同钢生产相关，直接用于生铁制造，间接是把铁矿石升级为铁合金。另外数量的矿石，则被用于非冶金目的如生产干电池、化肥工厂和动物饲料以及砖的颜料。锰铁合金是由两个冶炼炉生产出来的。建筑、机械和运输使用的锰分别占锰需求的 28%、9% 和 8%，其余大多数，则用于各种其他钢铁用具。国内消费的价值据外贸数据的估计，约为 11 亿美元。美国自己不生产锰矿石。美国消费的锰矿石，2010 年达到 40 万吨，铁锰 32 万吨，矽锰 31 万吨。2010 年，美国出口锰矿石 18000 吨，铁锰 12000 吨，矽锰 19000 吨。2010 年，美国消费锰矿石 48 万吨，铁锰 30 万吨。锰的实际消费有 72 万吨。生产商和消费单位锰矿石的年终库存为 17 万吨，铁锰库存 16000 吨。实际消费对净进口的依存度为 100%。

循环利用：锰偶尔被当作铁和非铁废料的次要成分循环利用，然而对锰的废料回收可以忽略不计。锰是同铁一起从钢渣中回收的。

进口来源（2006—2009）：锰矿石：加蓬54%，南非17%，澳大利亚12%，巴西6%，其他11%。铁锰：南非52%，中国21%，韩国7%，墨西哥5%，其他15%。包含在所有锰进口中的锰：南非35%，加蓬19%，中国11%，澳大利亚8%，其他27%。

政府储备：2010财政年度，计划处理锰矿石91000吨，实际为零。计划处理铁锰91000吨，实际34000吨。库存，锰9000吨，铁锰369000吨。

世界银行估计2010年全球经济增长2.7%，锰市场的增长与之耦合。美国钢生产2010年计划比2009年增长38%，进口锰也比2009年大为增长。锰矿石增加82%；锰铁增加104%，锰矽增加139%。结果，美国锰的实际消费估计增加66%，达到72万吨。

世界资源：以陆地为基地的锰资源量很大，但分布不规则，在美国锰的品位很低，潜在的开采成本很高。南非占世界确认的锰资源的75%，乌克兰占10%。

七 钼（Molybdenum）[1][2]

它是第6组化学元素，其标记为Mo，原子序数42。这种自由元素是银色金属，具有任何元素第6高度的融点。它形成硬性的稳定碳，并且因此常用于高强度的钢合金。钼在地球上不生成自由金属，而以各种氧化矿物的状态出现。在工业上，钼复合物在高压高温下，被用作颜料和触媒。

钼早已为人们所知，但是这种元素只是在1778年才被卡尔·威尔海姆斯"发现"，这是因为，他能把这种元素当作一种新物质，同其他金属矿物盐区别开。多数钼复合物难溶于水，但钼离子Mo42-是可以溶解的，并且当含钼的矿物接触氧和水时形成钼。

含钼的复合物常被某些细菌用作触媒，去打破大气分子氮的化学黏合，让生物氮固化。现在已知在细菌和动物中含钼的酶至少有60

---

[1] http://dictionary.reference.com/browse/molybdenum
[2] Mineral Commodity Summaries 2011 p.106.

种，但只有细菌的和氰细菌的酶有固氮作用，其余各种酶则有不同的功能。钼是在较高级的有机物中一种必要的元素，尽管不是所有细菌都有的元素。

美国国内生产和使用

2010年，美国8座矿山生产的钼，价值约为8.85亿美元。钼矿石是作为一种初级产品在3座矿山生产的——它们分别坐落在科罗拉多、爱达荷以及内华达。另外5座铜矿（3个在亚利桑那，1个在蒙大拿，1个在犹他）作为副产品回收钼。3家烘烤工厂把钼精矿转化为氧化钼，从氧化钼把中间产品如铁钼，金属粉，以及各种化学品生产出来。铁和钢以及超级合金生产商所消费的钼约占75%。2010年，美国矿山生产的钼为5.6万吨，为消费进口1.9万吨，出口2.8万吨。工厂报告的消费1.8万吨，实际消费4.8万吨。价格每公斤15.8美元。矿山和工厂的精矿，产品和消费单位物资库存6900吨，矿山和工厂就业940人。

循环利用：在钼金属或是在超级合金形式上存在的钼可以被回收，但是量很小。尽管钼不是从废钢中回收，循环利用钢合金很多，同时某些钼含量被再利用。作为新的和旧的钢和其他废料循环再利用的钼，其数量可能达到钼实际供应的30%。

2010年，美国矿山钼的产出（精矿）比2009年增长了约17%。美国为消费进口，比2009年增长了67%。而美国出口，比2009年只稍微有所增长。国内烘烤机运营在生产能力的80%到90%之间。2010年，运营接近满负荷。

世界资源：在美国确认的钼资源约为540万吨，其余世界约为1400万吨。钼是作为主要的金属硫化物，在大型低品位斑岩钼矿床生成的，并且在低品位斑岩铜矿床中，作为一种共生金属硫化物。在可预见的未来，钼资源足够满足世界的需求。

代用品：用钼主要作为一种在钢和铸铁中的合金元素的应用很少代用品。事实上，由于其可得性和变异性，这个行业正在寻求发展新材料，以有利于这种金属的合金性能。钼潜在的代用品在合金钢中有铬、钒、铌和硼，在工具钢中有钨，在高温电炉耐火材料中有石墨、钨和钽。替代钼桔色的有铬－桔、镉－红和有机－桔颜料。

八 镍 (Nickel)[1][2]

镍是以 Ni 为标志的化学元素，原子序数 26。它是一种银白色、有光泽的金属，稍微带有金黄色彩。镍属于过渡型金属，坚硬并导电。纯镍显示一种特殊化学性能的活动，当镍变为粉末，把暴露的表层面积最大化时，就能观察到这种反应的发生，但是较大块头的金属，在空气的周围环境中反应缓慢，那是因为一种保护性的氧化层的形成。然而即使这时，镍同氧气的反应也是充分的，天然的镍在地球上很稀少，大部分限于较大镍铁陨石，当它们在空间的时候，氧化作用被保护起来。在地球上，这种天然镍是同铁结合，超新星核合成过程的主要最终产品保持这些元素的起源。专家认为铁镍混合物构成地球的内核。

镍的使用可以追溯到公元前 3500 年。镍最初是 1761 年被克朗斯泰特 (Axel Fredrik Cronstedt) 分离出来，并分类为一种化学元素。克朗斯泰特起初把这种矿石误认为是铜矿石。其最重要的矿石矿物是铁矾土，包括褐铁矿、硅镁镍矿和硫镍铁矿。主要生产区位在加拿大和俄罗斯。

由于镍在室温中氧化作用速度缓慢，它被认为抗腐蚀。历史上这导致它用于电镀金属，如铁和黄铜、日用化学器具，并用于某些保留高度银色抛光的合金中，如德国银。大约有 6% 世界镍的生产仍然用作抗腐蚀的纯镍电镀。镍一度是一种普通钱币的组成部分，但是大多被以此为目的的较便宜的铁所取代，特别由于这种金属证明对某些人的皮肤过敏。

镍是在室温下有铁磁性能的四种元素之一。铝镍钴合金永久磁铁部分是基于铁基永磁和稀土永磁之间的中间力度。这种金属主要的可贵之处在于它在现实世界中对合金的形成，约有 60% 的世界生产被用于镍铁（特别是不锈钢）。其他普通合金以及某些新型超级合金，构成其余世界镍用途的大部分。镍复合物的化学用途消耗不到 3% 的产量。作为一种复合物，镍有不少制造化学品的用途，如氢化作用的一种触媒。某些微生物酶和植物包含的镍

---

[1] http://www.lenntech.com/periodic/elements/ni.htm
[2] Mineral Commodity Summaries 2011, p. 108.

起活跃中心的作用，它使这种金属成为它们的必要养料。

美国国内生产和使用

2010年，美国没有任何在开采的镍矿。有限数量镍的副产品是美国西部，从铜和钯-铂矿石中回收的。在苏必略湖地区，6个硫化物采矿项目正处于开发的不同阶段。在月度或年度的基础上，有105个设施报告镍的消费。主要消费州是宾夕法尼亚，后面是肯塔基、北卡罗来纳和印第安纳。近44%的初级镍的消费是不锈钢和合金钢生产，42%用于非铁合金以及超级合金，9%用于电镀，5%为其他用途。终极用途如下：运输32%，化学业14%，电气设备10%，建筑业、金属制作产品业和原油业均为8%；家庭电器和工业机械均为6%，其他8%。实际的初级消费估计价值为28.1亿美元。2010年，购买的废料为152000吨，其中进口初级矿石144000吨，次级矿石24000吨，出口初级矿石11700吨，次级矿石75300吨。总消费229000吨。伦敦金属交易所的价格年平均每吨21710美元（现金）。每磅9847美元（现金）。年终库存，消费单位22200吨，生产商6620吨。实际消费对净进口的依存度为43%。

循环利用：2010年约有10万吨镍是从购买的废料中回收的。占报告次级消费加上实际初级消费的44%。

政府储备：1999年，美国政府出售了国防储备中最后一批镍。美国能源部持有被放射性低度污染的8800吨镍锭，加上被污染的5000吨碎镍废料。正在退役的前国防核基地预期将产生另外2万吨镍的破碎废料。

情况和问题：2010年美国经济开始复苏，但复苏仍然软弱。在复苏前，美国生产的奥氏体（带镍）不锈钢曾经在2009年下降到116万吨——比2008年的产出129万吨减少了10%。不锈钢在世界范围传统上占初级镍用途的三分之二，超过一半的钢用于建筑、食品加工以及运输部门。中国生产了奥氏体不锈钢772万吨，其次是欧盟有541万吨。

2010年7月，一个多国合营企业开始开采一个大型铁矾土矿床，叫作安巴托威，位于马达加斯加的中东部。矿石被转化为泥浆，然后由管道送到这个企业靠近托马新那的压力水漂工厂和精矿厂。这个托马新那复合体设计每年生产6万吨镍，并且预期2011年年初是其服役的早期阶段。新矿山在巴西、东南亚和太平洋也被开发出来。2010年8月，新加里东尼亚45亿美元的高罗（Goro）铁矾土项目开始出口生产镍-钴中间产品。高罗计划于2013年达到满负荷生产，生产能力为每年6万吨镍。巴西巴拉省的昂卡漂马项目12月开始从铁矾土中生产铁镍。在西澳大利亚的新莱文斯罗普，继续以1.9亿美元用于强化其工作。随着电动汽车和混合燃料汽车的流行和熟悉，全球汽车业正在使用越来越多的镍。电池制造商和美国能源部的合作，已经使至少设计用于大规模生产先进的阴极物质（有几种包含镍）的3家公司的开办成为可能。

世界资源：找到的陆地资源，含量平均在1%或更高的矿石，至少包含1.3亿吨镍。大约60%是铁矾土，40%是硫化物矿床。此外，广阔的深海镍资源存在于锰表皮和岩球中，覆盖在大面积海床上，特别是太平洋。在传统矿区新硫化物发现的长期下降，已经迫使公司把勘探的努力转移到更具挑战性的区位，如阿拉伯半岛、东中非和近北极地区。

代用品：为了抵消镍价格的高度波动，工程师们已经用低镍、二倍或超高铬不锈钢替代建筑用途的奥氏级镍。在发电和石化行业中，无镍（nickel free）特殊钢有时在不锈钢中使用。钛合金可以在腐蚀性化学环境替代镍金属或镍基合金。在锂离子电池制造中，为了节约成本，在某些用途中允许他们同镍基氢化物竞争。

九　铌（Niobium）[1][2]

铌的物理和化学性能同钽元素的相似，所以这两种东西很难区别。英国化学家查尔斯·哈切尔特在1801年报告说，发现一种新元素同钽相似，并且命名为columbium。1809年，英国化学家威廉海德·沃拉斯通错误地认为钽和铌是一样的。德国化学家海因奇罗斯在1846年发现，钽矿石包含第二种元素，并命名为铌。1864年和1865年一系列科学发现，澄清了铌和columbium是同一元素，在一个世纪中两个名字被交换使用。1949年这种元素的名字被正式定为铌。

直到20世纪初，铌第一次被用于商务。巴西是铌和铁化铌的领先生产

---

[1] http://education.jlab.org/itselemental/ele041.html
[2] Mineral Commodity Summaries 2011, p.110.

国。铌多数被用于合金,如在煤气管道中使用的特殊钢尽管在合金中的含量最多只须 0.1%,这个极小的铌百分数改善了钢的强度。含有超级合金铌的温度稳定性,对于在喷气机和火箭引擎说是重要的。铌也被用于各种超导材料。这些超级导电合金,也含有钛和锡,被广泛用在 MRI 扫描仪的超导磁铁中。铌的其他应用包括用于核工业、电子、光学、钱币学和珠宝的焊接。铌的最后两种用途,源于它的低毒性和阳级化着色能力,这两点是其特有的优势。

美国国内生产和使用

1969 年以来,美国没有发现储量丰富的铌矿。国内铌资源是低品位的,某些矿藏有矿物学上的复杂性,多数在商业上不值得回收。美国公司用显示器的铌原料、氧化物和铁铌生产铁铌和铌复合物、金属以及其他合金。铌大多以铁铌的形式被钢铁业消费,以金属的形式被航天业消费。报告的铌消费在主要终端的分配如下:钢 74%,超级合金 26%。2009 年,估计铌消费的价值为 1.62 亿美元,预期 2010 年约为 3.3 亿美元。2010 年为消费的进口为 8500 吨,出口 70 吨。实际消费 8300 吨。实际消费对净进口的依存度为 100%。

循环利用:当含铌的钢和超级合金被循环利用时,铌被回收利用;特别从废料中回收铌,几乎可以忽略不计。回收利用铌的数量无法获得,但是在实际消费中,它占有的比例可能多达 20%。

进口来源(2006—2009):铁铌和铌金属以及氧化物:巴西 84%,加拿大 9%,德国 2%,爱沙尼亚 2%,其他 3%。

政府储备:国防后勤署 2010 财政年度没有对铌的报告。2011 年财政年度铌的最高处理限度没有批准。国防后勤署战略物资铌矿物浓缩库存,在 2007 财政年度已经耗尽,铌碳化粉末在 2002 财年,铁铌在 2001 财年也已经耗尽。

情况和问题:铌主要是以铁铌和未制成铌金属、合金以及粉末的形式进口。美国铌进口的依存度预期同 2009 年相同,巴西是领先的铌供应国。按重量,2009 年巴西供应了美国铌进口的 75%,铁铌的 60%,铌金属的 91%,氧化铌的 86%。领先的矿石和精矿供应商是莫桑比克(48%)和加拿大(32%)。2008 年金融市场的问题以及随后的经济放慢,导致 2009 年铌原料消费的减少。与 2009 年相比,2010 年铌的消费显著增加。

世界资源： 世界铌资源供大于求。世界多数已发现的铌资源都在美国以外地区，主要生成为火成岩碳酸盐岩（含有体积超过50%的碳酸盐（CO_3）矿物质的火成岩）矿床。美国找到的矿床中有接近15万吨的铌资源。

十　钨（Tungsten）[1][2]

钨是一种化学元素，其化学标志为W，原子序数74。在标准的环境中不与其他物质结合时，它是一种坚硬、稀有的金属，地球上只在化学复合物中发现天然钨。1781年它被确认为一种新元素，1783年第一次作为金属被分离出来。它的重要矿石包括钨锰铁矿、白钨矿。钨自由元素非常的坚硬，特别是它具有全部非合金金属最高以及在碳后第二高融点这一事实。它比水的密度高19.3倍，可与铀和金相似，比铅还高1.7倍。有少量杂质的钨，常常脆而硬，制作起来有难度。然而，纯钨虽然坚硬却有导电性，能够用硬钢弓锯切割。

非合金钨的基本形式主要被应用于电气行业。钨的许多合金有很多用途，最引人注目的是白炽灯泡的灯丝、X光电子管（既有灯丝又有标靶）以及超级合金。钨的硬度和高密度使它又具有军事用途，用来制作突破力强的投射器。钨复合物在工业上最常用作触媒。钨是在生物分子中生成的，从第三过渡系来的唯一已知金属。它被使用于少数细菌种类。它是任何生命有机物中被使用的最重的元素。然而，钨干扰钼和铜的代谢，并且对动物生命有某种毒害。

美国国内生产和使用

2010年，在美国有约8家公司加工钨的精矿，铵化钨酸盐，制作钨粉的氧化钨和/或废料，碳化钨粉和/或钨化学物。在月度或年度基础上，调查了近60%的工业消费者，他们报告的数据显示，在美国消耗的钨，一半以上的是用在胶合碳化零件上，用于切割和耐磨材料，主要是在建筑、金属制品、采矿、石油和天然气钻探行业。其余的钨被用于制造钨重合金，用于要求高密度电焊细丝、电线以及其他电器、电子部

---

[1]　http：//www.newworldencyclopedia.org/entry/Tungsten

[2]　Mineral Commodity Summaries 2011, p.176.

件、加热、照明以及焊接用途,钢、超级合金以及耐磨合金,以及各种用途的化学品。估计2010年的实际消费价值是5亿美元。2010年,美国次级钨的产量是5300吨。为消费的进口精矿为3000吨,其他形式8300吨。出口精矿400吨,其他形式4000吨。2010年,二次生产为5300吨,为消费进口精矿3000吨,其他形式9300吨。出口精矿400吨,其他形式4000吨。政府储备装运,精矿2100吨。实际消费14000吨。美国现货价格每吨150美元。年终行业存货、精矿以外的形式2500吨。实际消费对净进口的依存度68%。

循环利用:在2010年,由加工者和最终用户消耗的废料,所含钨占各种形式钨实际消费的37%。

进口来源:在矿石和精矿中含有的钨、中间品和初级产品、制成的和未制成的钨以及废品、废料:中国43%,加拿大9%,德国9%,玻利维亚8%,其他31%。

政府储备:截止到2010年9月30日,钨金属粉粉末库存171吨,授权处理171吨,2010年计划处理136吨。钨矿石和精矿库存17000吨,授权处理17000吨,处理计划3630吨,2010财年处理2670吨。

情况和问题:世界钨供应受中国生产和出口的支配。中国政府通过勘探、开采数量和出口许可证,限制或禁止外国投资,实行对采矿和加工的限制,建立生产和出口限额,调节出口限额以利于下游材料和产品的增值,对钨原料课征出口税等办法来管理钨业。中国是世界上最大的钨消耗国。为了保存其资源并满足日益增长的国内需求,中国政府期望继续限制钨的生产和出口,并且增加钨的进口。此外,中国钨业正投资于中国以外的项目,增加钨废料的使用。

2010年,全球经济情况有所改善,钨的消耗与2009年的低水平相比有所增长。2010年10月加拿大唯一的钨矿重新开始生产并且出口。美国国防后勤署暂时停止钨的销售,使精矿的供应吃紧,价格上升。近年来,钨业已经加强了它对规章的监管和科学研究,研究钨对人体健康和环境的影响。

世界资源:世界钨资源在地理上是广泛的。就钨的资源和储量而论,中国在世界排名第一,而且有若干最大的矿床。加拿大、哈萨克斯坦、俄罗斯

十一 钒（Vanadium）①②

钒是一种化学元素，其标记为 V，原子序数 23。它是一种坚硬银灰色的、导电并具有延展性、过渡性的金属。形成一种氧化层，稳定了这种金属，使之不氧化。这种元素在自然界只存在于化学合成形式。1801 年，Andres Manuel del Riov 通过分析一种新的含铅矿物发现钒，他称之为"棕色铅"并用希腊语称之为"红色铅"（erythronium）。这是因为在加热后它的多数盐转变为它们最初的红颜色。1831 年，这种元素被 Nils Gabriel Sefstrom 再次发现，他以希腊美丽而多子的女神 Vanadis 的名字命名为钒（Vanadium）。两个名字都是由于在钒复合物中发现的颜色。

这种元素自然生成于 65 种不同的矿物和化石燃料储存中。它产自中国和俄罗斯的钢熔炉的钢渣，其他国家则从重油的烟道灰尘或者作为铀矿的副产品生产钒。它主要用于生产特殊钢合金，如高速工具钢。最重要的工业钒复合物五氧化钒，在生产硫酸时被用作触媒。

大量的钒离子在少数有机物中被发现，可能是一种有毒物。氧化钒和某些其他钒盐有中度毒性。特别是在海洋中，钒被用于某些生命形式，作为一种活跃的酶中心，如某些海藻中的钒 bromoperoxidase。钒大概也是一种哺乳动物的微营养品，包括人类，但是他在这方面的精确作用还不清楚。

美国国内生产和使用

7 家美国公司组成国内钒业的主体，它们用加工过的石油、用过的触媒、多用途碳酸钠、含钒生铁渣等生产钒铁、五氧化钒、钒金属和含钒的化学品或特种合金钢。冶金用途，主要是作为一种铁和钢合金的化学制剂，2009 年它们要占国内钒消耗的 97%。其他用途中，主要的非冶金用途是在生产马来酸酐和硫酸时用作触媒。

2010 年，美国进口各种钒原料约 5000 吨，出口各种钒产品 2000 多吨。实际钒消费 4100 吨。价格每磅平均 6.4 美元。消费者年终库存 300 吨。实

---

① http://www.newworldencyclopedia.org/entry/Vanadium
② Mineral Commodity Summaries 2011, pp. 178-179.

际消费对钒原料净进口的依存度为69%。

循环利用：某些工具钢废料被循环利用，主要是利用其钒含量，钒也从消耗的化学法催化剂循环利用，但是这两种方法加起来，只占消费钒总量的很小百分数。其他循环利用钢的钒含量，在加工过程损耗在钢渣里没有被回收。

进口来源（2006—2009）钒铁：韩国38%，捷克共和国30%，加拿大20%，奥地利9%，其他3%。五氧化钒：南非39%，俄罗斯32%，中国28%，其他1%。

政府储备：没有。

情况和问题：钒的实际消费，2010年从2009年较低的水平复苏；钒的实际消费在2009年从2008年急剧下降，因为2009年全球经济下滑。钒的主要用途中，生产碳，全合金（all alloy）以及高强度的合金钢分别占国内消费的14%、41%和33%。2010年，美国为消费的进口，比前一年增加了69%。美国的出口，大约比前一年增加了12%。2010年，美国钢产量预期将比2009年有所增长。鉴于钢需求的增长，钒业预期将继续缓慢复苏。

世界资源：钒的世界资源超过6300万吨。钒在磷酸盐矿石、含钛的磁铁矿和含铀的砂岩以及粉砂岩的矿床中生成，在那里它只构成寄主岩石的不到2%。在铝土和含碳的物质，如煤、原油、页岩和柏油沙中也有大量存在。由于钒通常作为副产品和共生品回收，说明在世界资源中的这种元素，并没有充分显示能够得到的供应。同时，国内资源和二次回收已经足以供应国内需求的大部分，美国需求的很大一部分，现在是由国外物资满足的。

第二节 有色金属

狭义的有色金属又称非铁金属，是铁、锰、铬以外的所有金属的统称。广义的有色金属还包括有色合金。有色合金是以一种有色金属为基体（通常大于50%），加入一种或几种其他元素而构成的合金。除锡以外，主要的有色金属在美国都能以商业规模进行生产。1993年以后，美国已经不再经营锡矿。中国和印度尼西亚两国的锡矿生产供应了世界需求的1/2。相对而言，美国生产的铜、铅、锌对世界市场和国内经济都保持着很大影响。

此外，美国对有特殊属性的金属，如重量轻、导电、抗腐蚀金属的需求在日益增长，有色金属代表着满足这些供应需求的主要来源。例如，钛（也属于轻金属，在本书中放在轻金属类论述）[1]，它被越来越多地在航空和医学领域当作颜料和植入物应用，尽管美国只是进口而不出口这些金属。

一 铜[2][3]

铜是一种化学元素，一种过渡型元素，化学标记为 Cu，原子序数 29，在自然界有时发现它处于自由状态，它是一种红色金属，非常具有导电性，并且是一种非常好的导电和导热物体。世界上生产的大部分铜被用于电气行业，其余部分同其他金属结合（例如锌，锡，镍），由此形成合金，如青铜、黄铜、镍银和莫涅尔合金（镍、铜、铁、锰的合金，有抗酸性）。

在欧洲人同西半球接触以前很久，美国印第安人就开始用铜做鱼钩和饰品。美国商业性的铜开采，是同发现密执安州老铜矿一起于19世纪40年代开始的。后来的40年，苏必略湖地区生产了美国铜的大部分。在发现西部大矿山，特别是19世纪80年代，蒙大拿州的巴特（Butte）以后，美国成为世界主要的铜生产国，美国西部某些矿石要求比较复杂的浮选法，用酸性溶液和电解法把铜从硫化铜的溶液中分离出来，而苏必略湖生成的是一种天然金属，不要求复杂的冶金法。今天，尽管美国的铜生产逐步下降，而智利继续上升，美国仍然是这种有色金属领先的生产国，只次于智利而居世界第二。

铜在美国的发展以及制造，发生于20世纪初，当时含有不超过百分之一铜的斑岩矿石成功地被一位显赫的美国采矿工程师 D.C. 杰克林成功地加以利用。杰克林向人们展示，犹他州宾汉姆的巨大斑岩矿床能够露天开采，同时可以按规模经济大规模运作，从而使开发有利可图。从此以后，世界上很大一部分铜的供应都来自于斑岩矿体的生产。

---

[1] 钛也属于轻金属，在本书中放在轻金属类阐述。
[2] http：//www.unr.edu/sb204/geology/modern.html The Modern Copper Industry
[3] Mineral Commodity Summaries 2011, p.48.

铜业的迅速发展是与铜的主要的消费行业、电气、汽车、建筑和机械冷冻行业的扩张平行的。此外，大量铜被用作合金，特别是美国黄铜业。铜是现代工业的重要组成部分。在美国，铜最重要的用途是电线。

铜片被用于烹饪器具和屋顶。铜管用于制作自来水工作管道和运送天然气。铜线的用途是传输电流。挤压成形的铜，可以经过一个洞口把铜挤出来形成棒、合页、管和门柄。

铜用途的扩大表现在：20 世纪 70 年代，1500 平方英尺的住房，大约使用 280 磅铜。今天一座 2200 平方英尺的住房大约使用 450 磅铜。一辆汽车在 20 世纪 70 年代大约使用 35 磅铜，现在要用 50 到 80 磅。一架波音 727 飞机使用 9000 磅铜。

美国是世界第二大铜生产国，同时又是世界最大的铜消费国。美国每年进口 830000 吨铜，出口 850000 吨铜。世界最大的铜矿公司，是智利的 Codelco and Minera Escondida of Chile（57.5% 由澳大利亚的必和必拓 BHP Biliton 所拥有）和美国的费利普斯道奇（Phelps Dodge[①]）。

美国国内生产和使用

在美国，亚利桑那州迄今为止是最大的铜生产者，其后是犹他州和新墨西哥州。蒙大拿州曾经是第四个最大的生产州，但是 BHP 在内华达州伊利市开办罗宾逊项目，使内华达州晋升到第四位，排到了蒙大拿的前面。密执安州在蒙大拿之后，但是在密执安余留下最大的少数矿山已经关闭。

美国铜的生产在 2010 年下降约 5%，达到 1200 万吨，但是其价值则上升到 84 亿美元。主要采矿的地区，依次为亚利桑那州、犹他州、内华达州、新墨西哥州和蒙大拿州。它们占了国内生产的 99%，铜也在爱达荷州和密苏里州回收。尽管在美国有 28 个州进行铜的回收业务，其中 19 个占生产的 99%。3 个主要的熔炉，4 个电解炉、3 个火熔炉和 15 个电解溶液提炼设施在全年营运。在 30 个黄铜工厂、15 个铜棒厂和 500 个铸造车间以及化学工厂和各种各样的消费者，消费着精矿铜并直接溶化废料。铜和铜合金产品被用于建筑物，占 40%；电气和电子产品，占 20%，运输设备，占 12%，消费者和通用产品，占 10%；工业机械和设备，占 9%。

---

① 2006 年美国费利普斯道奇公司被费利波特麦克莫兰公司收购，后者成为世界第二大铜公司。

2010年矿山生产112万吨，冶炼厂生产初级铜105万吨，二级铜45000吨，从废料生产16万吨。冶炼640000吨，未制作的760000吨。一般进口620000吨。出口矿石和精矿14万吨，冶炼90000吨，未制造102万吨；未制造的实际消费173万吨。价格：伦敦金属交易所高等级铜每磅335美分。年终生产商，消费者和金属交易所持有存货44万吨。就业人员（矿山和工厂）8700人。实际消费对净进口的依存度30%。

回收利用：废旧料，转化为精矿金属与合金，提供了16万吨铜，相当于实际消费的9%。从制造业务购买的新废料产生67万吨铜含量。在新废料中含铜量约82%消费在黄铜或线棒工厂。从废料中回收的铜（包括铝和镍基的废料），黄铜工厂回收70%，各种制造商、铸造厂和化学工厂回收14%，铜锭制作者回收11%，铜熔炼厂和精矿厂回收5%，所有由新的老的、精矿的、或再熔化的废料生产出来的铜占美国铜供应的35%。

美国按产业用铜的百分比

建筑用电线	16%
自来水工程和供热	14%
汽车	11%
Electric Utilities	9%
空调和商用电冰箱	8%
电讯	7%
工厂设备	6%
电子	6%
电器用品和延伸电路	3%
其他	20%

进口来源（2006—2009）：未制造的，智利41%，加拿大33%，墨西哥6%，其他7%。未制造铜进口量的82%用于精矿铜。

政府储备：精矿铜和黄铜库存分别在1993年和1994年被清理。

情况和问题：精矿铜价年初每磅在3美元以上，2009年在前9个月经过几个周期急剧波动。伦敦交易所（LME）价格幅度在2.76美元（6月7日）和3.65美元（9月30日）每磅之间，在此期间平均为3.25美元。根据国家统计局的统计，2011年中国钢材（4298，7.00，0.16%）消费量8.4亿吨，比上年增长9.0%；精矿铜消费量786万吨，增长5.2%。

由于2008年年终实行了采矿的削减以及矿石品位的降低，美国采矿和精矿生产在2010年将继续下降。在密执安州的一个电解精矿厂，为处理进口的阳级在8月停产。国内对精矿铜的消费2010年上升5%，但仍然低于2008年的水平。

世界资源：最近对铜资源的评估显示，在美国找到的和未发现的资源，仍然有5.5亿吨，在南美洲安第斯山脉有13亿吨铜是已发现的、开采的和未发现的资源。一个初步的估计显示，全球基于陆地的资源超过30亿吨。深海球体和大量的硫化物也是潜在的铜资源。

世界矿山生产和储量：根据政府报告，澳大利亚和秘鲁的储量被大幅向上修改。

代用品：在电缆、电气设备、汽车散热器、冷却器和冰箱电子管铝可以代替铜。钛和钢被用于热交换器；光纤在电讯应用中替代铜；塑料在水管、排灌管道和马桶装置中替代铜。

铜在全世界各地交易，价格每天在变化，这取决于铜的供应以及铜的需求。贸易主要在伦敦进行，伦敦的金融交易所。1995年每磅的平均价格下降，从最高1.37美元下降到每磅91美分。

二 铅[1][2]

铅在碳族是主体族群的元素，其标记是Pb，原子序数82。铅是一种柔软，有延展性的不值钱的金属。它也被看作是重金属之一。铅被用于建筑工程、铅-酸电池、子弹和炮弹、砝码、焊剂的一部分、易熔合金以及作为防辐射的盾牌。铅有所有稳定元素中最高的原子序数，尽管下一个较高的元素

---

[1] http：//www.niehs.nih.gov/health/topics/agents/lead/
[2] Mineral Commodity Summaries 2011, p.90.

铋，有如此长的半衰期（比宇宙的年龄还长），以致也可以被认为是稳定的。它的 4 个稳定的同位素有 82 个质子，那是在原子核的核壳模型中的一个神奇序数。

铅在某种暴露程度上，是一种对动物以及人类有毒的物质。它损伤神经系统，并且造成大脑紊乱，过多的铅也造成哺乳动物的血液紊乱。和另一种重金属水银相似，铅也是一种神经毒素，积累在软组织和骨骼中。铅毒在古罗马、古希腊和中国古代都有文字记录。

在美国，开采和熔炼的第一种有色金属是铅。英国殖民主义者开采了沿东海岸的小矿床，到 1720 年，法国人已经开始开发密苏里铅矿。密苏里矿山在最初于 1789 年在地下开采以后一直在生产。密苏里和阿拉斯加是国内两个最大的铅生产地。密苏里铅矿地区对美国殖民者的开放以及在威斯康星——伊利诺伊费威尔河地区铅的发现，引起了热心的采矿者的第一次向美国西部进军的矿物热潮。采矿者的蜂拥而至，加上来自期盼致富的企业家们的强大压力，阻止联邦政府实行保留某些矿藏的政策，并且导致它批准对采矿者和冶炼者出租矿区从事矿床开采。甚至在费威尔河地区，联邦租赁政策一直以某种形式存在到 19 世纪 40 年代，政府机构经历了收取租金和管理冶炼的长期困难。到 1840 年末，联邦政府放弃了租赁政策并且开放了矿山土地，允许无限制的开拓。

在南北战争后，广大西部矿山的开发，大大加强了国内铅的生产，到 1881 年，美国已是世界领先的铅生产国。在第一次世界大战前，美国每年生产的铅占世界总产量的三分之一以上。第二次世界大战后，国内年生产平均略高于 100 万吨，离国内消费需求尚缺 20%。在 20 世纪末，只有澳大利亚的铅生产跑到了美国的前头。虽然铅的传统用途如水管、颜料、色素在下降，汽车、电池、汽油添加剂以及化学品等需求的增长，则超过了前者市场的缩小。1999 年，铅酸电池在美国成为铅的最大用途。

不过，20 世纪中叶，人们对于铅的毒性，尤其是铅对儿童的危害提高了警惕。1970 年，联邦立法禁止把铅作为家庭中的涂料，1990 年，是能够购买含铅汽油的最后一年。

美国国内生产和利用

2010 年，可回收的开采的铅，根据北美生产者平均价格，其价值为

9.04亿美元。密苏里的5座铅矿山,加上阿拉斯加和爱达荷领先的生产矿,生产了全部铅。初级铅在密苏里一个熔炉精矿厂加工。在生产二级铅的20家工厂中,14家年生产能力为1.5万吨或更多,占二级生产的99%以上。大约有75家制造业工厂消费铅。铅酸电池业继续是铅的主要用户,占2010报告的铅消费量的87%。铅酸电池主要用于汽车和卡车的电火花启动,也作为工业型电池,在计算机和电讯网络所需要的不间断的电力供应设备上以及汽车电源上使用。

2010年,矿山生产的铅精矿为40万吨,初级冶炼为12.5万吨,二级冶炼为125万吨。为消费的进口,精矿金属,包括已制造和未制造的共27.5万吨。出口铅精矿23.5万吨。报告的消费140万吨,实际消费150万吨。每磅平均价格,伦敦金属交易所58美分。库存58000吨。就业采矿和工厂1100人。初级冶炼240人,二级冶炼1600人。

2010年,循环利用生产了大约115万吨二级铅,数量相当于国内报告的铅消费的82%,几乎所有这些都是从老废料中回收的。

进口来源(2006—2009):金属,制成的和未制成的:加拿大74%,墨西哥13%,秘鲁5%,中国4%,其他4%。

情况和问题:由于经济持续放慢,许多地区对铅的需求疲软,在2010年全球铅市场过剩。上半年价格下降,存货积压。2010年1月,伦敦金属交易所铅的月度平均价格为每公吨2368美元,2010年上半年下降了28%。2010年头6个月全球精矿铅在伦敦金属交易所仓库的积压增加了21%,达到190475吨。铅的价格在2010年3季度开始增加,同时伦敦金属交易所库存水平比年初趋于稳定。

2010年,国内矿山生产预期比前一年下降,部分是因为2009年关闭了在华盛顿州和蒙大拿州两家铅生产矿。在密苏里的铅生产矿,在2010年比2009年生产了较少的铅精矿,这是由于矿石品位的下降等因素,使营业中断。按照目前的生产速度,一个在阿拉斯加领先的锌和铅精矿的生产商,于2011年初会耗尽其在露天矿的储量。在2010年中,这家公司开始开发在矿址邻近的一个矿床,它可能把锌和铅的开采延长到2031年。

一个领先的国内铅–酸电池制造商获得必需的许可证,开始建设一座位于南卡罗来纳、佛罗伦萨的投资1亿美元的二级铅新熔炉，这个设施将是20多年来第一座在美国建造的新的二级铅熔炉，它将有能力每年生产约12万吨二级铅。另一个生产商计划在佛罗里达州天帕市的现有设备上花1.17亿美元扩大二级铅生产能力，使之增加400%，到2012年达到每年生产11.8万吨。3月，国内唯一一座初级铅的经营者揭开了新的初级铅加工技术，与传统的加工方法比较，它能减少铅的排放近99%。

全球铅的矿山生产，预期在2010年将比2009年增加6%，达到410万吨，这是由于澳大利亚、中国、印度、墨西哥和俄罗斯增加生产。中国预期占全球铅的矿山生产的40%以上。全球精矿铅的产量预期比，2009年增加5%，达到910万吨。增加的铅产出预期来自加拿大、中国、波兰和泰国。全球铅的消费预期比2009年增加5%。部分是因为中国铅的消费增加了4%，是受汽车和电动自行车市场增长的驱动。在2010年的前8个月，7680万个铅酸电池从北美发货，比2009年同期增加了9%。国际铅和锌研究团体预期到2010年年底，全球精矿铅的供应将超过需求约9万吨。

世界资源：近年来，重大的铅资源已经在澳大利亚、中国、爱尔兰、墨西哥、秘鲁、俄罗斯以及美国（阿拉斯加），同锌和/或者银或铜矿床一起被发现。世界找到的铅资源总量超过15亿吨。

代用品：用塑料替代减少了铅对电缆套、罐头和包装物的使用。在其他包装和包覆物方面，铝、铁、塑料和锡在同铅竞争。锡曾经取代铅作为对新的或替换的饮用水系统的焊药。在电子行业，曾经转向在合成铋、铜、银和锡时不用铅焊药。钢和锌在轮重中用作铅的代用品是很平常的。

三　锌[1][2]

锌是一种金属化学元素，它的标记是Zn，原子序数30。它是周期表

---

[1] http://www.1911encyclopedia.org/Zinc
[2] Mineral Commodity Summaries 2011, p.188.

中第12组中的第一个元素。锌在化学的某些方面同镁相似，因为它们的离子大小相似。锌是第24种在地壳上最丰富的元素，有5个稳定的离子。最普通的锌矿石是闪锌矿，一种锌硫酸盐矿物。在澳大利亚、亚洲和美国发现最大量可开采的锌矿。锌的生产方法包括矿石的泡沫浮选，烘烤和最后用电解采集。

与铅不同，直到19世纪末，并没有把锌投入商业生产。1860年，美国第一个商业上成功的冶炼厂，在开始生产前曾有少量锌被熔炼。当时知名的锌矿床是不容易预处理的，同时熔炼方法既困难又昂贵，它们使锌的广泛使用成本过高。唯一对锌的重要需求是作为黄铜的组合成分。1871—1872年密苏里焦普林锌矿地区的开放，提供了一种容易开采，容易浓缩，并且比较容易冶炼的矿石。更重要的是，当时电镀和军火工业的巨大发展，创造出一种对锌的有效需求。到1907年，美国已经领导了世界的锌生产，10年以后它的年供应量超过世界产出的60%。直到第二次世界大战，美国仍然是锌的净出口国，自此以后，国内生产才不足以满足国内需求。在美国仍然是净出口国时，国内价格常常受到关税的保护，其运作不依赖于世界市场。2000年，美国的锌生产位居世界第五，排在中国、澳大利亚、加拿大和秘鲁之后，但它仍然是世界上这种金属最大的消费者。

大多数锌现在用于电镀和铸模。其中最多的用途是黄铜产品和锌色素。20世纪初锌业的迅速增长，部分地是同浓缩矿物泡沫浮选法的开发有关系。这种方法向冶炼厂提供了如此多的矿石供应，以致它实际上把第一次世界大战前整个有色金属业革命化了。以后差异中间体分离方法的开发，又提供了一种将复杂矿石组成部分分离开来的便宜方法，使低品位的和更复杂的矿石能够得到比以前更便宜的利用，它反过来又大大扩张了国内生产。

美国国内生产和使用

2010年锌生产的价值，约为16.5亿美元。有4家公司在4个州经营12个矿山。2010年两座设施生产大部分商业级的精矿锌金属。在所有锌的消费中约有55%是用于电镀，21%以锌为基础的合金，16%用于黄铜和青铜，8%为其他用途。锌合成物和锌尘主要被用于农业、化学、颜料和橡胶行业。锌在开采和熔炼中的主要共生产品是铅、硫酸、镉、银和锗。

2010年，矿山的锌矿石和精矿产量为72万吨，初级锌12万吨，二级锌板85000吨。为消费而进口的锌矿石和精矿为3万吨，精矿锌70万吨，出口锌矿石和精矿70万吨，精矿锌4000吨。精矿锌实际消费90.1万吨。就业：矿山和工厂1740人，初级熔炼250人。实际消费对净进口的依存度为77%。

循环利用：2010年，大约在美国生产的41%的锌板（8.5吨），是从二级物资——主要是电弧炉尘埃以及电镀残渣中回收的。

进口来源：矿石和精矿：秘鲁，60%，爱尔兰，16%，墨西哥，13%，加拿大，2%。金属：加拿大，73%，墨西哥，13%，哈萨克斯坦，3%，韩国，3%，其他8%。废品和废料：加拿大，64%，墨西哥，24%，意大利，4%，泰国，3%，其他，5%。合计总数：加拿大，59%，秘鲁，16%，墨西哥，13%，爱尔兰，3%，其他，9%。

政府储备：库存7000吨，授权处理7000吨，2010财政年度计划处理8000吨。

情况和问题：2010年，全球锌矿生产预测将增加1200万吨，多数是由于澳大利亚和中国锌矿生产的增长。据国际铅锌研究团体研究，精矿金属生产增加了11%，达到23.3万吨金属。2011年预计有少许剩余。对锌的需求通常跟随工业生产，或者全球的经济增长而增长。全球经济活动在2010年扩大，虽然步履迟缓。美国和日本的增长率低于欧洲和主要新兴经济体——最引人注目的是巴西、中国和印度。2010年，锌消费的上升是受欧洲消费强有力的复苏的影响，以及中国消费持续的强劲增长。

在国内，由于田纳西的两座锌矿复合体重新开张，生产继续攀升。然而，2010年锌的生产总量比2009年下降。随着田纳西的锌精矿厂全年接近生产能力，初级生产在2010年返回正常水平。随着宾夕法尼亚锌熔炉因工厂的火灾从7月到11月停产，二级锌生产从2009年下降。

在2010年前半年，平均月度锌价下降，同年下半年份格回升。1月份，伦敦金属交易所特级高品位锌现金价格为平均每磅110美分，到年中下降到每磅79美分，然后到10月又回升到106美分。

世界矿山生产和储量：储量估计被修正，除去澳大利亚和中国，基于商业可得的储量数据，以及矿山资源和潜在的矿山资源。

世界资源：世界找到的锌资源约为19亿公吨。替代物：铝、塑料和钢替代电镀板。铝、锰和塑料是模铸材料的主要竞争者。铝合金、镉、颜料和塑料包皮取代锌用于防腐蚀；铝合金取代黄铜。许多元素在化学、电子和色素用途中替代锌。

第三节 轻金属

轻金属是低原子量的金属，共同特点是比重小于5，有时候也被认为是密度小于4.5克/立方厘米，包括铝、镁、钠、钾、钙、锶、钡。比镍重的金属常被称为重金属。在轻金属和重金属的之间的界线不完全相同。

一 铝[1][2]

铝是硼族化学元素中的银白色成员。它的标记是Al，原子序数13。在正常环境它不溶于水。铝是第3种在地壳上最丰富的元素（在氧和硅之后），在地壳上最丰富的金属。它大约构成地球固体表面重量的8%。铝金属的自然生成在化学上反应性强，它被发现同超过270种不同的矿物相结合，主要铝矿石是铝土矿。

虽然铝是在地球表面被发现的最为丰富的金属元素，它却是最后一个被商用的普通有色金属。直到1886年引进电解法，铝的价格曾经很高，因而难以在工业上利用。在电解法开发出来以后，在5年的时间中，赫尔—赫着尔特法把价格从每磅8美元以上，降到每磅不到1美元。1888年赫尔说服卫群匹兹堡企业家兴建了美国铝公司，利用他的方法，直到1941年Alcoa是美国初级铝的唯一生产商。

在第二次世界大战以后，随着国内和世界生产的增加和铝价格的降低，铝的需求迅速加快，这使它对其他有色金属在不同的用途中更有竞争

---

[1] http：//dictionary.reference.com/browse/aluminum
[2] Mineral Commodity Summaries 2011，p.16.

力。20世纪70年代，美国生产的铝占世界产量的近40%，消费也接近这个比例。到21世纪初，美国铝业一年生产220亿磅铝金属，这使美国能够继续成为铝的领先生产国。主要用于以下行业：建筑物、建设工程、运输、电气和集装箱和包装行业。

虽然汽车行业是铝金属单一的最大的国内市场，多数美国消费者最喜欢把铝同软饮料罐联系在一起。这是因为这种金属有持续再利用的性能，制造商可以反复使用，而并不使其质量降低。因此，在最近20年，铝的循环再利用已非常广泛。大部分循环再利用的铝是从饮料罐来的。

美国国内生产和使用

2010年美国5家公司经营着9家初级铝熔炼厂，6家熔炼厂全年停产。两座已经闲置几年以上熔炉，在2010年开始实行爆破。根据公布的市场价格，初级金属产出的价值为39.9亿美元。铝的消费集中在美国的东中部。包装占国内消费的31%，其余部分则用于运输20%，建筑物14%，电气9%，机械7%，消费者耐用品7%，其他4%。

2010年生产情况：初级铝产量172万吨，二级铝（来自废料）112万吨。为消费进口380万吨，出口190万吨。实际消费461万吨。美国市场平均现货价格每磅101.7美分。存货：铝业（年底）93.7万吨，年终在伦敦金属交易所和美国仓库234万吨。就业人数为33500人。实际消费对净进口的依存度38%。

循环利用：2010年，从购买废料中回收的铝约为270万吨，其中59%来自于新（制造业）的废料，41%来自于旧废料（扔掉的铝产品）。从旧废料回收的铝相当于实际消费的24%。进口来源（2006—2009）：加拿大60%，俄罗斯11%，中国5%，墨西哥2%，其他21%。

情况和问题：2010年上半年，国内初级铝熔炼厂的生产已经稳定下来，此前，作为对2008年下半年价格下降的反应，2008年和2009年产量都有所削减。密苏里州新马德里的一家熔炼厂，2009年1月由于停电部分关闭，2010年第二季度生产已经恢复到满负荷。新马德里的熔炼厂开始进行一个扩张项目，到2013年年底，它的生产能力将从每年25万吨增加到26.6万吨，在纽约州马森纳的熔炼厂也在进行一个扩张项目，它的生产能力将从每年12.5万吨上升到14.8万吨。在马里兰州的弗雷德里克和北卡来莱纳州巴丁的熔炼厂在厂主未能获得有利的供电合同后，宣布将爆破这些熔炼炉。到 2010 年四季度，国内熔炼厂的开工只达到工程设计能力的 55%。

2010 年美国继续依赖于进口，这是因为国内初级生产仍然严重低于 2008 年的水平，出口继续下降。加拿大、中国和俄罗斯占美国进口的 40%。美国出口在 2010 年比 2009 年下降 30%。中国、加拿大和墨西哥依次进口美国出口铝的 40%。

2010 年，世界初级铝的生产比 2009 年增加，主要是由于 2008 年和 2009 年年初停产的熔炉重新恢复生产和新熔炉的投产。新熔炉和恢复生产的熔炉主要在中国、卡塔尔和阿拉伯联合酋长国。在 1998 年中停产的挪威熔炼厂在 2010 年继续关闭。据国际铝研究所的报告，全世界由生产商持有的铝金属到 2010 年 8 月底为止一直在增长，从 2009 年年底大约 220 万吨增长到 240 万吨。由伦敦金属交易所持有的初级铝库存从 2009 年年底的 460 万吨下降到 2010 年 9 月底的 440 万吨。

世界资源： 美国国内铝需求，靠国内铝土资源不能满足，国内非铝土铝资源很丰富，并且能够满足国内的铝需求。然而，没有找到经济上被证明比现在用铝土生产铝更有竞争力的这类资源的利用方法。世界铝土的储量在可预见的未来，足够满足对铝金属的需求。

代用品： 合成物能够在飞机机身和两翼替代铝。玻璃、纸、塑料和钢罐可以在包装上代替铝。镁、钛和钢在地面运输和建筑结构用途上代替铝。合成物、钢、维尼纶和木材可以在工程上代替铝。铜在电器应用上可以代替铝。

二　锂（Lithium）[①][②]

锂是一种柔软的，银白色的金属，属于化学元素中的碱性金属族。它的标记是 Li，原子序数为 3。在标准环境中，它是最轻的金属，并且是密度最小的固体元素。同所有碱性金属相同，它有高度的活性和易燃性。正

---

① http：//en.wilipedia.org/wili/Lithium

② Mineral Commodity Summaries 2011，p.94.

是这个原因，它通常是储存在矿物油中。当把它割开的时候，锂显示一种金属颜色，但是当接触潮湿空气侵蚀，其表面时很快变为阴沉的银灰钯，然后变黑。由于它的高度活性，锂在自然界从不自然生成，相反，它只出现为复合物，通常是离子。锂生成于不少伟晶岩矿中，但是由于其离子的可溶性，所以它存在于海水中，通常从卤水和胶泥中获得。在商业规模上，锂用电解法从锂氯化物和钾氯化物中分离出来。

历史上锂的生产和使用经历过几次急剧的变化。锂最早的主要用途是作为飞机引擎的高温润滑剂。随核聚变武器的生产，冷战期间，对锂的需求急剧增长。锂6和锂7在中子的照射下生产超重氢，并且因此对超重氢的自我生产有用，它也是在氢弹内部使用的固体聚变燃料的一种氧化物的形式。美国在20世纪50年代到80年代是锂的主要生产国。最后时期，锂的库存差不多有42000吨。

锂还被用于降低玻璃的熔化温度，以及改善氧化铝的融化行为。这两种用途直到20世纪90年代中支配着整个市场。在结束了核武器竞赛之后，对锂的需求减少，美国能源部在公开市场上出售储备，使价格进一步下降。但是在20世纪90年代中期，几家公司开始从卤水中提取锂，这是一种比地下或露天矿开采更便宜的方法。多数矿山关闭或者转移其重点到其他物资，因为只有划定的伟晶岩区域，能够以一种有竞争力的价格开采。例如，美国靠近北卡罗来纳金斯的矿山在世纪之交就被关闭。锂在电池中的应用增加了对它的需求，在2007年成为居于统治地位的用途。进入21世纪，随着电池对锂需求的高涨，新公司已经扩大了从卤水提取锂的努力以求满足不断上升的需求。

自从第二次世界大战结束，锂生产大为增长。这种金属可以从火成岩矿物的其他元素中分离出来。也可以从矿泉水、卤水池和卤水矿中提取，即从电解聚合的氯化锂和氯化钾的混合物生产出来。1998年每磅43美元。

人们对利用锂离子电池驱动电动车有广泛的希望，但有研究对此表示怀疑。并认为"大规模生产碳化锂对环境不可靠，它将给环境带来不可弥补的损害。"

在南美整个安第斯山脉都发现有锂矿床。智利是领先的锂生产国，紧随其后的是阿根廷。两个国家都从卤水池中回收锂。在美国，内华达州从卤水池中回收锂。然而，世界已知的储量有一半在玻利维亚，2009年玻利维亚同日本、法国和南韩谈判开发的问题。中国可能兴起为靠卤水来源生产碳化锂的重要国家。如果其在青海和西藏的项目发展起来，它的潜在生产量可能高达每年55000吨。

世界范围锂的储量估计为2300万吨。使用的电池效率数字如果是每千瓦/小时400克锂，总的最高锂电池容量将达到520亿千瓦/小时，假设所有的锂完全用于汽车电池，大约足够20亿辆车使用。（携带24千瓦/小时电池）

美国国内生产和使用

智利是世界领先的锂化学品生产国。阿根廷、中国和美国也是主要生产国。澳大利亚和津巴布韦是锂矿石精矿的主要生产国。美国仍然是锂矿物和复合物的领先进口国，同时也是增值锂材料领先生产国，但产量和价值的报告被阻止公布，以避免泄露公司的独占数据。估计矿物复合物在美国生产的价值非常困难，因为用在各种终端用途的材料有很大的不同。而不同复合物的价格差异也很大。在美国有两家公司用国内的或南美的碳化锂生产了大批下游锂复合物。

锂市场的全球终端用户估计如下：陶瓷和玻璃31%，电池23%，润滑油9%，空气处理6%，初级铝生产6%；连续浇铸4%，橡胶和热塑料4%，药品2%；其他用途15%。用于电池的锂近年来大为扩张，因为可再充电的锂电池在便携式电子用具和电气工具中使用越来越多。

2010年生产量无数据。为消费的进口2000吨，出口1600吨，估计消费为1000吨。矿山和工厂就业68人。实际消费对净进口的依赖百分数为43%。

循环利用：锂含量的循环利用在历史上微不足道，但是由于锂电池消费的发展，循环利用稳定增长。一家美国公司自1992年开始，已经在循环利用锂金属以及锂离子电池。2009年，美国能源部奖励这家公司950万美元，建立第一家美国循环利用锂离子电池的设施。

进口来源（2006—2009）：智利59%，阿根廷38%，中国1%，其他2%。

政府储备：无。

情况和问题：2010年，以锂为基础的产品市场状况有所好转。主要锂生产商的销售量据说上升超过30%。锂的终端用途市场在电池、陶瓷和玻璃，润滑剂以及其他工业应用方面都有增长。2010年智利领先的锂生产商降低了20%的锂价格。世界范围的许多新公司继续申请勘探。在内华达州以及阿根廷、澳大利亚、玻利维亚和加拿大，许多申请已经获批租赁或立桩划界。

在美国，唯一活跃的碳化锂工厂是在内华达州的卤水作业。由于与硬岩矿石的生产和加工成本相比较为低廉的成本，在全世界，液面下的盐溶液已经成为占统治地位的生产碳化锂的原料。智利的两家卤水作业统治着世界市场，还有另外两个卤水作业在阿根廷被开发。在世界范围，多数被开采的锂矿物，是被当作精矿直接用于陶瓷和玻璃，而不是把碳化锂或其他锂复合物当作原料。

在努力提高锂的质量以适应于先进的运输电池方面，美国生产锂的公司开始扩大其在北卡罗来纳的锂业务，包括电池等级的氢氧化锂。该项目资金部分地来自美国能源部。在西澳大利亚，一家新兴的澳大利亚锂矿石生产商开始锂精矿的生产。在中国，锂精矿被转化为电池级的碳化锂，用于供应亚洲市场。

电池，特别是可再充电的电池，是锂复合物具有最大增长潜力的用途。对可再充电电池的需求继续超过用于无线工具、便携式计算机、移动电话以及视频相机所使用的可再充电的非锂电池，而获得更多的市场份额。大汽车公司正在奉行锂电池的开发，用之于混合电动汽车，即有内燃机和一个电池驱动的电摩托汽车。多数商业上可用的混合电动汽车使用其他类型的电池，尽管这些汽车未来几代可能使用锂电池。不可再充电的锂电池则被用于计算器、相机、计算机、电子游戏机、手表和其他器物。

亚洲的技术公司继续在其他国家投资于开发锂业务，以保证对它们的电池行业稳定的锂供应。由于碳化锂是锂离子电池成本最低的组成物之一，现在要解决的问题不是成本或效益的差异，而是通过获取许多不同的锂来源，以保证供应的安全。

世界资源：在美国找到的锂资源总共有400万吨，其他国家近2900万吨。其他国家，在玻利维亚和智利找到的锂资源分别为900万吨和750多万吨。中国和阿根廷分别为540万吨和260万吨。而巴西、刚果和塞尔维亚每个国家有约 100 万吨。在澳大利亚和加拿大找到的锂资源分别为 63 万吨和 36 万吨。

代用品：在电池、润滑脂和玻璃制造上，锂复合物的替代是可能的。例如，钙和铝肥皂作为在润滑油中的硬脂酸盐；钙、镁、汞和锌作为主要电池中的阳极材料；钠和碳酸钾助溶剂在陶瓷和玻璃制造；碳化锂并不被认为是在铝电解槽中的必要成分。在建筑材料中，如工程树脂中，铝锂合金的替代品是由硼、玻璃或聚合体纤维构成的复合材料。

三　镁（Magnesium）[1][2]

镁是一种化学元素，其标记是 Mg，原子序数 12。它是一种碱性金属，是地壳上第 8 种最丰富的元素。在已知整个宇宙中是第 9 种。镁是地球上第 4 种最普通的元素（在铁、氧和硅之后），构成这个星球质量的 13%，同时又是这个星球地幔的一小部分。由于镁离子在水中的高溶解性，它是溶于海水中的第 3 个最丰富的元素。由于它的高度活性，镁的自由元素（金属）在地球上不会自然发现（一旦生产出来它覆盖了一层氧的薄膜，遮盖了它的活性）。这种金属现在主要是用电解镁盐的方法从卤水中获得。在商业上，其主要用途是把它当作一种合金，制造铝镁合金。

镁是在铁和铝之后的第 3 种最为普遍应用的建筑金属，它被称为最轻的有用金属。镁的主要用途，按次序为：铝合金的组成部分，铸模（与锌合成），在生产铁和钢时去除硫，在克罗尔法（Kroll Process）中生产钛。最纯粹形式的镁可以与铝相比拟，它既强又轻，所以被大量用于制造零件，包括汽车和卡车部件，特种高等级汽车镁合金车轮。镁的第 2 种用途是电子设备，这是由于其低重量、良好的机械和电气性能，镁被广泛应用于制造移动电话、便携式计算机、相机和其他电子部件。

历史上，镁是主要的宇宙航行建筑金属，并且早在第一次世界大战时即被德国人用于制造飞机，在第二次大战期间，更为德国空军广泛使用。由于镁零部件在发生火灾时看得见的害处，镁在商业航空业与引擎相关的部件中

---

[1] http://www.newworldencyclopedia.org/entry/Magnesium
[2] Mineral Commodity Summaries 2011, pp. 96 – 99.

的使用，通常要受到限制。现在，航空领域对镁的使用有所增长，主要是由于节约燃料的重要性日益提高，以及减少重量的需要。

镁离子对生命是必要的，所以镁盐常常被放在各种食物、化肥之中。镁是人体中第 11 种丰富的元素，它的离子对所有生命细胞都必不可少，在那里它们对控制重要的生物多磷酸盐复合物如 ATP、DNA 和 RNA 起重要作用。有好几百种酶要求镁离子发挥其功能。镁也是叶绿素中心的金属离子，因此是对化肥的普通添加剂。镁复合物在医学上被用作普通泻药。在有些场合，要用它稳定反常的神经激动和血管痉挛。

美国国内生产和利用

2010 年，美国在犹他一家公司的工厂生产镁，使用的是电解法，从大盐湖的卤水中回收镁。镁作为以铝为基础的合金的成员之一使用，初级金属中使用的占 41%。在建筑中作为主要金属消费使用的占 32%，铁和钢脱硫占 13%，其他占 14%。

2010 年，二级镁的产量（利用新老废料）为 7 万吨。为消费而进口 5 万吨，出口 1.6 万吨，报告的消费 5.5 万吨，实际消费 10 万吨。实际消费对净进口的依存度为 34%。

政府储备：无。

最近情况：美国商务部国际贸易署最后做出对由中国进口到美国的纯镁征收反倾销税。时间为从 2008 年 5 月 1 日到 2009 年 4 月 30 日。国际贸易署决定对中国进口的所有镁按价征收 111.73% 的关税。对来自中国的合金镁，两家公司的关税为按价的 49.66%，对全中国进口的反倾销税为按价 141.49%。

循环利用：2010 年，约 2 万吨二级镁从老旧废料中回收。

进口来源（2006—2009 年）：加拿大 36%，以色列 25%，中国 11%，俄罗斯 8%，其他 20%。

政府储备：无。

美国镁消费在 2010 年从 2009 年的低水平有所增长，因为对终端用途市场有重大影响的全球经济衰退开始略有复苏。美国的镁价格略有上升，由于课加到中国和俄国进口镁的反倾销税导致供应紧张。反倾销税也导致进口低于历史水平，2010 年头 8 个月，从以色列进口的镁金属与合金占美国总进口的62%。美国的镁供应还受到一个在犹他州柔雷地方新开业的钛绵体工厂的影响，这家工厂在2009年年底开始营业，上升到满负荷生产。在开始生产时期，钛四氯化物的提炼要求使用大量镁。这些镁是由邻近美国的生产商提供的。

在6月份，美国环境保护署（EPA）发布了一个最后裁决，要求年度温室气体排放，要从四种来源提交报告，其中之一是镁生产。每个设施必须报告气体，即六氟化硫、碳氟化氢HFC-134a、氟化酮FK5-1-12、二氧化碳以及任何其他如该裁决所界定的氟化GHG。对数据的搜集，计划于2011年1月1日开始，第一个报告定于2011年3月31日。

镁金属是从海水、自然卤水、白云石以及其他矿物中得到的。这种金属的储量足够供应现在和未来的需求。在一个有限的程度，现有天然卤水可以认为是一种可再生的资源，在那里任何由人类取走的镁，可以由大自然在短期内再生。

世界资源：镁可以回收的资源非常巨大，并且在全球到处都有。白云石和含镁的蒸发矿物数量巨大。含镁的卤水估计构成一种几十亿吨的资源，同时镁能够从沿世界海岸线的地方获取。

代替物：在铸造和制造产品时，铝和锌可以代替镁。为钢和铁的去硫，钙和碳可以取代镁。

四　钛（Titanium）[1][2]

钛是一种化学元素，标记是Ti，原子序数为22。它有最低的密度，并且是一种很强的、光亮的、抗腐蚀的过渡性金属，并带有银色。

钛能够同铁、铝、钒、钼等元素相结合，生产出高强度、低重量的合金用于军事的、工业的加工，以及汽车、农业食品、医用假体、矫形置入物等其他用品。

这种金属的两个最有用的特性是：防腐蚀和与任何金属相比，都是最高的强度重量比。在非合金状态下，钛比某些种类的钢更强，但要轻45%。

---

[1] http://www.eoearth.org/article/Titanium
[2] Mineral Commodity Summaries 2011, p. 172.

有两种同素异形体和 5 种自然生成的这种元素的同位素。从 46Ti 到 50Ti 到 48Ti 是最丰富的（73.8%）。钛在化学上和物理上与锌相似，因为两者都有同等数目的价电子，同时在周期表中属于同一集团。

美国国内生产和使用

海绵钛体金属由在内华达、俄勒冈和犹他 3 个州的 4 个营业点生产。钛锭由 8 个州的 10 个营业点生产。2010 年，很多公司消费钛锭制造产品和铸件。2010 年，估计 75% 的钛金属被应用于宇宙飞行的用途。其余 25% 被用于装甲、化学加工、海运、医药、制粉末生成、运动品和其他非宇宙航行用途。海绵钛体金属消费的价值约为 3.39 亿美元。

2010 年，价值约合 30 亿美元的二氧化钛色素，在 5 个州，4 家公司的 6 个设施生产。二氧化钛色素的最终用途是：颜料（包括漆和凡立水），59%，塑料，26%，纸，9%，其他 6%。二氧化钛的其他用途包括触媒、陶瓷、纺织和纤维的涂层，地板上覆物，印刷油墨和屋顶颗粒。

2010 年，美国消费进口 17000 吨海绵钛体金属，出口 250 吨，有报告的消费 3 万吨。年终每公斤价格为 11.38 美元。年终行业库存 13000 吨。就业 300 人。报告消费对净进口的依存度为 64%。2010 年美国生产的二氧化钛 140 万吨，为消费而进口 10.7 万吨，出口 81.1 万吨。实际消费 78.6 万吨。就业 3400 人。

循环利用：由钛行业循环利用的新废料金属，总计约为 2.9 万吨。估计由钢铁业利用的钛废料和铁钛约为 1 万吨，由超级合金行业利用的 1000 吨，其他行业利用的 1000 吨。旧废料再次回收的总计约 1000 吨。

进口来源：海绵体金属：哈萨克斯坦 52%，日本 33%，乌克兰 5%，俄罗斯 4% 和其他 6%。二氧化钛色素：加拿大 38%，中国 13%，德国 7%，芬兰 6%，其他 36%。

最近情况：由于 2010 年世界经济有所回升，从建筑业和汽车业来的需求，导致全球二氧化钛生产的增长。为了满足国内和全球二氧化钛的消费，美国国内二氧化钛的生产估计为 140 万吨，比 2009 年增加 14%。澳大利亚通过扩大现有工厂，二氧化钛色素生产能力从 2009 年的 11 万吨增加到 2010 年的 15 万吨。

需求的增长和 2009 年对生产的削减导致的库存减少，使几家金属生产商开始计划增加海绵钛体生产能力。在日本，2011年预期海绵钛生产能力将增加6.6万吨。到2014年，俄罗斯海绵钛生产能力每年将增加4.4万吨。在中国，钛金属生产能力预测在现有生产能力之外，每年增加10万吨，但是扩张的日程表还没有得到。在印度，一座每年500吨产量的海绵钛体工厂正在考拉姆（Kollam）兴建。这家工厂是印度这类供应海绵钛体的第一家，它将从现有的二氧化钛生产商成为三氯化钛的供应商。在美国，在伊利诺伊渥太华地方的新钛生产能力接近完成，这家工厂不是通过克罗尔法用提炼镁来生产海绵体，而是用阿姆斯特朗法提炼盐生产钛金属粉。生产能力预期到2011年是每年2000吨。2011年，至少还有3种克罗尔——另类钛技术在试验工厂的开发阶段出现。

世界资源：柠檬石占世界钛矿物消费约81%。锐钛矿、钛铁矿和金红石总储量超过10亿吨。代用品：柠檬石、白榴石、金红石、钢渣和合成金红石相互竞争作为生产二氧化钛色素、钛金属和焊棒涂层的原料来源。

第四节　贵金属

贵金属是有高经济价值并且稀少的自然生成的金属化学元素。化学上，贵金属比多数元素不那么具有活性，有很好的光泽，更软，更有延展性，比其他金属有较高的熔点。历史上，把贵金属作为货币是很重要的，但是现在，主要被看作是投资品和工业品。黄金、白银、白金和钯，每一种都有一个ISO4217货币编码。

最知名的贵金属是用于铸币的金和银。同时两者都有工业用途，不过它们在艺术、珠宝和铸币方面的用途更好地为人们所知。其他贵金属包括白金族金属，钌、铑、钯、锇、铟和铂，其中铂被广泛地用于贸易。

对贵金属的需求不单单靠它们的实际用途，而且也靠它们作为投资品和保存价值的作用。历史上，贵金属曾经比普通金属具有更高的价格。金属的"贵重"情况也取决于需求或市场价值。块状的贵金属，例如金条或银条（bullion），它们在商品市场上交易被铸造成锭或币。界定金属的属性，是根据其质量和纯度，而不是根据其作为钱的表面价值。

一　黄金（Gold）[①][②]

金是一种化学元素，其标记是 Au，原子序数 79。金是一种高密度，柔软，闪亮，可以压延和导电的金属。纯金具有很好的光泽，在空气和水中保持不被氧化。

黄金的采掘在大型、易采的矿床最为经济。对每公斤含 0.5 毫克黄金的矿床进行开采，就可以算是经济的。通常矿石品位在露天矿是每公斤 1～5 毫克，在地下或硬岩石矿品位一般至少是每公斤 3 毫克。由于黄金品位要在每公斤 30 毫克的矿石中才看得见，所以多数黄金矿石所含黄金是肉眼看不见的。

自 19 世纪 60 年代以来，南非曾是世界黄金供应的主要来源，大约所有生产出来的黄金有 50% 来自南非。1979 年占世界供应量的 79%，生产了大约 1480 吨。2008 年产量为 2260 吨。其他主要生产国是美国、澳大利亚、俄罗斯和秘鲁。在美国南达科他和内华达两个州，供应了美国使用黄金的 2/3。到 2009 年年底，估计所有已开采的黄金总量达到 16.5 万吨。

世界的黄金消费，约 50% 用于珠宝，40% 用于投资，10% 用于工业。印度是世界最大的单一黄金消费国，印度人购买了 25% 的世界黄金，每年约购买 800 吨黄金，多数用于珠宝。2008 年印度也是世界最大的进口国，中国第二，美国第三。

黄金曾作为一般等价物，广泛应用于全世界，或者发行并认可黄金铸币，或者用其他一定量的朴素金属，或者通过建立金本位，发行可以换为黄金的纸制证件，发行的货币总价值代表储存的黄金准备。然而黄金生产的增长没有能赶上世界经济的增长。今天金矿的产量在下降，随着 20 世纪经济和外汇交易的急剧增长，世界黄金储备以及它们在市场上的交易，已经变为整个市场的一小部分。货币对黄金的固定汇率已经不再能够持续。在第一次世界大战开始时，交战国转到局部金本位，用

[①] http：//dictionary.reference.com/browse/gold
[②] Mineral Commodity Summaries 2011，p.66.

它的通货膨胀来为战争筹款。第二次世界大战后，紧跟布雷顿森林体系的建立，金本位和货币直接可兑换黄金，被一个可兑换的货币所取代。金本位和货币直接兑换黄金，被世界的许多政府所抛弃，取代它的是以法令为依据的货币，即不可兑换的货币。瑞士是把它的货币同黄金挂钩的最后一个国家，由40%的黄金支持其货币的价值，直到1999年，瑞士加入国际货币基金组织。

黄金价格

和其他贵金属一样，黄金是用重量按克（grams）计量的。当黄金与其他金属处于合金状态时，克拉这个名词被用于显示所含黄金的纯度，24克拉是纯金，并按比例降低等级。黄金价格通过在市场上进行黄金和衍生品交易而决定。但是，1919年9月创始的一个叫作"伦敦黄金定价"机制，为这个行业提供了一个每天的基准。1968年推出下午定价，为的是在美国市场开市前提供一个价格。历史上黄金铸币被广泛地用做货币使用，当推出纸币以后，铸币等于收据，用它可以换回金币或金条。长期以来，在金本位（gold standard）金融体系下，一定的黄金重量被给予一单位名称的货币。美国政府确定美元的价值，因此一盎司重量的黄金相等于20.67美元。但是在1934年，美国贬值到每35美元一盎司，到1961年，已经很难维持这个价格，美国和欧洲银行团体同意针对黄金需求的增长，操纵市场，阻止进一步货币贬值。1968年3月17日，经济环境导致黄金库的崩溃，一个双轨价格方案出笼，黄金仍然用按老的35美元一盎司进行国际账务结算，但是在私人市场上允许黄金波动，这个双轨价格体系于1975年被抛弃。从此，黄金被允许在自由市场上找到自己的价格水平。世界最大的金库在美国纽约联邦储备银行，它持有世界黄金存量的3%，自1968年以来，黄金价格大幅波动，从1980年1月21日最高850美元一盎司，到最低1999年6月21日252.9美元一盎司（伦敦定价），经过20年的熊市以后，从1991年起，价格迅速上升，2008年1月3日达到865.35美元一盎司。2011年3月1日，由于投资者担心北非的和中东的政治动荡，黄金价格达到历史高点，一盎司1432.57美元。

美国国内生产和使用

美国黄金在大约50个薄板状主岩裂隙的矿山，以及少数大型砂积矿，

(都在阿拉斯加)加上许多较小的砂积矿(多数在阿拉斯加和西部各州)生产。此外,少量的国内黄金是作为基础金属,主要是铜的副产品回收。30个营业点生产了99%的美国黄金。在2010年,矿山生产的价值约为89亿美元。商业级的精矿黄金来自于二十几家生产商。几千家公司中的几十家公司和工匠们支配着由黄金制造的商业产品。美国的珠宝制造大量集中于纽约州的纽约城,以及罗德岛的普罗维登斯区,不太集中的地区包括加利福尼亚,佛罗里达和得克萨斯。估计用途为珠宝和艺术的占69%,电子和电器9%,牙科和其他22%。

国内生产:2010年230吨,初级精矿186吨,二级精矿205吨。为消费进口540吨,出口300吨。有报告的消费,150吨。财政部年末库存8140吨,每盎司价格1200美元。矿山和工厂就业9700人。实际消费对净进口的依存度,33%。

循环利用:2010年,循环利用了205吨旧废料,超过有报告的消费量。

进口来源(2006—2009):加拿大31%,墨西哥30%,秘鲁13%,智利8%,其他18%。

情况和问题:由于进口黄金产品的大量增长,美国在2010年并不是一个净出口国。进口的增长主要是来自进口的矿石和精矿。它们在美国被加工和提纯。

发电问题持续不断,加上不停的劳工问题和南非成本的上升,导致几座矿山继续在降低的生产水平上生产。由于新业务和几座较老矿山的追加生产,澳大利亚黄金生产商已经提高了生产量。中国也在增加生产,并且在澳大利亚、美国、俄国和南非之后,保持着领先的黄金生产国的地位。

随着黄金价格的增长,经济的放慢,投资黄金在上升,因为投资者在寻找安全港。黄金交易所指数基金(EFTs)越来越受到投资者的欢迎。据某些行业分析家说,由于保险、储藏都在涨价,导致较高的成本,投资于黄金的传统方式已经不那么受欢迎。人们声称ETF的优势在于投资者可以通过股票经纪人购买黄金ETF股票,而不需要担心上述问题。每张股票代表1/10盎司配售黄金。

世界资源:对美国黄金资源的评估显示,已开采的(1.5万吨)和尚未发掘的（1.8万吨）资源有3.3万吨黄金。其中，近四分之一未发现黄金资源估计是包含在斑岩铜矿床中。然而，美国的黄金资源只是全球黄金资源的一小部分。

代用品：在电气和电子产品中广泛使用金合金包裹基础金属，同时在珠宝中为了节省黄金，许多这类产品被继续用较低的黄金含量维持高标准用途来再设计。通常，钯、铂和银可以替代黄金。

二　银（Silver）[1][2]

银是一种化学元素，标记为 Ag，原子序数47。它是一种柔软、白色有光泽的过渡金属。它比起任何金属有最高的导电性能。这种金属以纯粹自由的形式（自然银）天然生成。它也同黄金或其他金属形成合金。多数银是冶炼铜、金、铅和锌时的副产品。

白银资源遍布所有国家（除去北冰洋和格陵兰）。2005年，最大的生产国是秘鲁，约占世界总产量的15%。之后是墨西哥、澳大利亚、中国、智利、俄罗斯、波兰和美国。估计可以开采的世界储量——这是说开采能够获得利润的含银的矿石——其数量接近87亿盎司。然而，还不知道这些盎司中有多少能够通过初级冶炼而不是副产品而获得。

对银的需求，自20世纪90年代中叶已经增长。然而，在增长后面更有趣的是制造产品的种类已经改变。历史上，银的主要用途是铸造银币和首饰、银器以及艺术品，如烛台和碗具。在20世纪，照相兴起，成为银的主要用途，从20世纪中叶，用银铸币已经消失，虽然在美国还有不少。照相的制作需求也开始下降，因为消费者从胶卷照相转向数字相机。但与此同时，不管银的铸币和照相等传统用途走下坡路，随着新用途的发现，对银的需求已经增加。这是因为这种金属特有的质量，比如它是最佳的电子传导物，高度的延展性和反射性能。

银通常被用于各种电池，从多数石英表到用于宇宙航行产业所需电池。银电池重量轻，比传统的铅酸电池能够输送更多电。

---

[1]　http：//www.1911encyclopedia.org/Silver
[2]　Mineral Commodity Summaries 2011，p.147.

由于银在合金中能够与其他金属结合良好，它通常在喷气机中被用作轴承的表皮，并在电子和其他制造业中用作焊接焊药。也许最普通的用途之一，是在制作镜子时用作涂料。银也被用于反射阳光辐射和热度的眼镜玻璃之中。此外，这种金属也是一种重要的触媒用于制造各种塑料和化学品。

在电子行业，银的用途也在增长。由于它的导电性和弹性，银电路被广泛用于许多行业。发电厂的高电压电路以及制造业工厂常常是用银做成的或者把银当作表皮。汽车有银电路在打火系统，以及其他电子系统和安全系统如气袋。银也被广泛使用于计算机中的电路系统，包括计算机键盘的电路。

在药品中，银长久以来被用做生物杀虫剂。银的这个特点，导致把它用于水的净化系统，和伤口包扎以及其他抗细菌、抗真菌、抗病毒的用途。

对银的工业需求继续下降，在美国摄影对银的需要下降到大约160吨，2000年是190吨。尽管银仍然用于X光胶片，许多医院已经开始使用数字成像系统。差不多99%的摄影废水中的银都可以循环利用。银用于铸币、电子、工业和首饰等方面的数量在增加，而在成像和银器等方面的应用在下降。银取代铂，用于汽车的触媒转换器。银也被用在服装上，帮助调节体温，并控制运动鞋和服装产生的异味。绷带上放置极少量的银，可以用于疗伤和小块的皮肤感染。

美国的生产和消费

2010年，美国生产了近1280吨银，价值估计为7.28亿美元。银是作为从35种同类基础的和贵金属矿的副产品而生产出来的。阿拉斯加继续是这个国家领先的银生产州，其次是内华达；然而，公司的生产数据是企业独占不给外界的。有21家商业级白银的冶炼厂，用国内外矿石和精矿以及新旧废料生产。

2010年美国矿山开采银1280吨，初级冶炼800吨，二级冶炼1600吨，进口3840吨，出口600吨，实际消费5850吨。每盎司银价格为17.76美元。年终库存：财政部220吨，纽约证券交易所3000吨，交易所交易基金16000吨。矿山和工厂就业850人。实际消费对净进口的依存度为65%。

循环利用：2010年，近1600吨银是从旧的和新的废料中回收的。其中包括60吨到90吨银是从照相废水中回收的。

进口来源（2006—2009）：墨西哥56%，加拿大24%，秘鲁13%，智利4%；其他，3%。

情况和问题：2010年，银价平均为每盎司17.75美元。银价的全面上涨，是对人们继续投资的兴趣以及持有新的银交易所交易基金（ETF）相适应的。后者自从2006年4月第一个银ETF建立起来，就一直开在那里。银ETF库存到11月底总数为15240吨。

世界资源：银是作为一种主要产品从墨西哥、秘鲁和澳大利亚获得的。银也作为副产品从铅 - 锌矿获得。银从多金属矿石矿床中回收，要占美国和世界银资源的2/3。大部分近来发现的银都同金的生成相联系，然而，铜和铅锌的生成同时，包含银的副产品将继续占未来储量和资源的很大份额。

代用品：数字成像、减少银含量的胶片、无银黑 - 白胶卷和静电复印正在替代传统上使用黑白的以及彩色的印刷法。手术针和手术盘可以用钽和钛替代银。不锈钢可以取代银制餐具，把锗加到银制餐具中，会使它抗变暗。非银电池在某些用途上可以取代银电池。铝和铑可以用以替代传统上用在镜子和其他起反射作用表面的银。银还可以在越野汽车触媒转化器中取代更多的昂贵金属。

三 铂族金属（platinum group metals）[1][2]

铂是一种化学元素，其化学标记为Pt，原子序数78。铂族金属（PGMs）周期表上聚集在一起，都是过渡金属，它们是钌、铑、钯、锇、铱和铂。

它是一种密度高、可压延、导电的、昂贵的、灰白色的过渡金属。尽管它有6个天然生成的同位素，铂在地球外壳是一种稀有元素，平均丰度接近每公斤0.005毫克。它是最少活性的金属，生成于某些镍和铜的矿石中，南非最多，占世界生产的80%。

---

[1] http：//platinum group metals.net/about_ platinum/
[2] Mineral Commodity Summaries 2011，p.120.

自然生成的铂和富含铂的合金，在北美哥伦比亚的人们很早就已经知道。西班牙人第一次在哥伦比亚碰到这种金属时，称它为"小白银"。他们把白金看作是一种开采出来的、不需要的、不纯的白银。

这种铂金属有突出的触媒性。它们高度抗磨损和防锈，这使铂特别适应于做精美首饰。其他明显特征包括抗化学侵袭，极好的耐高温特点，以及稳定的电气特性，所有这些性质都在工业应用中被充分利用。

(1) 铂 (platinum)

砷铂矿（$PtAs_2$）矿石是这种金属的主要来源。一种自然生成的铂-铟合金被发现于硫铂矿。天然状态的铂常常伴有小量的其他铂金属，它们在安大略哥伦比亚地区，乌拉尔山以及某些美国西部各州的冲积土和砂积岩矿床中被发现。铂作为镍矿石加工的副产品，也可以进行商业性生产。大量被加工的镍矿石构成这样的事实，即铂在这种矿石中只占2%。南非在默尔曼斯基砂洲的铂矿床，是世界最大的一个，其后为俄罗斯。铂和钯在美国蒙大拿也进行商业性开采。生产纯铂族金属，通常从生产其他金属与这几种金属的混合物的残渣开始。一种典型的开端产品是黄金或镍生产的阳极残渣。化学反应的差异和几种被提取金属复合物的可溶性，被用来把它们分离开。

(2) 锇 (Osmium)

铱锇是一种自然生成的铱与锇的合金，锇在乌拉尔山和南北美含铂的河沙中被发现。极其有限的锇也存在于含镍的矿石中，在安大略地区发现这种矿物与其他铂族金属在一起。尽管在这些矿石中发现的铂金属数量很小，但因有大量镍矿石可供加工，使其商业性开采成为可能。

(3) 铱 (Iridium)

金属铱同铂以及其铂族金属一起在冲积矿床发现。自然生成的铱包括锇铱和铱锇，两者都是铱和锇的混合。它作为从镍矿开采和加工中的副产品而进行商业性回收。

(4) 钌 (Ruthenium)

钌通常在乌拉尔山和北美、南美其他铂族金属中被发现。少量的钌，也从安大略苏德伯利的镍黄铁矿开采中发现，还在南非的辉岩矿床中发现。

(5) 铑 (Rhodium)

铑的工业开采是复杂的，因为这种金属生成于同其他金属混合的矿床，如钯、银、铂和金。它在铂矿石中被发现并且作为一种白色惰性金属免费获得，它很难溶解。这个元素的主要来源位于乌拉尔山的河沙中，也在南北美以及苏德伯利盆地区的铜－镍硫化物矿区。尽管苏德伯利的数量很少，大量镍矿石的加工使铑的回收很经济。然而，2003 年，这种元素的世界年产量只有 7 吨—8 吨，同时很少有纯粹的铑矿物。

（6）钯（Palladium）

钯是作为自由金属同铂和金以及欧亚大陆乌拉尔山砂矿铂族金属熔合。这样的熔合也发生在澳大利亚、埃塞俄比亚、南北美洲。不过，其商业性生产是在南非和加拿大安大略省发现的镍－铜矿床。加工巨大数量的镍－铜数量使这种采掘有利可图，尽管这些矿石的浓缩度很低。

美国的生产和消费

蒙大拿南－中部的斯蒂尔瓦特和东波尔德矿山，是美国唯一的主要铂族金属矿山，它由一家公司所拥有。少量铂族金属也作为精矿铜副产品回收。对铂族金属领先的需求方面，仍然是减少轻重车辆有害气体排放的催化剂。铂族金属也用于化学部门，作为催化剂制造大量化学品如硝酸和生产特种硅；在石油精矿部门，则在制造试验设备的部门使用。在电子部门，铂族金属被用于玻璃制造部门生产纤维玻璃，液晶显示以及平板显示。铂合金，在铸造和制作部分，通常用于首饰。铂，钯和各种复杂的金－银－铜合金被用作牙科修复材料。铂和钯也以交易所交易票据和交易所交易基金的形式作为投资工具。

2010 年，美国矿山生产铂 3500 公斤，钯 11600 公斤，为消费进口铂 153000 公斤，钯 71000 公斤，铑 13000 公斤，钌 14000 公斤，铱 3500 公斤。出口铂 19000 公斤，钯 35000 公斤，铑 2200 公斤，其他铂族金属 5400 公斤。

对进口的依存度：铂，94%，钯，58%。

循环利用：估计从新旧废料中回收铂族金属 26000 公斤。

进口来源（2006—2009）：铂：南非占 21%，德国 17%，英国 9%，加拿大 4%，其他 49%。钯：俄罗斯 44%，南非 21%，英国 17%，比利时 5%，其他 13%。

政府储备：截至 2010 年 9 月 30 日，铂：库存 261 公斤，授权处理 261 公斤，处理计划 778 公斤，已处理，0。钯：未作承诺的库存 18 公斤，授权处理 18 公斤，处理计划 186 公斤，已处理，0。

最近情况：铂、钯和铑的价格在 2010 年一季度趋于上升，在年中下降，年末又有所回升。铱价格在前几个月强劲上涨，后几个月一直保持在高水平，这是自 1981 年以来的最高水平。钌价格年中上升，后来下降。

2007 年开始的大衰退，影响到铂族金属行业。2010 年缓慢复苏，某些矿山以前曾经处于保管和维护状态，由于价格的上涨而重新开业。世界大部分地区汽车的生产和需求高企，特别是发展中国家如中国和印度。因为转换器催化剂是铂族金属的主要最终用途，这导致若干地区对铂族金属的需求增长。在西欧内燃机汽车的比例大，它的转换器催化剂使用铂，所以需求从 2009 年下降到 42% 后，又重新回到 50% 左右，这是政府报废计划的结果。这些计划导致增加较小型的、节省燃料的汽油动力车。

与 2009 年的消费相比，化学和石油工业用途的铂族金属消费在增长。与之相比，首饰业的消费，2010 年则较低，这主要是由于价格的原因。首饰行业的消费可以预期将跟随铂的价格趋势。英国下令要检验所有钯首饰的印记，未来钯的首饰用途会增加，因为这种金属将更被人们认可和追捧。

在欧洲和北美，可以预期汽车的销售会增长，其结果是铂和钯在这些地区使用的增加。在铂和钯之间巨大的价格差异，已经使人们假设汽车制造商将继续改变铂族金属在汽油引擎中的比率发生有利于钯的变化，同时继续努力增加钯在内燃机汽车中使用的比例。对汽车燃料电池的研究可能会继续，包括研究使用钯做催化剂而不是更昂贵的铂。投资者对交易所交易基金的兴趣预期会继续上升。

世界资源：铂族金属的世界资源，作为有经济开采价值矿石精矿，估计总量为 1 亿公斤。最大的储量是在南非的布什韦尔德联合企业。

代用品：许多汽车制造商已经用钯替代更昂贵的铂，用在汽油引擎的转换器催化剂。直到最近，只有铂能用作内燃机转换器的催化剂；然而，新技术允许使用高达 25% 的钯，实验室试验已经把比例增加到 50%。

第五节　稀土元素

稀土元素的光、电、磁等特殊性能赋予其在某些高科技领域中不可替代的功能，也正是由于这些特殊的作用，稀土元素被称为战略元素。稀土就是化学元素周期表中镧系元素——镧（La）、铈（Ce）、镨（Pr）、钕（Nd）、钷（Pm）、钐（Sm）、铕（Eu）、钆（Gd）、铽（Tb）、镝（Dy）、钬（Ho）、铒（Er）、铥（Tm）、镱（Yb）、镥（Lu），以及与镧系的15个元素密切相关的两个元素——钪（Sc）和钇（Y），共17种元素，称为稀土元素。尽管就数量而言，工业发展对这些元素的需求相对较小，但稀土元素对高科技产业具有不可或缺的作用。

其实稀土元素并不稀少，它们在地壳中的丰度很高。比较丰富的稀土元素，每一种都同普通工业金属如铬、镍、铜、锌、钼、锡、锰或铅的地壳集中度相似。即使是两种最不丰富的稀土元素（铥和镥），也比黄金更普遍200多倍。然而，同普通贵金属对比，稀土元素很少能成为精矿。

在稀土矿藏中，头四个稀土元素——镧、铈、镨、钕——占总数的80%到99%，不过它们每一种在地球上的丰度并不相等。在大陆地壳及其稀土元素矿石储藏中，最富的和最贫的稀土元素的丰度，通常要差2个到5个等级。随着过去几十年稀土元素技术应用的大量使用，对几种丰度较低的稀土矿物的需求已经急剧增加。

一　稀土元素的用途

稀土元素的多变性和特异性，赋予它们以技术的、环境的和经济层面的重要性，稀土元素的核能、冶金、化学、触媒、电气、磁和光的多元化性质，已经导致日益增多的各种应用。从一般的（打火石、玻璃抛光）到高技术的（磷光体、激光、磁石）应用都非常广泛。

稀土元素已广泛应用于电子、石油化工、冶金、机械、能源、轻工、环境保护、农业等领域。应用稀土可生产荧光材料、稀土金属氢化物电池材料、电光源材料、永磁材料、储氢材料、催化材料、精密陶瓷材料、激光材料、超导材料、磁致伸缩材料、磁致冷材料、磁光存储材料、光导纤维材料料等。

许多稀土元素的应用具有高特异性和高单位价值的特性。例如，彩色阴极射线管和计算机显示器的液晶显示，以及电视机中作为红色磷光体使用的铕（Europium），由于它比较低的丰度和很高的需求，迄今还没有替代品，因此铕很昂贵。

光学纤维通信电缆能够长距离地传输信号，原因是它们合并了起激光放大器作用的，有周期空间长度铒的纤维。铒在这些激光转发器中使用，其价格也很高。

特异性不仅限于铕和铒，铈是最丰富的，也是最便宜的稀土元素，它有十几种用途。例如氧化铈（Ce-oxide），特别适宜用作玻璃的抛光剂。氧化铈的这种抛光作用，有赖于它的物理和化学特性，包括铈的两种可以进入氧化状态的水成溶液，实际上所有玻璃抛光产品，从普通镜子和眼镜到精密透镜，都是用氧化铈做成。

永磁技术靠包含钕、钐、钆、镝或错合金而革命化。体积小，重量轻，强度大的稀土元素磁铁，使多种在电器、视听设备、计算机、汽车、通信系统和军事用具中使用的许多电气电子部件小型化。许多最近的技术创新，如果没有稀土元素磁铁，将不可能实现。例如，小型化多功能可携带驱动盘和DVD驱动。

稀土元素在环境上的应用，在过去30年得到显著增长。考虑到人们对地球变暖和能源效率的日益关切，这一趋势无疑还将继续。有几种稀土元素是汽油液态裂变触媒和汽车污染控制触媒转换器的必要成分。使用稀土元素磁铁，可以减轻汽车重量。广泛采用新能源高效萤光灯（使用钇、镧、铈、铕、铽和铽）作为公共场所的照明，能够在美国实现减少现在路上行驶汽车二氧化碳排放量的 1/3。大规模应用磁性冰冻技术，也能大大降低能源消耗和二氧化碳排放。

稀土元素优势之一，还在于其具有相对较低的毒性。例如，最普通型号的可再充电的电池包含镉或铅。可再充镧镍氢电池逐渐取代在计算机和通信用途的镍镉电池。并且最后将取代汽车中的铅酸性电池。尽管更昂贵，镧镍氢电池提供更大的能量，更好的充放特征，以及在处理或重复利用时，带来更少的环境问题。另一个例子，用镧或铈做的红色或红橘色颜料正在取代包含镉或其他有毒重金属的传统商业颜料。

稀土元素的未来高技术应用，可能是实现成熟的磁性冷冻。有些稀土元素具有非凡的大磁铁能率，一种新开发的合金在接近室温时有一种"巨大的磁体热量效应"，它同传统的气体压缩冷冻相竞争具有比较优势。这种新技术能够用于电冰箱、冷冻机以及住宅、商务建筑和汽车中的空气调节。磁性冷冻比气体压缩冷冻要有效得多，并且不需要可燃烧的或有毒的、破坏臭氧层导致全球变暖的致冷剂。

2010 年，美国国防授权法指示总审计长，对国防供应链上稀土元素的使用以及国内国际供应链的安全情况进行认真研究。为此要求美国地质调查局就国际国内稀土元素的来源和供应撰写报告。报告指出：美国目前从外国来源获得稀土元素，并且其进口几乎全部来自中国。因此报告提出了供应安全这个问题。从国际范围看，国内稀土元素资源是有限的，价值是不确定的；因此，美国从传统贸易伙伴获得资源（如加拿大和澳大利亚），对供应资源的多元化是利益攸关的。这个报告说明了与评估供应安全相关的稀土元素的基本地质状况，以及当前美国的消费和稀土元素的进口，现有的国内资源，以及未来国内生产的可能性，报告也对已知全球稀土元素资源做了考察，同时讨论了可替代外国稀土元素来源的可靠性。报告于 2010 年公布，其中谈到了几个重要问题，第一，是美国稀土资源稀缺和解决的迫切性；第二，是研究了外国稀土资源的生产和储量情况；第三，从矿业资源特别是稀土资源的集中度研究应对供应中断问题；第四，从矿业资源特别是稀土资源开发的难度，采取紧急措施的必要性。

报告历史地考察了美国稀土元素的资源问题，认为美国面临解决资源不足的紧迫性。报告说自从发现稀土元素（1749—1907），一直到 20 世纪 50 年代，少数稀土元素从带有独居石（monazite）的矿砂和矿脉中，从伟晶岩（pegmatites）和碳酸盐中生产出来，同时是铀和铌提取物的次要副产品。

1949 年，在加州上摩贾维（Upper Mojave）沙漠的帕斯山（Mountain Pass），发现碳酸盐岩的侵入带来轻稀土元素巨大的含量（8%—12% 氧化稀土）。帕斯山矿稀土元素的主要宿主，是氟碳铈矿以及相关的矿物。到 1966 年，唯一的世界级矿藏为美国钼公司（Molycorp，Inc）所拥有和营运，并成为稀土元素最大的来源。早期的开发主要受到彩色电视商业化对铕需求的支撑。帕斯山矿平均等级为 9.3%，储量为 2000 万公吨氧化稀土，是只为稀土元素含量开采的最大的矿床。与此同时，为分离稀土元素所进行的大量矿石加工和溶液提取技术的开发，使几个中等稀土元素矿藏也得到恢复。获得这些追加来源，扩大了这种元素的应用。

从 1965 年到 20 世纪 80 年代中期，帕斯山矿是稀土元素的主要来源，美国在稀土元素上大体是自给自足的。自 1985 年以来，中国的稀土元素生产急剧增长。中国稀土元素的生产主要有两个来源。最重要的是内蒙古白云鄂博铁铌稀土元素储藏。这一矿藏有其同碳酸盐稀土元素矿床和热液氧化铁矿床的亲缘关系。白云鄂博的等级是 3%—6% 氧化稀土元素；储量至少是 4000 万吨。

在美国，稀土开发已经严重受制于稀土元素可开采矿藏数量，近年来还受到环境和管理因素的影响。独居石，这种唯一最普通的稀土元素矿物，通常含有高水平的钍。尽管钍本身只有微弱的放射性，但它伴有高放射性的中间产品，特别是镭，它在处理过程可以累积。担心放射性公害已经把独居石取消作为稀土元素的重要来源，并且把注意力集中在氟碳铈矿。

报告说：过去几年，国内唯一稀土元素来源，加州的帕斯山矿已经断断续续地在生产能力以下运转。随着主要废水管线的环境和管理问题，稀土元素分离（溶液提取）工厂被关闭。帕斯山矿现时只生产氟碳铈矿石精矿，出售的分离后稀土元素只是关厂前的库存。即使管理问题能够解决，帕斯山矿成为分离稀土元素对高技术应用的供应者，它也受到市场因素的威胁。

在 1999 年和 2000 年，美国使用的几乎所有（超过 90%）分离稀土元素，或者是直接从中国或者是从中国进口工厂原料的国家进口的。这种从 1990 年以前自给自足，到今天差不多完全依赖于从单一国家进口的令人惊讶的迅速进展，涉及若干原因。包括中国比美国低得多的劳工和管理成本；电子和其他制造业，在亚洲的持续扩张；中国重稀土元素矿藏有巨大的储量、规模，以及正在发生的帕斯山矿的环境和管理问题。报告认为中国现在统治着世界稀土元素市场，并提出几个对美国稀土元素供应的重大问题：

（1）美国正在陷于丧失其在稀土元素技术的许多领域中的长期领导地位。稀土元素加工技术专门知识的转让，以及从美国到欧洲到亚洲稀土元素的应用，使得中国发展了一个主要的稀土元素产业，超越了所有其他国家对矿石和精矿产品的生产。中国科技部近来宣布一个新的国家基础研究计划。在第一批供应资金的15个高度优先项目中，就有"稀土元素的基础研究"。

（2）美国依赖于从中国进口的这一时间点，正当国防应用，包括喷气战斗机引擎和其他飞机部件、导弹引航系统、水雷探测、反导防御、射程发现，以及空间基地卫星动力和通信系统等，使稀土元素变得日益重要的时刻。

（3）美国对中国稀土元素的可得性，取决于中国国内政治和经济以及它与其他国家关系的稳定。

（4）尽管由于中国供应的充足，使现在稀土元素价格很低，它正在对生产商构成压力，特别是帕斯山矿。低价格也将刺激新应用的开发。例如，对镥的几个有希望的应用已经开始，但是多数被高成本排除在外，如果镥的价格从每公斤几万美元降到几千美元，更多对这种稀缺元素在高技术上的应用无疑会随之而来。在未来稀土元素技术和市场的扩张中，美国将充当什么样的角色是一个重要的、尚未定论的问题。

稀土元素对扩张中的一系列高技术应用是必不可少的，它构成一个美国工业经济的重要部分。稀土元素长期供应短缺，将迫使美国许多技术应用发生变革。已知的和潜在的国内稀土元素来源，会成为一个对政府和私营部门科学家和决策者必须关注的、日趋重要的问题。

由于美国越来越依靠从国外进口稀土，所以报告对外国稀土元素的生产和储量也进行了分析。报告指出：当前美国从国外来源进口所有它所需要的稀土元素，主要来源国是中国（U.S. 地质勘探2010），但以前并不总是这样。USGS每年在其刊物《矿物年鉴》和《矿物商品综述》中报告全球和国内稀土元素的生产和贸易。加州帕斯山矿的生产在1998年被削减以前，美国和自由市场国家生产它所消费的多数稀土元素。重稀土元素从进口的独居石精矿中获得。这种情况在20世纪80年代中国成为全球轻、重稀土元素统治供应者之后改变了。2002年帕斯山矿关闭。尽管该矿用库存原料继续生产稀土元素材料，已不再开采稀土元素矿石。自此以后，美国靠主要是中国的进口获取稀土元素原料。中国占全球稀土元素生产的95%，尽管只占世界探明储量的36%。中国稀土元素产业，现在正在进行（2010）政府指导下的合理化，以减少生产商的数量。报告专门研究了世界金属，特别是稀土金属的集中度，是供应稳定的一个重要因素。集中度越高，供应中断的危险性越大。报告分析了这两个问题。

第一点，供应的集中问题。稀土元素生产高度集中于一个国家，对次要商品金属说不算例外。比如，根据2010年美国地质调查局的数据，美国一个矿山供应世界86%的铍，巴西的两个矿山占世界铌生产的92%。这种供应的集中，长期以来引起人们对价格操纵的担心，也提出了有关供应可靠性的问题。假设有一种同自然灾害、工业事故、工人罢工、政治斗争或与其他能够中断生产的同样的风险，供应的单一来源天生比多个来源有更大风险。即使这些不同的风险在国与国之间并不相等，供应集中仍是矿物供应风险的一个关键指标。

表现集中度是利用几个集中尺度比较稀土元素与其他国际贸易矿产品的供应形势。这些尺度被经济学家用来研究市场集中度，也被管理者用于反托拉斯的目的。集中比率分别用CR2和CR3缩写衡量美国从两三个顶尖国家进口的比率，以及它们占世界生产的份额。高百分比，如稀土元素CR2占94和CR3占96（不包括镱和钇），显示进口和世界生产主要来自一个或两个国家。第三个尺度是Herfindahl指数，它原来开发出来是为了衡量一个行业的竞争程度。根据其计算公式，指数的幅度从0到1.0，是为了便于在不同商品矿物之间进行比较。标准化的Herfindahl指数1.0显示集中在一个国家，指数0显示所有国家在美国进口或世界生产中占有相同的份额。

这3个指数都把稀土元素（包括镱）的美国进口集中度和世界生产份额放在所有商品矿物的顶端。锑和铌大部分分别产自中国和巴西，有很相似的集中指数。铼是美国主要从单一国家——智利进口的商品矿物之一例，但是它的全球生产并不特别集中。

以这些数据为基础，可以不夸张地说中国统治着世界稀土元素产业。这种统治归因于中国大型的高质量的稀土元素资源、很少的资本投资、低劳工成本、缺乏环境规章。中国只有全球稀土元素三分之一的储量；所以，生产的低成本，对中国在世界稀土元素生产者中的统治地位是一个合理的解释，这也说明稀土元素价格从 1997 年到 2008 年急剧下降，是同引入大量低价格的中国稀土元素相一致的。

第二点，供应中断的风险。美国矿物供应中断的脆弱性是一个标准的风险分析。这包括两个部分：威胁的性质和概率，以及对潜在影响的评估。其中分析的数据对美国统筹安排其进口和使用不同的矿物商品是非常有帮助作用的。第一步是由国家研究委员会的特别委员会做出的，它把危险矩阵推荐为一种工具用于评估矿物供应风险（国家研究委员会，2008）。危险矩阵是一个设计图，它把一个轴上的供应风险与另一个轴上供应限制的影响做对比。做这个研究的作者排列了包括稀土元素在内的不同进口金属。

对供应限制影响的分析要求经济层面的分析，它在美国地质调查传统责任之外，并且已经超过本报告的范围。朗（Long，2009）建议把上面讨论集中度的数量尺度同国家风险尺度结合起来，得到一个矿产品供应风险的相对名次。一个相似的方法，被欧盟原料供应集团在最近对欧洲矿物安全研究中独立采用（原料供应集团，2010）。欧盟的研究还包括物资供应中断对经济影响的大概尺度。

在国家风险指示数字之外，欧盟的研究也使用一种主观的排名，显示其他矿物能够替代某种矿物的程度，循环利用的尺度，以及环境政策风险，加上对 Herfindahl 指数的重新标定，用于衡量矿物供应集中度。使用这些指示数字，大约有 14 种金属和矿物被列为欧盟成员国短缺的危急原料，"危急"意味着高度供应风险和经济重要性。列出的短缺金属和矿物是锑、铍、钴、氟石、镓、锗、石墨、铟、镁、铌、白金族金属、稀土元素、钽和钨（原料供应集团，2010）。朗（2009）列出 15 种金属和矿物：锑、重晶石、铬、钴、氟石、镓、石墨、铟、铌、白金族金属、稀土元素、铼、钽、钛和钨，作为对美国经济有最大风险的矿物。两者非常相似。差异在铍，它是欧洲从美国进口的；重晶石对美国的石油和天然气很重要，同时铬、铼和钛的供应在欧盟的报告中被评为存在较少风险。

考虑到未来的不确定性以及它们对先进工业化经济的重要性，在美国地质调查局和欧盟对矿物供应风险的研究中，矿物原料中的稀土元素都排在重大关切的最高位置。这两个研究报告,都没有提出解决措施来减轻这些风险,但是每个报告都建议进一步研究,包括审查矿物政策选择。然而,有些地质因素在未来稀土元素供应研究中必须考虑,如国内稀土元素的范围和质量,在其他低风险国家未开发的资源,以及开发这些资源成为生产矿山所需要的时间。

报告还研究了稀土资源的开发问题。并用数据显示了开发稀土资源的难度。稀土元素资源分布在许多矿物储藏之中,但是只有一部分开发和采矿是经济的。按常规,开采经济的那部分资源被归类为"储量"。在稀土元素储藏中包含储量,并不意味着它将被开发并开采——它只意味着这样做是经济的。在许多能够得到的稀土元素中矿业公司竞争者选择最有利可图的去开发,可能会把不太赚钱的储量留下来不开发。储量也可能因为不利的土地使用限制,民事纷争以及许多其他政治和和社会的因素而不开发。

开发一个新矿要求勘探、调查、流程开发、可行性研究、批准、建设和委托的长期努力。这些努力既广泛关联又常常重叠。完成所有步骤所要求的时间是可变的,也是可以估计的,特别是同非采掘业所要求的时间相比较。对完成这个程序所要求的时间,通常要考察潜在的经济储藏的确认和商业生产开始之间的间隙。

最近在美国开采金属矿山时获得许可,建设和委任所要求的时间

(NYA,还没有实现,还没有实现开始生产或商业营运,PGE,白金族元素。是由于政府和非政府的诉讼许可和开发被长期延迟)

矿 山	商品	许可证申请	许可证完成	生产开始	商业运作开始	诉讼
Alta Meca	Texas	U 铀	1999	2004	10/2005	1/2006	
Arizona	Arizona	U 铀	2007 中	2009	NYA	NYA	是
Ashdown	Nevada	Mo 钼 Au 金	2/3004	11/2006	12/2006	NYA	

续表

矿山		商品	许可证申请	许可证完成	生产开始	商业运作开始	诉讼
Buckhorn	Washington	Au 金	1992	9/2006	10/2008	11/2008	是
Carlota	Arizona	Cu 铜	2/1992	6/2007	12/2008	1/2009	是
Eagle	Michigan	Ni 铌 Cu 铜 Co 钴 PGE	4/2004	1/2010	NYA	NYA	是
East Boulder	Montana	PGE	1995	1998	6/2001	1/2002	
Kensington	Alaska	Au 金	3/1988	6/2005	9/2010	NYA	是
Leeville	Nevada	Au 金	7/1997	8/2002	10/2006	4th qr 2006	
Lisbon Valley	Utah	Cu 铜	2/1996	7/2004	1st qr 2006	NYA	是
Pend Oreille	Washington	Zn 锌	1992	9/2000	1/2004	8/2004	
Phoenix	Nevada	Au 金	1/1999	1/2004	2/2006	4th qr 2006	
Pogo	Alaska	Au 金	12/1997	4/2004	2/2006	4/2007	
Rock Creek	Alaska	Au 金	2003	8/2006	9/2008	NYA	是
Rossi (Storm)	Nevada	Au 金	1990	3Q 2006	3/2007	12/2007	
Safford	Arizona	Cu 铜	4/1998	7/2006	4th qr 2007	2nd half 2008	是
Turquoise Ridge	Nevada	Au 金	9/1995	5/2003	2004	NYA	

在美国以外地区开发选定的矿山所要求的时间

（选定的这些矿山其开采和要求的冶炼方法与稀土元素近似。NYA，商业生产尚未实现）

矿山	国家	商品	发现日期	完成许可	开始生产	开始营业
Ambatovy	马达加斯加	NiCo	1960	3/2007	2010 末	NYA
Araxa	巴西	Nb	1955	1960	1981 一季度	1966
Barco Alto	巴西	Ni	1981	12/2006	3/2010	2011
Bulong	澳大利亚	Ni	1971	9/1996	3/1999	9/1999
Catalao I	巴西	Nb	1970	1974	1976	1977

续表

矿山	国家	商品	发现日期	完成许可	开始生产	开始营业
Cawse	澳大利亚	NiCo	1994	9/1996	1/1999	6/2000
Goro	新克里多尼亚岛	NiCo	1982	10/2004	2010 末	NYA
Murrin Murrin	澳大利亚	NiCo	1984	5/1996	5/1999	6/2000
Niobec	加拿大	Nb	6/1967	11/1973	1/1976	3/1976
Onca Puma	巴西	Ni	1970s	8/2005	2010 三季度	2011 年初
Raventhorpe	澳大利亚	NiCo	1960s 末	3/2004	10/2007	NYA
Urumu Utsumi	巴西	U	1971	1975	7/1981	1982
Vermelho	巴西	Ni	1966	7/2005	2012 四季度	NYA

彼得斯（1966）考察过大量矿山开发的历史，他把它们分为4类。第一类要求2年或略少的生产前时期。这一类矿山的特点是高单位价值的单一矿石，可以采用传统的采矿和矿物加工方法，不需要许多追加的运输或电力基础设施，有得到保证的市场，所要求的只是短期融资。这类的一个现时的例子，是在内华达州的一个小到中型的露天坑堆漂洗黄金矿藏。黄金有很高的单位价值和现成的市场。相关的采矿和矿物加工技术既简单又为人所熟知，当地的基础设施极佳，管理当局对这种类型的开采有丰富经验。

其他3种的特征是越来越复杂的矿石、业务的规模、基础设施和融资的需求，以及低单位价值。最后一类生产前期要7年或更长。一个现实的例子是一座镍铁矾土矿，其冶金术相当麻烦，许多这类镍矿要求10年的流程开发加上由于市场时机的延误。开采一座新镍铁矾土矿最好的时机是在镍价高企的时期。

开发每一座各类矿山今天可能比彼得斯（1966）做研究时要花更长的时间。至少在美国，多数现代矿山的开发要接受全面的环境管辖，包括环境研究，金融机构的尽职调查，批准，公众参与，这些程序要求大量时间。更多的延误可能是由于对建议中的矿山发生的公众冲突和诉讼。这种延误与2000年以来在美国开发金属矿所需时间吻合。有一个矿山获批所要求的时间长达17年，阿拉斯加Pogo金矿是在加速批准程序下面开发的，仍然需要

7年。一个在内华达州的小型金矿，一旦获得批件，建设并使矿山投产只花了1个月。然而阿拉斯加的Kensington金矿，它的营业批准在法庭上有一场争论，这个程序延续了63个月。新矿山"爬坡"的时间，从2个月到1年，最长的是阿拉斯加的Pogo矿。

开发一座新的稀土元素矿的第一步，是找到一批适宜的稀土元素矿藏。对新矿藏的勘探可能有两种情况：一种是绿地勘探，即寻找过去没有开采过的新矿山。另一种是褐地勘探，即在现有的和过去有过采矿活动的区域附近勘探。绿地勘探可能以没有勘探过的前沿地区为目标，或者跟随过去勘探过的结果。褐地勘探包括在就近的矿山寻找已知储量和延伸的资源，以及勘探在已有业务活动附近的新矿藏。后者可以延长现有矿山的寿命，或者导致以前矿山的完全再开发。

勘探是一种用有限资本进行的不确定过程。一个勘探者的目标，是以最少的支出发现合乎目标的某一种类、规模和质量的一座新的矿藏。勘探者要根据有利的指示数字进行，要在预算许可的范围达到目的。如果发现有与预期目标相反现象的证据，或结果不足以证明值得做进一步的工作，这个勘探计划将被削减。勘探通常在周期中运行，矿物价格短期和中期的上扬会促进勘探。在价格周期的低端，会对勘探活动只有少量或完全没有促进作用。任何特定的探矿可能会在几十年中让不同的团体遇到许多勘探的故事；这些故事是受价格周期推动的，如新的节省成本的技术，改进的勘探观念和方法，以及获得土地的变幻莫测和勘探的管理。

就稀土元素说，过去勘探做得很少，最紧张的稀土元素直接勘探只是现在才在进行中（2010）。许多过去的重要发现，是靠偶然的好运气——世界最大的稀土元素矿山——中国的白云鄂博，最初是当作铁矿开采的。从这种矿石生产出来"有趣"的钢受到调查，并且发现它被稀土元素所污染（Laznicka 2006）。加州的帕斯山，是美国地质调查局希望找到铀在进行其无线电活动勘测项目时发现的。许多含有稀土元素的碳酸盐矿藏，最初是作为铌或磷酸盐的来源勘探的。

稀土元素矿藏的发现，必须靠广泛的掘沟、钻孔和取样。最初要在一个广阔空间格栅中钻孔，用以评估矿物化的范围和丰度。如果结果很好，这一矿藏将在不断缩小的空间中钻探，直到足够规模的、经过量度的资源被确认。与此同时，基线环境研究将完成，获得的大量取样要进行冶金测试。一个概念性的采矿计划和冶炼计划要设计出来，还要进行初步的经济可行性研究。如果这些结果都很好，进一步的工作将是作出一个最佳的开采计划，落实工厂规模的冶金程序，开始申请许可证，并且进行明确的经济可行性研究。如果可行性研究是正面的，将要寻求融资，要同详细工厂设计一起进一步提出许可证申请。通常许可证将要求一个经过批准的营业计划，一个积极的环境影响研究报告，以及某种由政府部门发给的最后许可。如果要求外部融资，一个独立的尽职报告将验证可行性研究的结果。

一旦融资和管理批准到位，将宣布一个建筑决定。进行中的详细工程设计将会完成，同时将签订合同。建设要尽快开始并迅速实施使利息和机会成本最小化。随着矿山组成部分的完成，它们将被测试并且开始运行，要有一个爬坡时期，直到计划产出率实现后进入商业化生产阶段。爬坡可能在几个月中顺利完成，也可能遇到意想不到的困难，要求延长解决的时间。某些矿山在这个阶段由于矿石品位比预期低会失败，或者冶炼方法不像计划那样可行。

到这时为止，一家采矿公司已经花掉了大量金钱，而没有从矿物的销售中得到任何收入。资本必须从一家采矿公司其他业务的净收入中内部供应，或者从外部银行或投资者获得。这种融资的借贷成本很高，直到一个矿山已经生产，还款可能还没有开始。现有建议中最大的新稀土元素采矿业务，包括加利福尼亚州的帕斯山，据说采矿前的资本需求是 5 亿美元或更多。

一座矿山将营业到储量枯竭。今天矿山关闭和复垦，在一座矿山建成之前就要计划好，复垦要与业务运行尽可能同时进行。活动设备和建筑物被搬走。道路、仓库废物、尾矿和地面设施也要复垦，并试图恢复到使用前的外貌。大型开放矿坑通常并不回填，因为巨大的能源和二氧化碳排放成本不允许这样做。相反，为了使环境影响最小化，它们被复垦为特色风景。

上面列出的从发现到最初生产的时间其幅度为 5 年到 50 年，从许可到最初生产为 1—7 年，"爬坡"时间从 3 年到 42 个月，巴西的 Araxa 案例除外，它遭遇到非比寻常的政治延宕。这些开发时间是同彼得斯（1966）的研究结果一致的，显示在某些情况下，一种相对迅速开发的例子是可能得以实现。然而，必须指出，加州帕斯山以外的最先进的项目，如澳大利亚

Mountain Weld 和 Dubbo 已经要求冶炼测试和开发的年月落到了第 4 类，即彼得斯（1966）指出的 7 年或更多一类。

结论

美国国内储量和稀土元素推断资源，大约为 150 亿吨，同 2007 年稀土元素消费高峰 10200 吨（美国地质调查，2011）比是相当大的。有多少储量和资源能够经济地获得，什么时候，什么比率，单靠现在的数据还解释不了。可以这样说，这些储量和推断的资源是轻稀土元素，靠现在建议的生产计划（2010），两个潜在的矿山可能满足不了国内对重稀土元素的需求。在美国国内新稀土元素计划的输送管道，加上在世界范围确认的 150 个稀土元素中的 10 个勘探计划，是比较少的。美国分析了其可靠的贸易伙伴，如澳大利亚和加拿大，并认为供应的多元化和满足未来需求会得到很大改善。对美国而言，不幸的是开发新稀土元素矿山所要求的时间至少是 10 年，或许会更长。

近几十年，与采矿业对稀土元素矿藏勘探的缺乏同时发生的是低水平的地质研究。美国地质调查局已经在相关的研究中表明为进一步改善美国对稀土元素资源和前景的理解，以求发现更多资源，第一步是进行全国和全球的矿物资源评估。计划在 2012 年开始的下一步国家资源评估中，稀土元素是在考虑之中的商品。初步工作已经作为《在危险中的矿物以及新兴技术计划》中的一个部分开始，这在 2011 财政年度末完成。

启示

我们从上述美国地质调查局对各种重要金属矿物的蕴藏和开采，生产和消费，经营和管理等情况的调研成果得到的启示是：鉴于金属矿物对经济建设、国家安全和人民生活的极端重要性，美国政府和企业对如何保障重要金属行业的国际竞争力，保证这些矿物的可得性，应对可能出现的周期波动和供应短缺，是有着相当缜密的战略思考的。概括起来他们的经验是：

第一，对重要金属矿物直接掌控全球资源，并把科技创新视为提高其国际竞争力的重要手段。比如钢铁、铜、铝等，美国都有跨国公司在全球布局，它们已经掌握了全球最好的资源。这一点第四章还要详谈。同时这些公司都对科技创新十分重视，以提高其国际竞争力。例如，美国是铜最大消费国，铜帮助美国实现了电气化。19世纪80年代美国在蒙大拿的巴特地区发现大铜矿以后，成为世界主要的铜生产国。但是不久，智利崭露头角，随着美国矿石品位的下降，美国的优势地位开始下滑。这时美国是靠采矿和熔炼技术的不断创新而保持其竞争力的。包括著名工程师杰克林关于露天大规模开采斑岩矿的创新，溶液提炼/电解法的使用，新试剂的发明，不锈钢阴极高强度电解技术的应用等等。直到现在，虽然智利的产量走在美国前面，美国仍然依靠其科技优势保持世界第二大铜生产国的地位。又如铝，赫尔—赫若尔特电解法是美国的技术王牌，暂时仍无出其右者，现在美国还在研究如何降低电力消耗，改善现有还原方法的电极技术。钢铁业在技术上则主要是靠电弧炉冶炼废钢铁，而保持其竞争地位的。

第二，把政府储备和研究代用品作为保障美国稀缺矿物供应的手段。铬、锰、镍、铌、钨等金属美国自己都不生产，为了保证供应，都由政府进行了不同数量的储备。从上述稀土一节的情况看，近年来，美国对稀土金属的供应问题给予了特别关注。显然这是因为过去过度依赖中国一个国家的供应而产生的一种危机感。美国本土不是没有稀土矿藏，问题在于市场运作受价格竞争的支配，美国因价格劣势而关闭了帕斯山的稀土矿，而现在想重新启动，需要时间（一项研究说一个新厂至少要7年时间才能投产），因此，美国更希望鼓励澳大利亚等所谓同美国友好的稀土储量大国迅速兴起，以分散风险。研究代用品是为了弥补周期性或突发性的短缺，也有应对价格波动的动机。例如，为了抵消镍价格的高度波动，工程师们已经用低镍或超高铬不锈钢替代建筑用途的奥氏级镍。

第三，循环利用废旧原料，已经成为对金属矿物产品变废为宝，降低成本，减少消耗的一条普遍适用的守则，而且成效卓著。典型的例子是汽车的回收和铝罐的回收。汽车业的循环利用已经高于100%，这是美国汽车存量庞大，达到报废年限的旧车很多，钢铁公司从废旧汽车循环利用的钢大于国内生产新车用钢的结果。也是美国使用电弧炉炼钢的小型钢厂异军突起的原因。美国人习惯用易拉罐封装饮料，为此消费的铝数量庞大，铝罐的回收率达到100%。2010年从购买废料中回收的铝达到270万吨。其他金属矿物的回收率也相对较高，例如，铬的循环利用占实际消费的44%；钴的循环利用占实际消费的 24%；钼的循环利用占实际供应量的 30%；镍的循环利用占实际消费的 44%；锰的循环利用占实际消费的 37%，铅的循环利用占实际消费的 82%。美国政府对稀缺金属的回收也实行奖励政策。例如，美国政府对利用锂离子电池驱动电动车抱有很大希望，一家美国公司自 1992 年开始，已经在循环利用锂金属以及锂离子电池取得经验，2009 年，美国能源部奖励这家公司 950 万美元，建立第一家美国循环利用锂离子电池的工厂。

第四，利用金融工具为金属矿物的经营规避风险。这就是设在美国纽约曼哈顿的纽约商品交易所（COMEX）分部。在这里上市的有金、银、铜、铝的期货和期权合约。在交易场地关闭的 18 个小时里，COMEX 分部的金属合约，可以通过建立在互联网上的电子交易系统来进行交易，这样就可以使日本、新加坡、香港、伦敦、以及瑞士的参与者们在他们的正常工作时间内，积极主动地参与金属期货市场。市场的诚信是通过市场、交易和财务监督系统来保证的。票据交换所作为每一笔交易的最终交易对象，面对卖主时，它扮演着买主的角色，而面对买主时，又扮演着卖主的角色。通过票据交换所的保证金制度，减轻了市场参与者在交易所进行交易时，交易双方的信誉风险。利用期货交易合同进行套期保值，矿业公司可以有效地规避大宗金属矿物价格波动的风险，纽约商品交易所标定的期货价格，还成为国际的基准价格。

第三章 非金属矿物（工业矿物）

人类对非金属矿物的利用可以追溯到石器时代，那时，对这些物质的技术要求与今天人们对天然岩石和工业磨料的要求颇有相似之处。然而，一个社会使用的非金属矿物的整体数量及多样化程度，总是同生产力的发展和科学技术的进步密不可分。随着社会的进步，某些矿物将会使用得更多，今天使用的矿物则更体现后工业化和服务经济占优势地位的特点。比如，美国在其工业化阶段，由于要修建基础设施，它对金属矿物中的钢铁、非金属矿物中的水泥需求特别旺盛。而在今天的信息化社会，钢铁和水泥的需求已经急剧下降，原本用于炼钢和制铝所需的硅，随着科学技术的进步，就被开发利用于半导体和太阳能的新领域，其数量虽然不大，但作用则日益彰显。

2010年，美国使用的非金属矿物总价值约为349亿美元。比金属矿物总价值的291亿美元还多近五分之一。非金属矿物种类繁多，在这里不可能详述。此处准备根据主要用途分三大类进行重点介绍。它们是：第一，用于建筑业的非金属矿物。第二，化工和化肥矿物。第三，工业矿物。

第一节 用于建筑业的非金属矿物

一 波特兰水泥（普通水泥）[1][2]

在建筑上使用的水泥分为水硬水泥和非水硬水泥。水硬水泥（例如，波

---

[1] http://en.wikipedia.org/wiki/Cement
[2] Mineral Commodity Summaries 2011, pp. 38 – 39.

特兰水泥）由于水合作用而硬化，它在与水混合时，独自发生化学反应，甚至在水下由于水合作用或者由于暴露于潮湿的气候中也会硬化。非水硬水泥（例如，石灰和石膏）为了保持它的力量，必须保持干燥。

水泥是美国建筑业的基石，现代水泥最早的名称叫波特兰水泥，它是在19世纪初期由英国制作的水泥发展起来的，它的名字得自于波特兰岩石，是一种建筑用的岩石，它从英国道尔赛特地区的波特兰岛矿坑中采掘出来。

波特兰水泥的原料，是许多物质的混合，包含氧化钙、氧化硅、氧化铝、氧化铁以及在"干燥法"中用作泥浆式水泥中的精细粉末添加剂的氧化镁。原料通常是从本地的岩石中露天开采的，这种岩石在某些地方，实际上已经是合格的要素组合，在另一些地方，则必须添加黏土和石灰石、铁矿石，以及铝土或循环利用的物质。每种原料首先要粉碎，使之小于50毫米。然后，在许多工厂，某些或者全部原料都要在"高压高速预搅拌堆"中大致搅匀。下一步，就要在原料厂进行研磨。混合原料的细度，是用最大颗粒的大小来说明的。由于是在控制之下，所以直径小于90微米的颗粒通常不超过5%—15%。这些原料要送到窑中烧制，温度在摄氏1400—1450度。这一过程的产品是烧结块。这种烧结块最后要送到水泥厂，添加一定量的石膏进行研磨，这样就可以按需要生产出不同规格水泥的最终产品。

在美国，经营水泥业的先锋是罗伯特·W. 赖斯雷（Robert W. Lesley）。1874年，他先是成立了赖斯雷&特林克尔公司，做经纪人业务。后来就发展到自己制造水泥，并找到了降低劳动成本的方法。1880年，在美国生产了大约42000桶水泥，10年后这个数字上升到335000桶。如此大量增长的原因之一，是转窑的发明。托马斯·A. 爱迪生是进一步开发转窑的先锋。1902年，他在他的新泽西新村爱迪生波特兰水泥工厂，推出了这个行业使用的第一个长窑，长度是150英尺。而以前习惯使用的窑是60到80英尺。今天，某些水泥窑的长度已超过500英尺。在粉碎和研磨设备上也有同样的进步，促使产量迅速增长。

2010年，美国大约生产了6100万吨波特兰水泥和180万吨砌筑用水泥，有102家工厂遍及36个州[1]。在波多黎各有两家工厂也生产水泥。自1982

---

[1] Mineral Commodity Summaries 2011, pp. 38–39.

年以来整个产量处于低谷，有些工厂持续关闭，并无限期停工。虽然最近下降速度明显放慢，2010年的销售量仍是27年以来最低的一年，接近5900万吨，或比2005年的创纪录水平低45%。总销售额约为65亿美元。多数是水泥产品，价值至少为350亿美元。大约73%的水泥销售给预制混成水泥生产商，12%卖给水泥产品制造商，10%卖给合同商（主要是铺设道路），2%出售给建筑材料商，3%卖给其他使用者。得克萨斯、密苏里、宾夕法尼亚、阿拉巴马和密执安州是领先的水泥生产州，约占整个美国产量的50%。2010年除生产6280万吨水泥外，还生产了5900万吨烧结块。发运给最终客户包括出口共7110万吨。进口消费用水力水泥630万吨，进口用于消费的烧结块59万吨，出口水力水泥和烧结块100万吨。净消费6950万吨。年终库存470万吨。劳工就业4700人。净消费对净进口的依存度为8%。

循环利用：水泥窑粉尘，按常规都要在水泥窑中循环利用，在窑中也可以燃烧各种燃料的下脚和循环利用的原料，如废渣和飞灰。某些再生物质也可以合并在混合水泥以及水泥浆中。水泥本身不能直接循环利用，但是用作混凝料的水泥，则被大量循环利用。

进口来源（2006—2009）：中国26%；加拿大23%；韩国10%；台湾7%；其他36%。

政府储备，无。

当前情况和问题：水泥业受建筑业影响很大，近来建筑业的需求仍然低迷，这有各种原因：如楼市的萧条，大量住房的止赎，各州税收的减少，信贷的紧缩，高失业率等在共同发生作用。在建筑业需要大量的水泥，政府刺激性开支在2009年直到2010年上半年，对水泥增产作用不大。水泥生产在2010年一季度开始温和加速，但全年仍然有所下降。2008年宣布大量关闭工厂和停工，2010年虽有所减少，但停工的工厂是否会重新开业仍然有不确定性。从2008年到2010年，至少有6家工厂将永远关闭，9家工厂则处于无限期停工状态。不少多窑工厂减少了烧窑的数目。总体上由于销售放缓，工厂通常都暂时把水泥窑闲置起来，并且延长了维修的停工期。只有一家新工厂于2010年年底开业。

环境污染是水泥业最头疼的问题。在把烧结块制作成水泥的过程中，释放出大量二氧化碳，2010年，美国环境保护署颁布命令，要求由工厂一级报告这种排放。减少水泥行业二氧化碳排放战略主要的目标，是减少每吨水泥产品的碳排放，而不是指整个工厂。这种战略包括装备更节约燃料的烧窑技术，部分的是在烧窑原料中用非碳化的氧化钙替代；部分的是用增补胶凝物质替代，比如，在水泥中加火山灰制成水泥产成品和混凝土。由于增补胶凝物质不要求生产水泥时高耗能的烧窑阶段使用它们，或使用惰性添加物或补充剂，可以减少水泥的混凝土部件的货币的和环境的单位成本。此外还在研究比波特兰水泥要求消耗更少能源的制作法，或利用对环境更友好的原料。

2010年，环境保护署完成了一个新的排放议定书，取代2009年最初发布的，并在中间进行过修订的议定书。这个议定书大大降低了人们对汞和其他污染物排放所能接受的水平。对汞的限制，预期将使水泥工厂更难以继续燃烧飞灰，作为制造烧结块的原料。

世界资源：尽管个别工厂的储量趋于枯竭，但水泥原料，特别是石灰石，在地质上是丰富的，展望未来，不太可能发生总体上的短缺。

代用品：实际上所有波特兰水泥都用于制造混凝土或泥浆，因此在建筑业与混凝土竞争的代用品有铝、沥青、黏土砖、夯土、玻璃纤维、玻璃、钢、岩石和木料。有些物质，特别是从飞灰和研磨成颗粒状的高炉炉渣，在同波特兰水泥水合作用所释放出石灰的相互反应，可以开发出一种很好的水力胶凝性能。增补胶凝物质在许多混凝土的应用上，越来越多地成为波特兰水泥的代用品。

二 石灰（Lime）[①]

石灰的化学名称是氧化钙（CaO），也称生石灰（quicklime），是一种被广泛使用的化学复合物。它是一种白色，有腐蚀性的，在室温下呈碱性结晶的固体。

石灰有很多用途，包括作为建筑材料，是形成道路基础的凝聚物，在牙膏或颜料中作为白色素或滤色器，同时也可以作为化学原料。

美国国内生产和使用

---

① Mineral Commodity Summaries 2011，pp. 92 - 93.

2010年，美国生产了1800万吨生石灰和水合物，价值18亿美元。到2010年年底，有31家公司生产石灰，其中包括21家公司从事商业销售，10家公司纯粹用于内部。这些公司有73家主要石灰工厂，它们位于29个州和波多黎各。4家领先的美国石灰公司在24个州生产生石灰或水合物，占美国石灰生产总量的80%。主要的生产州有阿拉巴马、肯塔基和密苏里（每个州的产量超过200万吨）。内华达、俄亥俄、宾夕法尼亚和得克萨斯（每个州生产100万吨以上）。石灰主要市场，按消费量依次为：制钢，烟道气体脱硫，建筑，水处理，采矿，凝结碳酸钙，以及造纸和纸浆。2010年，生产石灰1800万吨，为消费进口430万吨，出口150万吨。净消费1800万吨。劳工就业，5000人。净消费对进口的依存度为2%。

循环利用： 大量石灰由纸厂再生产出来。某些水处理工厂从软化的泥浆中再生产石灰。在电池行业，则由废弃的含水石灰中再生产出生石灰。这些来源的数据没有包括在产量中，以避免重复。

贸易： 石灰不是一种国际贸易商品。传统上，石灰是一种低价值、大体积的产品，不能长途运输，进口货也难以同本地生产的石灰竞争。多数国家有石灰岩或白云石矿床，因此都能自己生产用于自己的消费。在距离不太远的国家之间，会有地区基础上的某些贸易。或者供应具有当地得不到的特种石灰产品。美国石灰的对外贸易，主要是同毗邻的加拿大和墨西哥。

美国出口和进口生石灰、水合石灰、水力石灰和焙烧白云石。出口总量约10.08万吨，价值1850万美元。89%出口到加拿大，其余出口到墨西哥（9%）和其他国家。总进口42.2万吨，价值5320万美元。其中85%来自加拿大，14%墨西哥，1%其他国家。加拿大是主要生石灰的来源国，占总量的89%，但是从加拿大和墨西哥进口水合石灰，则差不多相等，前者占56%，后者占42%。

2010年，石灰生产比2009年增加了35%，粗钢生产是石灰最大的终端用户。钢的生产和需求的增长，占石灰生产增长的很大部分。由于东部和南部异常持久和炎热的夏季对电的需求导致煤炭消费的增加，使应用石灰进行烟道气体脱硫的市场受益。

尽管石灰行业报告说，许多工厂的生产显著增长，也有不少工厂在2009年停工，现在仍然处于关闭状态。包括亚利桑那、爱达荷、伊利诺伊、犹他和弗吉尼亚等州。

在美国，环境保护署公布了温室气体排放（包括二氧化碳）的研究结果，认为，它威胁现在和未来许多代的公共健康和福利，石灰行业将来也面临可能的对二氧化碳排放的规章管理。这种"导致危险"的结论，将允许环境保护署在固定来源提高任何温室气体排放量并超过重要门槛时，要求他们必须通过"阻止重大的恶化"审查，并安装能够得到的最佳控制技术。2010年，环境保护署公布了他的"防止重大恶化和第五款温室气体修剪规则"①以求建立起可操作的标准，并决定哪些固定来源和项目修改必须获得温室气体排放的许可。这个"修剪规则"的设计目的，是对那些暂时增加温室气体排放因而引起"防止重大恶化"审查的固定来源，允许他们逐步推行温室气体排放规章，所以，成千上万家小企业不会马上进入"防止重大恶化"计划。

世界资源：国内和世界适于制作石灰的石灰岩和白云石是足够的。

三 石绵（Asbestos）②

石绵是由6种天然生成的硅酸盐构成的矿物，因其具备理想的物理性能，而在商业上得到使用。

在人类文化史中，对石绵的使用可以追溯到4500年以前。考古表明，在芬兰周甲威湖地区的居民已经用纤维化的石绵矿物增强陶土罐和烹饪用具的耐用性。石绵是由古希腊人命名的。第一个对这种物质的详细描述要归功于希腊哲学家西奥弗拉斯塔斯，那是大约公元前300年他的一篇《论岩石》的课文。不过当时这种矿物在各地的名称并不很一致。据说在公元800—814年的时候，第一个神圣罗马皇帝查尔玛格尼曾有一块桌布是用石绵制作的。还有一种说法，公元531—579年，伟大的萨撒宁国王向人们展示的一件奇异的东西，就是一块扔到火里就可以变干净的餐巾，它是用石绵做成的。有钱的波斯人通过从兴都库什进口石绵，做成一种布料，使他们的客人大吃一

---

① 修剪规则（tailoring rule）是指对温室气体排放量的门槛进行修剪（比如说从25000吨，提高到75000吨），以保证环境保护署的碳排放规则只适用于大排放户，如发电站和制造钢铁和玻璃的工厂，否则清洁空气法将要求对较小的企业进行管理，这将超过环境保护署的能力。

② Mineral Commodity Summaries 2011, p. 22.

惊的是：只要把弄脏了的布在火上烧一下，就可以变清洁。再一种说法，当马可波罗旅行到西伯利亚时，当地人向他奉献了一件不怕燃烧的衣服，他先被告知这件衣服是用火怪的毛制作的，他不接受这种解释，人们终于告诉他，这是山里开采的一种矿物，它的丝就像羊毛一样。某些考古学家相信，古人曾用石绵制作裹尸布，把他们国王的尸体包裹起来燃烧，为的是保留尸体的灰烬而不与火葬燃料中的木头以及其他可燃物混在一起。其他人断定，古人还用石绵做永久性灯芯，用于地下坟墓或其他灯具。

美国的石绵行业始于1858年，当时纽约斯塔天岛（Staten Island）沃尔德山的约翰公司（John's Company）从露天矿中开采出纤维化的石绵绝缘物。在工业革命过程，石绵用途日益广泛，1866年，美国和加拿大都开始把石绵用作绝缘物。1874年，在魁北克阿帕拉契亚山脚开发了第一个商业性矿山。到20世纪中叶，石绵已经用作火焰延缓物、包覆物、凝结物、砖、管道、壁炉胶合剂，抗热、抗火、抗酸垫圈，管道绝缘，天花板绝缘，防火墙壁，地板和屋顶，草地家具，多层无泥灰墙壁的接缝等等。

不过石绵是有毒性的，第二次世界大战中，美国约有430万工人在造船厂工作，每千人中约有14人死于间皮瘤，还有不计其数的人死于石绵引起的疾病。

石绵曾一度用于汽车刹车缓冲器和离合器圆盘。自20世纪90年代中期起，大部分汽车刹车缓冲器，不论新、旧，已经用陶瓷、碳、金属和阿拉米德纤维制造的衬套所取代。

美国国内生产和使用

自2002年以来，美国没有开采过石绵，所以美国是靠进口满足国内需求。美国的石棉消费估计为820吨，这是以到2010年7月为止的进口为依据的。屋顶产品估计占美国石绵消费的72%，其他用途28%。2010年出口180吨。整个消费为820吨。消费对进口的依赖100%。

进口来源：加拿大90%；其他国家10%。

近况和问题：健康和责任问题，继续影响使用石绵产品的制造商，使他们对石绵产品消费下降。美国2010年对石绵的净消费减少到820吨，而1973年是803000吨。过去两年石绵的进口和消费的某些下降，可能要归因于商业建筑工程的减少，后者的屋顶是以石绵打底的。从当前的趋势看，石绵的消费在未来可能会继续下降。美国进口的所有石绵都是温石绵，从巴西和加拿大进口。

世界资源：全世界大约有 2 亿吨找到的石绵资源。美国的资源很多，但大部分由短纤维石绵构成，这种石绵的用途比以长纤维石绵为基础的产品，在使用上要受到更多限制。

代用品：有许多物质可以替代产品中的石绵。这些代用品包括硅酸盐钙、碳纤维、细胞膜质纤维、陶质纤维、玻璃纤维、钢纤维、硅灰白和几种有机纤维，有几种非纤维矿物或岩石，如珍珠岩，硅石和白云石，有可能替代产品中的石绵，主要是在不要求强化性能的产品中。

四 石膏（gypsum）[①]

石膏是一种非常柔软的硫酸盐矿物，由钙、硫酸盐、水合物构成，它是在雪花石膏中被发现的，后者在古埃及是一种装饰用石料。它是在莫氏硬度表中第二种最柔软的矿物。

美国国内的生产和使用：

2010 年，美国国内生产生石膏估计为 900 万吨，价值约为 5850 万美元。领先的生石膏生产州依次为内华达、艾奥瓦、加利福尼亚、俄克拉荷马、得克萨斯、阿肯色、新墨西哥、印第安纳、密执安和亚利桑那，它们约占总产量的 83%。总体而言，美国 18 个州有 46 家公司的 56 座矿山生产生石膏。有 29 个州的 9 家公司所属 57 所工厂焙烧石膏。大约 90% 国内消费，其总量约为 1900 万吨石膏由墙板和熟石膏制造商使用。约有 100 万吨用于生产水泥和农业用途。只有剩下少量的高纯度石膏，用于工业加工。在 2010 年年初，美国正在营运的墙板工厂的生产能力，每年约为 268 亿平方英尺。2010 年美国生产的生石膏为 900 万吨，合成石膏 750 万吨，焙烧石膏 1300 万吨。同年已售出的墙板产品 177 亿平方英尺。进口生石膏包括无水石膏 330 万吨，出口未研磨或焙烧的生石膏 30 万吨。净消费 1940 万吨。开采和焙烧工人4500 人。净消费对净进口的依存度 15%。

---

① Mineral Commodities Summary USGS, p. 70. http：//minerals.usgs.gov/minerals/pubs/mcs/2011/mcs2011.pdf

循环利用：由墙板制造、墙板安装和建筑物拆毁中产生的大约 400 万吨的石膏废料被回收利用。这种循环利用的石膏主要用于农业目的，以及制造新的墙板。其他可能循环利用的潜在市场包括体育场标记，作为拉毛水泥添加剂的水泥生产，油脂吸收剂，泥浆干燥剂和水处理。

进口来源：加拿大 66%；墨西哥 26%；西班牙 7%，其他国家 1%。

现状和问题：随着住房和建筑市场的继续滑坡，美国石膏生产下降，净消费比 2009 年约减少 8%。世界的领先生产国——中国生产的石膏约为美国产量的 5 倍。原来是第 4 位的生产国伊朗，成为世界第二大生产国，供应了中东工程所需的大部分需求。西班牙领先的欧洲生产国，居世界第 3 位，其生石膏和石膏产品供应给多数西欧国家。亚洲对墙板使用的增加，加上新石膏产品工厂的开张，促进了该地区生产的增长。随着使用墙板的经济和效率被更多的文明国家所认可，全世界石膏的生产预期会有所增加。

对石膏的需求主要取决于建筑业的兴衰——特别是美国，在那里大约 95% 的石膏消费是用作建筑灰浆，制造波特兰水泥和墙板产品。正在建设用合成石膏作为原料设计的新墙板工厂，随着它们的投产，将导致减少天然石膏的使用。2010 年，进口比 2009 年减少了差不多 21%，出口尽管比进口少得多，但翻了一番多。

到 2010 年为止，有 39 个州、哥伦比亚特区、美国萨摩亚和波多黎各的 3000 个房主为腐蚀性纸面石膏板向美国消费者产品安全委员会投诉。有问题的纸面石膏板被怀疑为造成健康失调以及在受影响家庭中金属部件的腐蚀。这些产品被认为是在 2006—2007 年间从中国进口的。根据美国国际贸易委员会的材料，超过 300 公吨的纸制石膏板于 2010 年从中国进口，不到 2010 年进口总量的 1%。与之相比，2006 年进口的中国纸制石膏板是 21.8 万吨，2007 年是 1.24 万吨。

世界资源：美国国内石膏资源是充分的，只是分布不均。从加拿大大宗进口，增加了墙板制造的国内供应，特别是在东部和南部沿海地区。从墨西哥的进口，补充了美国沿西海岸部分墙板制造的供应。大量石膏储量生成于大湖区、中部大陆地区和几个西部州。外国资源是大量的而且分布很广，88 个国家生产石膏。

对拉毛石膏、灰浆、水泥和石灰的应用，可以代替石膏。砖、玻璃、金属或塑料板可以替代墙板。在制造波特兰水泥时，石膏实际上没有代用品。靠各种工业方法生产的合成石膏包括烟囱排放的烟道气体脱硫，作为墙板制造中使用的矿产石膏。2010年，合成石膏占总体国内石膏供应量的45%。

五 天然石墨（Graphite natural）[1]

矿物石墨是碳的一种同素异形体。它是由古希腊Abraham Gottlob Werner在1789年命名的。古希腊人用铅笔中的石墨写字，它也被称为铅（但不能把它同铅混淆）。

在公元前400年的玛莉塔文化，石墨已经被用于制造一种制陶的颜料来美化陶器，这是在东南欧洲的新石器时代。在1565年左右，一个非常大的石墨矿床在英格兰发现，当地人发现用它为羊群做标记很有用。更厉害的是在伊丽莎白一世统治下（1533—1603），波罗达尔石墨被用作耐火材料，给大炮炮弹的模型做衬里，这样做出的炮弹更圆、更光滑，这样就使它能发射得更远些，特别是在船上，这对增加英国海军的优势地位起很大作用。这种石墨的特殊矿床非常纯洁和柔软，可以很容易地被分成条形物。由于其军事重要性，这个独一无二的矿山以及它的生产受到皇家的严格控制。它目前仍然是被发现的唯一在聚集形式下的石墨矿藏。

天然石墨大部分用作耐火材料、制钢、膨胀石墨、刹车衬套、铸造覆面物和润滑剂。石墨精在石墨中自然生成，有独特的物理性能，并且可能是已知的一种最硬的物质，然而，把它从石墨中分离出来，要求某种新技术，要把它应用到工业过程，必须在经济上证明是可行的。

美国国内生产和使用

虽然2010年美国并没有生产天然石墨，大约有90家美国公司在东北部和大湖区在广泛地使用它。2010年天然石墨的主要用途估计为铸造业和制钢两者32%；耐火应用和坩埚两者31%；刹车衬里8%；润滑油3%，其他用途26%。

2010年美国为消费而进口51000吨，出口6000吨，实际消费46000吨，

---

[1] Mineral Commodities Summary, p. 68 USGS.

净消费对进口的依存度100%。

循环利用：耐火砖和衬里，用于连续金属浇铸的矾土－石墨耐火矿石，用于基本氧气和电弧熔炉的镁－石墨耐火砖，以及绝缘砖，引导着循环利用石墨产品的道路。随着循环利用的材料，如刹车衬里和热绝缘物变为产品，循环利用耐火材料的市场在发展。从制钢过程的飘浮石墨回收高质量石墨片，在技术上是可行的，但是现在没有这样做。石墨在市场上的丰足供应，阻碍了回收利用的努力。

进口来源（2006—2009年）：中国40%，墨西哥23%；加拿大21%；巴西6%；其他国家4%。

现状和问题：2008年4季度和2009年上半年，世界范围对石墨的需求非常疲软。主要是全球范围的经济衰退，影响工业部门对它的使用。然而，到2009年下半年，世界对石墨的需求开始缓慢增长，并在2010年继续稳步前进。主要进口来源按吨位依次为中国、墨西哥、加拿大、巴西和马达加斯加，这几个国家要占进口吨位的98%，价值的90%。墨西哥供应了全部无定型石墨，斯里兰卡供应了块状的、碎片和粉末状的品种。中国和加拿大在吨位上是晶体片和石墨碎片和粉末的主要供应者。

2010年，中国生产了世界大部分的石墨。中国的石墨生产预期会继续增长。近年来，加拿大已经开采了几个新矿，这个趋势，预期未来几年会继续下去。

热技术和酸溶解技术的进步，使生产更高纯度的石墨粉末成为可能，它会引导石墨在高技术领域新的应用。比如创新型的冶炼技术已经能够使用改进了的石墨在碳——石墨复合物、电子、金属薄片、摩擦物质和特殊润滑油中应用。柔性的石墨产品种类，如薄石墨布，可能是增长最快的市场。大规模燃料电池的应用正在得到发展，它将消费掉像其他用途加起来那么多的石墨。

世界资源：美国国内资源相对较少，但推断世界的可开采石墨资源超过8亿吨。

代用品：制造出的石墨粉末，扔掉的机制模型废料，碚烧的石油焦炭，相互竞争用于钢铁生产。精细研磨焦炭加橄榄石，是一种在铸造衬片中使用的代用品。脱硫钼与润滑剂竞争，但它对氧化环境更敏感。

六 黏土（Clays）[①]

黏土矿物，通常是岩石经过很长时间化学和风化作用而形成的，一般含硅酸盐、低浓度碳酸以及其他稀释的溶剂。这些溶剂通常是酸性的，通过风化的岩石，再经过上层风化岩石的沥滤。在风化过程之外，某些黏土矿物是由热液活动形成的。

当黏土和水混合起来时，它显示出某种程度的可塑性。干燥后，黏土变得坚硬，在窑里烘焙后会发生永久性的化学和物理变化。这些反应，还有其他变化，使黏土转变为一种陶瓷物质。由于这些特性，黏土被用于制作陶器，既有实用性的，也有装饰性的。当不同类型的黏土与不同的矿物和火候相结合时，就可以生产出陶器、缸器和瓷器。史前人类发现了黏土的有用性质，而最早发现的人工器皿是用太阳晒干黏土制造的饮水缸。取决于土壤的成分，黏土能显示出不同的颜色，从深灰到橘红。

黏土板是人类已知最早的书写工具，通过使用一种叫作尖笔的钝芦苇秆，用楔形文字写在上面。

黏土在火中烧结后成为陶器的第一种形式。砖、烹饪锅、艺术品、盘子，甚至乐器如奥卡利那笛，都可以先把黏土做成形状然后再烘烤。黏土也可用于许多工业加工，如造纸，生产水泥，化学过滤，黏土还常常用于制作吸烟的烟斗。直到20世纪末，膨润土被广泛用作制造业翻砂模型的黏合剂。

黏土不大渗水，在需要自然密封的地方它也会被使用。如在坝心，在垃圾填筑地作为防止有毒物质渗漏的障碍。最近的研究曾经调查过黏土的在各种应用中的吸收能力，比如从废水中去除重金属，以及空气纯化。

回到史前时期，黏土在传统上曾当作药品使用。一个例子是阿曼尼亚红玄武土，它被用于治疗胃痛。

黏土也是建筑材料。在其他古老的、自然生成的地质材料，如石

[①] Mineral Commodity Summaries 2011，p.44.

头，有机物，如木头中，黏土可以说是地球上最古老的建筑材料。世界上约有一半或三分之二的人口，在传统社会或发达国家，仍然生活或工作于用黏土制造的建筑物中，并把它当作承重建筑物的一个重要部分。在许多自然建筑技术中，黏土也被用于制作砖坯、抹墙泥和夯土建筑物。

美国国内生产和使用

根据报告，2010 年美国有 39 个州生产黏土和页岩。大约有 180 家公司经营着近 820 个黏土坑和采掘场。领先的 20 家公司大约生产 50% 的吨位和 80% 的价值，它们都是在美国出售或使用的各种类型黏土。2010 年，销售或使用的黏土估计为 2700 万吨，价值在 15 亿美元。特定黏土的主要用途估计如下：球型黏土——36% 地板和墙砖，22% 卫生器具，42% 其他用途。膨润土——25% 吸收剂，19% 钻孔泥浆，17% 铸造砂黏合剂，12% 铁矿石小球化，27% 其他用途。普通黏土——50% 砖，29% 轻量混凝土，16% 水泥，9% 其他用途。高岭土——58% 纸，42% 其他用途。

2010 年，美国生产球型黏土 91 万吨，膨润土 400 万吨，普通黏土 1350 万吨，防火黏土 27 万吨，富勒土 230 万吨，高岭土 570 万吨。总计 2700 万吨。

为消费而进口人工活化土和黏土 1800 吨，高岭土 25 万吨，其他黏土 34000 吨。总计 30 万吨。

出口球型黏土 41000 吨，膨润土 90 万吨，防火黏土 39.5 万吨，富勒土 33 万吨，高岭土 260 万吨，未分类的黏土 36.5 万吨。净消费 2300 万吨。雇用工人矿山 770 人，工厂 4100 人。

进口来源：巴西 81%，墨西哥 6%，加拿大 4%，英国 3%，其他国家 6%。除对活化土和黏土从价计征 2.5% 关税外，其他进口黏土均为免税。

当前情况和问题：2010 年，随着美国经济开始从衰退中复苏，许多黏土市场的情况有所进步。商业性和私人住房的改善，导致球形黏土和普通黏土销售额的增长。膨润土销售额随石油钻探、浇铸和铁矿石业的较大需求而增加。由于世界纸市场和建筑活动的缓慢复苏，高岭土的生产有所改善。富勒土和高岭土销售额的增长，主要是靠出口增长。

代用品：在填充料和延长物上，黏土同碳化钙竞争。

第二节 化工和化肥矿物

一 盐（Salt）[1]

氯化钠或普通盐，是地球上最有用、最普遍的东西之一。长期以来它被添加到食品中用于提味，同时在没有电冰箱的时候用它保存易腐物质。在美国犹他州的大盐湖是最早发现的有盐储量的地区之一。1776年艾斯卡兰提（Escalante）神父在日记中指出，当地的印第安人用周边的盐来满足他们的需求。第一批摩门教的殖民者在1847年7月28日观看了这个湖，1847年，他们任命了一个委员会为新殖民地取盐。之后，他们从沉淀物中铲出125蒲什耳的粗盐，也通过蒸煮搞到一些纯白色的精盐。历史学家约翰·克拉克说，这些摩门教徒认为这种盐储量是一种公共资源，很像水和木材。1848年一个粗加工的临时盐工场建立起来，包括一个把湖水加以蒸煮的设施。1849年建立了永久性盐工场。到1850年查理·怀特和他的家庭经营了湖边上的盐工场生产精、粗和普通等级的盐。怀特做广告声称他将接受牛群、谷物、面粉、火腿、咸肉、奶酪、牛油、猪、羊、木材、木杆、柴火同盐交换。用人工煮盐的方法，到19世纪70年代被专门修建的太阳蒸发池所取代。开始，制盐的人依靠风力向水池添水，当这种方法证明不可靠时，他们安装了水泵。结果生产出来的产品发苦而且潮湿，直到经过反复试验，建立了分级结晶法，利用一系列游泳池制造出接近百分之百的纯盐。当蒙大拿的巴特银矿开张之后，对犹他州盐的需求大大增长，主要是因为要用盐还原矿石。直到铁路修好，盐要靠驴驼运到矿山，每吨200美元。最后犹他中线、南线、东线、西线铁路把盐工场同巴特银矿连接起来。在19世纪最后20年，人们看到盐业从高度分散和竞争的买卖发展成一个接近垄断的行业。最终，内地盐公司和它的注册公司的继承者统治了整个行业，生产粗盐为工业使用，同时也制作精盐。1990年犹他生产盐的总量达到180万短吨，价值5040万美元。犹他州的盐业是整个美国盐业的缩影。现在盐业已经成为美

---

[1] Mineral Commodities Summary USGS, p. 134.

国的一个重要行业。

2010年，美国盐的生产总价值估计超过18亿美元。27家公司在16个州经营60家工厂。销售和消费的盐估计百分比为：岩盐44%；卤盐38%；真空锅制盐10%；阳光晒盐8%。

化工行业消费了盐总销售量的40%，卤盐要占这种类型盐原料的90%。在化工行业，氯，苛性钠（烧碱）的制造部门是盐的主要消费者。用于为高速公路化冰的盐要占美国需求的38%。剩下的盐市场依次为批发商8%，农业4%，食品4%，一般工业2%，水处理2%，其他并加上出口2%。

2010年总产量为4500万吨。由生产商销售或使用的为4500万吨。为消费而进口1500万吨，出口100万吨，报告消费5900万吨，净消费5900万吨。雇用工人4100名，对进口的依存度24%。

进口来源：加拿大，41%；智利，31%；墨西哥，9%；巴哈马，6%；其他，13%。

现状和问题：

在密执安州，底特律的一家美国岩盐大公司，被一家总部设在加拿大安大略剑桥地方领先的北美溶冰产品公司兼并。这一收购预期能保证这家公司扩大的业务有持续不断的岩盐供应。这个矿山于1906年开采，每年大约生产100万吨岩盐。

纽约城市健康部宣布了他的国家减少食盐的五年倡议。鼓励食品包装商和餐馆在五年内为了饮食健康的原因，减少用盐25%。美国心脏学会公布了新的准则，号召美国人减少每天的食盐摄入量从2300毫克到1500毫克。为了防止可能通过强制性的立法，规定盐的使用，几家食品加工公司自愿开始在食品中减少盐的含量。

2011年，受美国州和地方政府预算的约束，可能会影响获得和消费岩盐用于高速公路化雪。预期国内盐业将努力从国内外来源提供足够的盐供应量，以备冬季恶劣天气的紧急需用。

世界资源：世界大陆盐的资源实际上是无限的。海洋的盐含量实际上是取之不尽的。岩盐的资源在东北、中西、海湾沿岸各州。盐湖和太阳蒸发的盐设施靠近美国西部人口密集区。几乎世界上的每一个国家都有盐矿床和大小不同的盐蒸发业务。

代用品：盐没有经济上合算的代用品，氯化钙、钙镁醋酸盐、盐酸和氯化钾可以替代盐用于溶冰、食品提味、但代价太高。

二　硫（Sulfur）[1][2]

硫元素一度是从盐丘中提取的，在盐丘中的硫，有时接近纯粹形式，但是这种方法自20世纪晚期已经过时。今天几乎所有硫元素都是从天然气和石油中去除含硫的污染物以后的副产品。这种元素的商业应用主要是在化学肥料中，因为植物对它有相当高的要求。这种元素也应用于制造硫酸，它是一种主要的工业化学品。这种元素其他的知名用途是火柴、杀虫剂和杀真菌剂。许多硫的复合物是有恶臭的。硫是生命的必要元素，并且广泛应用于生物化学过程。在新陈代谢的反应中，硫的复合物充当简单组织的燃料和呼吸物质。

美国得克萨斯州和路易斯安那州有丰富的硫资源。在得克萨斯州最早引起人们注意的，是1854年在托崖盆地发现了波米安石膏矿床接近地面的延伸部分。几位地质学家对这个地区进行调查并提出了报告。人们相信托崖盆地矿床明显提供了商业开发的可能。但是当时在该地区只有小规模生产。1865年在路易斯安那州发现硫的穹顶矿床，但是由于穹顶被流沙所覆盖，用普通方法采掘没有可能性。1891年，一种由赫尔曼·弗雷彻发明的流体采掘方法获得专利。按弗雷彻法，矿井被钻探到矿床，硫元素被超高温水所熔化，这种液态硫被压送到地表。但是这种热燃料的高成本使它很不实用。1903年，在开采了斯普林得尔托普油田之后，降低了油价，联合硫公司开始在路易斯安那从事大型商业化硫生产。到1906年，这一努力不仅大大降低了美国对硫的进口，而且使美国硫进入欧洲市场。

几年过后，得克萨斯已经生产了美国硫供应量的80%。加上路易斯安那的产量，能够满足全世界的大部分需求。按照年产量的价值计算，硫是得州位居第四的矿物并且占美国矿产品年产值的3%。得州在一个时期曾经生产了美国90%以上的硫产量。1954年得州用弗雷彻法生产的硫，总量达到345

---

[1] Mineral Commodities Summary USGS, p. 156.
[2] Southwestern Historical Quarterly Texas Almanac Sulfur Indusry Texas Handbook online.

万吨，价值7510万美元。此外，硫也从酸气中被回收。20世纪60年代，不算石油天然气集团，硫是得州最值钱的矿物。得州仍然是全世界领先的硫产区。到20世纪70年代，随着国家致力于减少空气污染，开发了硫的新来源。美国熔炼和精矿公司（American Smelting and Refining Company）宣布，计划用一种设施回收其艾尔帕索铜铅、锌精矿厂的二氧化硫烟排放中的硫。到1990年回收硫的总产量达到390万公吨，价值1.42亿美元。此后从石油和天然气生产中回收硫已成为主要生产模式。

美国国内生产和使用

2010年，在美国29个州和维尔京岛的114个营业点生产硫元素和副产品硫酸。总交货量价值约为3.9亿美元。硫元素生产为910万吨，路易斯安那和得克萨斯约占国内总产量的45%。26个州和维尔京群岛的40家公司107个工厂回收硫元素，其吨位依次为原油精矿、天然气加工厂和炼焦厂。各种形式的硫生产中有8%是副产品硫酸。它们是由6家公司在5个州的7座非铁金属熔炼厂中回收的。国内硫元素供应了国内消费的66%，副产品硫酸约占6%。不足的28%被消费的硫和硫酸是由进口提供的。被消费的硫中有91%是硫酸形式。农业化学（主要是化肥）构成了硫需求的60%，石油冶炼24%，金属采矿4%，其他需求面铺得很广，约占需求的12%，这是因为许多工业产品在它们的不同制造阶段要求一种形式或另一种形式的硫元素。

2010年美国生产了910万吨回收的硫元素，其他形式的硫80万吨。总计990万吨。为消费而进口的回收硫元素280万吨，硫酸、含硫物53万吨。出口回收硫元素120万吨，硫酸和含硫物7万吨。各种形式的净消费1200万吨。就业，矿山和工厂共2600人。净消费对进口的依存度为17%。

循环利用：在任何给定的年份，通常有250万到500万吨消耗掉的硫酸是从石油冶炼和化学过程回收的。

进口来源：硫元素：加拿大74%，墨西哥13%，委内瑞拉12%，其他1%。硫酸：加拿大65%，印度18%，墨西哥7%，其他10%。总体硫进口：加拿大72%，墨西哥12%，委内瑞拉9%，其他7%。

现状和问题：世界硫的生产略有增加，在可预见的未来还会稳步增长。预期大的生产增长将发生在中东液化天然气和加拿大扩大了的油砂业务。如果世界性的经济滑坡限制了在这些地区的投资,则另当别论。

2010年开始,佛罗里达天帕地方的硫元素合同价约为每吨30美元。5月份价格上升到每吨约130美元。直到7月份仍维持这个价格水平。到11月份,天帕的价格上升到每吨150美元。2010年美国国内磷酸盐岩石的消费高于2009年,这导致硫需求的增长,为的是把磷酸盐岩石加工成磷肥。

世界资源:在蒸发型和火山型矿床硫元素以及与硫相关的天然气,原油、焦油沙和金属硫酸盐数量约为50亿吨。在石膏、无水石膏中的硫几乎是无限的。约有6000亿吨硫包含在煤、油页岩、富含有机物质页岩中,但还没有开发出低成本的方法从这些资源中回收硫。美国国内硫资源约占世界总量的五分之一。

代用品:硫的代用品,在目前或者说在预期的价格水平上,是不令人满意的,某些酸类,可能替代硫酸。

三 磷酸盐矿石[①] (Phosphate Rock)[②]

矿物磷酸盐是几千年中由贝壳、骨头、牙齿和粪化石形成的沉积岩。磷酸盐岩球生成各种不同的形状和大小,从少于一盎司到几百磅。这种矿物的气味是独特的,磷酸盐岩球发出一种焚烧兽角一样的特别气味。

在19世纪中叶,美国北部开发出新技术,利用硫酸把天然磷酸盐转化为化学肥料,并使植物能够马上吸收。1867年南卡罗来纳的库波河查尔斯通的泥灰岩河床被用于开采天然磷酸盐,人们已经懂得这种矿物能够为贫瘠土壤补充营养。但是还没有进行商业利用,因为它的天然状态不能立刻被植物吸收。富含磷酸盐泥灰岩河床的存在,早在1837年就被自然学家弗朗西斯赫尔姆斯在查尔斯通发现。现在普遍承认,是赫尔姆斯和普拉特博士在南卡罗来纳州建立了第一个磷酸盐矿业公司。普拉特博士在南北战争时期,因视察阿什雷河床而认识了赫尔姆斯。两个人颇为默契,有志于发展这个

---

① Mineral Commodities Summary USGS, p. 118.
② History of the Phosphate Mining Industry in the South Carolina Lowcountry. by Kiristrina A. Shuler and Ralph Bailey, Jr. Brockinton and Associates, Inc. Mount Pleasant, South Carolina, 2004.

事业。

赫尔姆斯和普拉特虽然知道如何建立工厂生产磷酸盐化肥,但面临如何说服当地商人投资于这种有潜在高风险的事业。幸运的是,在1868年他们终于说服了北方的企业家以100万美元作为支持他们的资本。用这笔投资南卡罗来纳,开创了第一个磷酸盐矿业公司。普拉特担任公司的化学家,赫尔姆斯则是公司的总裁。他们很快从南北战争时陷于困境的种植园主手中租赁了1万英亩土地。并把这家公司办得红红火火,赫尔姆斯的成功样板,促使当地磷酸盐公司如雨后春笋般发展起来。

到1885年,南卡罗来纳已经生产世界磷肥的一半,其繁荣顶点是1880到1882年。这个行业随资源的枯竭和劳资矛盾兴起而迅速转向,此时,佛罗里达和田纳西州发现了丰富的磷酸盐矿床,南卡罗来纳的磷肥生产在19世纪末走向衰落。到20世纪,随着美国农业的现代化,磷酸盐矿业的发展也加快了步伐,并且成为世界磷酸盐矿业的领先生产者和消费者。1999年,佛罗里达和北卡罗来纳取代南卡罗来纳成为美国磷酸盐矿业的主力军。

美国的生产和消费:美国的磷酸盐矿石由4个州6家公司在12座矿山上开采,并精制为可销售的产品。2010年,总产量估计为2610万吨,总价值约13亿美元(矿边交货 free on board mine)。佛罗里达和北卡罗来纳两州占国内产量的85%以上,剩下的则由爱达荷和犹他两州生产。可销售的产品指的是精选后的磷酸盐矿石,它们有五氧化磷含量,适合于磷酸或磷元素的生产。开采的磷酸盐岩石超过95%被用于制造湿法磷酸和超级磷酸,它们又被用作中间原料,制造颗粒的和液态的磷酸铵化肥以及动物饲料的添加物。约有45%湿法生产的磷酸,以升级的颗粒二铵和单铵磷酸肥料以及商品级磷酸的形式出口。开采出来剩下的部分被用于制造磷元素,后者则被用于生产各种食品添加剂和工业用途的磷酸合成物。

2010年,可销售的磷酸盐的总产量约为2610万吨,由生产商出售或自用的为2830万吨,为消费而进口210万吨。消费3040万吨。采矿和精选工厂的就业工人5800人。净消费对进口的依存度为15%。没有循环利用。进口来源(2006—2009)摩洛哥,100%。政府储备,无。

当前情况和问题:2010年,世界范围的磷酸盐岩石消费和贸易,在经过 2008 年和 2009 年的市场萧条之后都有所增长。随着公司企图降低前几年积累的磷酸盐矿石库存，2010 年的矿石生产同 2009 年差不多。但国内磷酸和磷肥的生产超过了 2009 年。世界磷酸盐岩石的现货价格在 2009 年年初约为每吨 90 美元，到第三季度上升到约每吨 150 美元。

在秘鲁北部的一座产量 390 万吨的磷酸盐矿于 2010 年 7 月开始营业。世界领先的美国磷酸盐矿石生产商收购了这家巴西和日本合营企业 35% 的股份。美国公司将有权购买最多 35% 的当年磷酸盐岩石产量用于补充美国磷酸盐岩石的生产。

一座年产磷酸盐岩石 500 万吨的新矿山，于 2010 年年末在沙特阿拉伯开始营业，与它相联系的一座磷肥厂将在 2011 年开张。世界矿山生产能力到 2015 年预计将增长到 2.28 亿吨。这将通过阿尔及利亚、巴西、中国、以色列、约旦、叙利亚和突尼斯的矿山扩张计划以及澳大利亚、哈萨克斯坦、纳米比亚和俄罗斯等国开发新矿山来实现。

世界资源：美国国内储量数据来自于美国地质调查局和个别公司的信息。磷酸盐岩石的生成主要是海中的沉积磷灰岩。这种最大的沉积矿床在北非、中国、中东和美国被发现。重要的火成岩生成则在巴西、加拿大、俄罗斯和南非被发现。大型磷酸盐资源已经在大西洋、太平洋大陆架和海底山找到。

代用品：在农业中没有磷的代用品。

四　氮（固态）氨（Nitrogen，Ammonia）[①]

在第二次世界大战期间，氮是 TNT 和其他烈性炸药的原料之一。美国政府建立了 10 座新工厂为制作炸弹供应氮。战后，这些工厂为制造化肥而生产氨。化肥的应用迅速得到推广。现代科学告诉我们植物要想健康生长，至少需要 16 种养分，它们是氮、磷、钾、钙、镁和硫。微量营养元素则包括硼、氯、铜、铁、锰、钼和锌。其他养分在周围环境中比较容易得到，包括碳、氢和氧。它们都不需要由化肥提供。

土壤不一定含有植物所需的所有营养，古希腊人和罗马人知道，把厩肥

[①] Mineral Commodities Summary. USGS. p. 112

撒在田地中，非常有助于作物的成长。阿拉伯文明搜集了关于农业的书面知识。根据这些材料，农场主们知道磨碎的骨头能够提供营养。鸟粪在19世纪在美国成为很受欢迎的肥料。所有这些早期的肥料，都是由农场主和科学家们反复试验后而广泛使用的。

到20世纪40年代，赠地大学的植物学家以及在田纳西河谷管理局的研究设施，开列出植物生长所必要的16种元素。剩下的唯一问题，是想出如何生产足够的氮、磷、钾。20世纪40年代，这三种元素所需要的量接近数百万吨。

在20世纪初期，钾被从钾矿中开采出来，最大的矿在德国。随着第一次世界大战迫近，1910—1914年，美国官员开始了系统性的"伟大钾搜寻"时期，由卤水覆盖位于内布拉斯加砂山的湖区，成为美国钾的主要来源。战后，当德国开始再次出口时，这个行业垮掉。到1940年，在加拿大找到新来源，并且出现了新的化学生产方法。

到1940年，磷也用化学方法生产出来，使用的是磷酸盐矿石。40年代，使用"普通超级磷酸盐"化肥到达了顶峰。后来的几十年，它被三倍的超级磷酸盐化肥和磷酸铵所取代。氮的生产从第二次世界大战的发展获得最大的促进。氮是炸药的最主要成分。在20世纪30年代，美国政府花费了成百万美元，研究如何从呼吸的空气中生产氮。这种方法要求大量的电力，所以这类工厂有些被修建在水坝附近。

二战爆发后，政府建立了10个新工厂，生产军火所需要的氮。所有这些工厂都位于美国内地。有几家工厂建立在天然气管道沿线，以便使它们能够利用天然气作为原料生产氮。到战争结束时，这些新工厂以及旧工厂每年生产着73万吨氮，并且拥有160万吨的生产能力。氮肥生产在战后飞速发展。化肥是当时增加生产的重大原因。随着越来越多农场主热衷于在他们的农庄上种植一茬到两茬作物，进行轮作的人越来越少。他们必须人为地把玉米、小麦、大豆或棉花吸收走的氮，补充到土地之中。资源是现成的，但如何把氮置入仍然需要探索。

20世纪40年代，多数氮是作为固体硝酸铵小球使用的。但这种做法有高爆破性。事实上硝酸铵同燃料油混合，就成为一种普通炸药，至今仍在矿山上使用。当这种物质在运输中爆破时会造成严重灾难。

在 40 年代，研究人员着手探索应用无水氨直接置入土壤的方法。它不会爆破，必须保持在压力下，并且通常是冷冻的。它干燥得很厉害时，会"烧"皮肤，同时它在一个密封的区域，会把氧气排挤掉，甚至会通过窒息造成死亡。但是，无水氨比所有的化肥有更高的营养含量，它含 82.5% 的氮。

所以在 1943 年，密西西比农业研究试验站的研究人员，提供了一种向田间注入无水氨的方法。他们使用一种像长刀一样的器具，在它后面焊接一个铁管，把氨注射到土壤下 5—6 英寸深处。然后用圆盘中耕机马上把孔道覆盖起来，把无水氨封死在土壤之中。这种应用氨的方法，到 60 年代取代了小球，并且在大平原至今仍然处于支配地位。

到 1950 年，氨的年生产能力已经从 1946 年的 160 万吨上升到 260 万吨。人工肥料与新的杂交品种，新的杀虫剂，以及灌溉的发展，使作物产量和农业生产获得爆炸式增长。后来几十年，氨的产量更上升到千万吨以上。

但是过去 10 年，氨的生产急剧萎缩。这主要是受天然气价格猛涨的影响。历史上，天然气价格都对美国氮肥生产商和农场主增加沉重负担。美国氮行业现在供应美国农场主所需氮肥略少于一半，这种情况同 20 世纪 90 年代通常供应农场主所需氮肥的 85% 比，差距很大。特别是自 2000 年以来，美国氮肥业已经关闭了 26 个生产设施，主要原因是天然气的高成本。现在只有 20 个氮肥厂在继续营运，美国农场主需要的氮肥 55% 靠进口。美国氮肥行业抱怨说：美国农场主越来越依赖进口的化肥，这些国家供应便宜的天然气，如中东、俄罗斯和委内瑞拉。2007 年美国农场主从利比亚、埃及、中东和前苏联国家分别进口了 31.4 万吨、47.7 万吨氮，180 万和 300 万吨氮原料。该行业还警告说，剩下的 20 个工厂将难以生存，因为公用事业为了减少碳排放也将改用天然气，从而使天然气的价格进一步上涨。

美国国内生产和使用

2010 年，在美国 16 个州的 12 家公司所属 24 个工厂生产氨。另外一些工厂全年停产。美国的氨生产能力的 60% 集中在路易斯安那、俄克拉荷马和得克萨斯 3 个州。这是因为它们有大量的天然气储量，是占统治地位的国内原料。2010 年国内生产商的设备利用率约为 85%。现在美国是世界领先的氨生产国和消费国。重要性依次为尿素、硝酸氨、磷酸氨、硝酸和硫酸氨的合成物都是美国氨的衍生品。国内净消费的近87%都是用作化肥。包括无水氨的直接利用，尿素、硝酸氨、磷酸氨和其他氨合成物。氨也被用于生产塑料、合成纤维和树脂、炸药以及其他化学合成物。

2010年美国生产的氨是830万吨。为消费进口640万吨。出口8000吨，净消费1470万吨，就业1050人。净消费对进口的依存度为43%。

进口来源（2006—2009）：特里尼达多巴哥57%；俄罗斯15%；加拿大13%；乌克兰7%；其他国家8%。政府储备，无。

现状和问题：全年多数时间，天然气现货价格为每百万英国热量单位，在3.7美元到7.5美元之间，平均为每百万英国热量单位4.5美元。2010年，天然气价格基本稳定，价格上升是由于天气较冷增加了对天然气需求的结果。海湾沿岸的平均价格，逐渐从2010年年初每短吨276美元增长到10月份最高约420美元每短吨。氨的平均价格估计为平均每短吨400美元。美国能源部能源信息署预计，2011年天然气能源的现货价格每百万英国热量单位为4.76美元。

在明尼苏达州，研究人员开始制订利用风能生产无水氨的400万美元的项目计划。然而，分析家们估计，用可再生能源生产化肥，在市场上不大可能有竞争力，除非化肥的价格比现在再翻一番。

在阿根廷、巴西、中国、古巴、埃及和印度，有几家公司已经宣布要建立新的氨厂，它们将在未来两到三年增加大约770万吨年产能。氨的最大增长是在中国。

氨合成物也引起环境担忧。化肥使用过度，以及随之而来的过多化肥的流失，可能对水域中氮的积累起作用。过度施用化肥导致氮的流失，被怀疑成为夏季在墨西哥湾发生的缺氧脑病区域的原因。科学家正在继续研究化肥对美国环境健康的影响。

世界资源：用于固定氮生产的大气层氮的可获得性是无限的。在智利阿他卡玛大沙漠的钠和硝酸钾的矿化生成，对全球氮的供应作用有限。

代用品：氮作为一种植物营养物是不可代替的。同时，还没有已知的作为氮引爆物和爆破剂的实际代用品。

五　钾碱（Potash）[①]

钾碱，（特别是碳酸钾）自史前时期就已经用于漂白织物，制作玻璃，大约在公元 500 年，已用于制作肥皂。过去钾碱主要是靠漂洗陆地和海洋植物的灰烬获得。从 14 世纪开始，在埃塞俄比亚已来自于开矿。世界最大的矿床，1.4 亿到 1.5 亿吨，位于底格里斯的达洛尔地区。在加拿大，钾碱是最重要的工业化学品，它从阔叶树的灰烬中提取出来，主要生产于欧洲、俄罗斯和北美的森林区。第一个美国专利，是在 1790 年颁发给萨缪尔霍普金斯的，是因为他"用一种新装置和方法制作盆灰和珠灰"，使之有了改进。

早在 1767 年，从木材灰烬中得到的钾碱，已经从加拿大出口，1865 年达到 43956 桶，不过到 19 世纪晚期这个行业衰落了，当时德国已经利用矿盐建立了大规模的钾盐生产厂。1943 年在钻探石油过程中，加拿大的萨斯喀彻温地区发现了钾盐。1951 年开始进行勘探。1958 年美国钾盐公司开张，成为加拿大第一个钾盐生产商，同时它在培申斯湖地下的钾盐矿投入了生产。今天某些世界上最大的知名钾盐矿床，已从萨斯喀彻温扩展到了巴西、白俄罗斯、德国，特别引人注目的是波米恩盆地。这个盆地矿床包括了在新墨西哥卡尔施巴德外面的主要矿山。位于新墨西哥李县这个世界上最纯净的钾盐矿床，它的纯度达到 80%。

钾是地壳上第 7 种最丰富的元素，也是在氮和磷后面的第 3 种主要的植物和作物的营养源。自古代起，它就被用作土壤肥料。钾对农业的重要性在于它改善食品作物的水分、产量、营养价值、口味、色泽、质地和病害抵抗力。它被广泛地应用于水果、蔬菜、大米、小麦和其他谷物、糖、玉米、大豆、棕榈油和棉花，所有这些都从这种养分增进质量的性能而获益。世界最大的钾盐消费国是中国、美国、巴西和印度。巴西 90% 的钾盐依赖进口。

除去肥料的用途以外，氯化钾对工业化也非常重要，它被用于铝的循环利用，用于生产氢氧化钾、金属电镀、油井钻探液、冰雪溶化、钢的热处理，以及水的软化。氢氧化钾被用于水处理，并且是碳酸钾、几种形式的磷酸钾、许多其他钾化学和肥皂制作的先驱。碳酸钾被用于生产动物饲料补充

[①] Mineral Commodities Summary USGS, p. 122.

物、水泥、灭火剂、食物产品、钾化学和纺织。它也被用于酿造啤酒，制药，还被当作合成橡胶制造的触媒。这些非肥料用途大约占美国每年钾消费的15%。

美国国内生产和使用

2010年，美国市场上销售的钾碱约为5.4亿美元。钾生产在密执安州、新墨西哥州和犹他州。大部分生产是在新墨西哥东南部，那里的两家公司运营3座矿山。新墨西哥的针碛金银矿和无水钾镁矾矿石用浮选法精选，溶解再结晶，重-媒介分离，或这些方法的结合，提供了犹他州75%以上的美国生产商的总销售额，这有3种作业方法，一家公司从地下通过深井溶液采矿。阳光蒸发让针碛金银矿石从卤水中结晶，并且用浮选法将氯化钾从副产品氯化钠中分离出来。两家公司对表面和表面下的卤水，用阳光蒸发和浮选法生产出硫酸钾及其副产品。在密执安州，一家公司使用深井溶液采矿和机械蒸发，使MOP和副产品氯化钠结晶。

化肥行业使用了美国钾盐销售额的85%，化工行业使用了其余部分。生产的钾盐60%以上是MOP。也生产为某些作物和土壤所需要的硫化钾镁和SOP。

2010年可销售的产量为90万吨，为消费而进口470万吨。出口38万吨。净消费520万吨。劳工就业，矿山540人，工厂650人。净消费对净进口的依存度为83%。

循环利用：无。进口来源（2006—2009）：加拿大87%，白俄罗斯，5%，其他，3%。

政府储备：无。

现状和问题：2009年是自1943年以来美国钾生产最少的一年，消费也是自1962年以来的最低点。是自1993年以来世界生产的最低点。2010年世界钾盐市场在世界性经济滑坡、高价格和弱需求相互结合的影响下，陷于崩溃。现在又开始复苏。

领先的钾生产商继续致力于把关闭的地下矿改变为溶液矿。公司预期在2012年年底开始营业，正在等待管理部门批准。另一家公司计划2011年完成犹他州沿大盐湖现有阳光蒸发池的扩大，增加SOP生产能力。北达科他州颁发了它自1976年以来的第一个钾盐勘探许可证。美国矿业公司将用溶液采矿法恢复钾盐生产，因为北达科他的矿床太深，难以使用传统的地下开采技术。

美国在加拿大和俄罗斯现有的业务要扩大，在阿根廷、白俄罗斯、加拿大、智利、中国、刚果和老挝要建设新的项目，这些计划如果到位，将使世界的产能增加28%，从2010年的4290万吨上升到2014年的5470万吨。2010年，一个主要的国际矿业公司想投标收购加拿大和世界领先的钾盐生产商，没有成功。加拿大政府裁决说，出售这个钾盐公司不符合加拿大的利益后，这个国际公司在11月放弃了收购的企图。

世界资源：估计美国国内钾盐资源总量约70亿吨。大部分埋藏在作为加拿大萨斯卡秋恩威利森盆地的延伸部分的蒙大拿和北达科他两州约3110平方公里区域的1800到3100米深处。在犹他州的帕拉道克斯盆地蕴藏有大约20亿吨资源，大部分在超过1200米深处。在亚利桑那州的霍尔布鲁克盆地蕴藏有约10亿吨资源。一个巨型钾资源埋藏在密执安中部约2100米深处。上面美国储量数字包括在密执安中部的4000万吨。估计世界总储量约2500亿吨。

代用品：钾作为一种植物所必要的营养素以及动物和人类所必要的营养素没有代用品。厩肥和海绿石（绿砂）只是低钾含量资源。

六 纯碱（Soda Ash）[1][2]

纯碱的化学名称是碳酸钠，它从水中结晶后形成3种不同的水合物。即碳酸钠+水合物（含水苏打），碳酸钠，碳酸钠单水合物（矿物热钠）。碳酸钠溶于水，能在有酸的地方天然生成，特别是在季节性湖水蒸发时形成矿物矿床。矿物含水苏打的矿床，古时曾从埃及的干燥湖底开采出来，当时含水苏打被用于制作木乃伊，以及早期的玻璃。

纯碱有许多不同的用途，涉及我们每天的生活。制造玻璃是纯碱最大的用途，如生产容器、玻璃纤维绝缘物、房屋用平板玻璃、商业建筑和汽车行业等等。

---

[1] Mineral Commodities Summary USGS, p. 148.
[2] Industrial Minerals Association – North America.

纯碱也用于清洁空气并软化水质。随着人们对环境日益关切，用纯碱去除二氧化硫和烟道气体盐酸的需求增长。化学品生产商还使用纯碱作为一种中间体制造产品，如使软饮料甜化（玉米增甜剂），消除身体不适（二碳酸钠）和改善食品及化妆用品（磷酸）。家庭用洗涤剂和纸巾是少数其他能马上找到的使用纯碱的例子。

美国国内生产和使用

2010 年，美国国内纯碱的总产值估计约为 13 亿美元。美国的纯碱行业包括怀俄明州的 4 家公司经营 5 家工厂，加利福尼亚州一家公司有一家工厂，在科罗拉多州一家公司有一家老旧工厂，同时拥有在怀俄明州的一家工厂。这五个生产商合起来号称年生产能力 1450 万吨。在加利福尼亚州，盐、硫酸盐和硼砂是碳酸钠生产的共生产品。二碳酸钠、硫酸钠和化学烧碱是怀俄明几家纯碱厂作为共生产品制造的。二碳酸钠在科罗拉多是用从这家公司在怀俄明设施运来的纯碱原料生产的。

根据 2009 年最终报告的数据，估计 2010 年纯碱配售到最终用途的情况是：玻璃 46%，化工 29%，肥皂和洗涤剂 10%，批发商 6%，烟道气体脱硫和各种其他用途各 3%，纸浆和纸 2%，水处理 1%。2010 年生产 1000 万吨。为消费进口 3 万吨，出口 500 万吨。报告的消费量 500 万吨，实际消费 500 万吨。年底库存 20 万吨。劳工就业 2400 人。

现状和问题：2009 到 2010 年间，住房和商业建筑以及汽车业的滑坡，减少了玻璃的使用，因此影响到纯碱的消费。在 2010 年第 3 季度，美国国内纯碱生产和出口销售有所增加，特别是对南美和东南亚国家。美国纯碱联合会把纯碱价格每吨提高了 30 美元，10 月 1 日生效，说明全球纯碱的需求正在改善。

美国纯碱生产商在 5 月份宣布每吨提价 10 美元，到 9 月再次提价。这一提价是必要的，为的是冲销成本的上升，同时支持在纯碱业的继续投资。到年终还不确定提议的价格增长是否会通过合同谈判为消费者所接受。

一家怀俄明纯碱生产商和他在欧洲的 7 家合成纯碱工厂，退出了美国出口协会，自 2010 年 12 月起生效。这家公司要说明的是：他自己有充分的能力在后勤上和技术上服务于其世界范围的顾客。这是自协会成立于 1984 年以来，脱离它的第二家纯碱公司。

2009 年在土耳其贝帕扎里投入生产的一家天然纯碱设施的经营者，宣布了一个到 2013 年生产能力倍增的计划。这个工厂设计利用地下天然碱矿床，每年生产 100 万吨纯碱。生产成本估计比索尔维合成纯碱生产方法要低 30% 到 40%。

全球不利的经济环境在 2011 年有所改善。不考虑全球的某些地区继续存在的经济和能源问题，总体全球对纯碱的需求预期，在未来几年每年将增长 1.5% 到 2%。如果国内经济和出口销售有所改善，美国的消费也可能高一点。

世界资源：纯碱是从天然碱和富含碳酸钠的卤水中获得的。世界最大的天然碱矿床位于怀俄明绿河盆地。大约有 470 亿吨已找到的纯碱资源，能够从 560 亿吨天然碱矿床和 470 亿吨超过 1.2 米厚的交插矿床或天然碱与石岩混合矿床中回收。地下的屋顶支架采矿，进行传统的和连续的采掘，是开采怀俄明天然碱矿石的主要方法。这种方法平均回收率在 45%，而用溶液法开采回收率只有 30%。改进的溶液开采技术，如水平钻，用以建立矿井之间的通信，能够增加这种采掘率，并且吸引一些公司来开发某些更深的矿床。怀俄明天然碱资源正在枯竭，每年要减少 1500 万吨（830 万吨纯碱）加利福尼亚西尔莱斯湖和欧文湖蕴藏有估计为 81500 万吨纯碱储量。这里至少有 62 个找到的世界天然碳酸钠矿床，其中只有某些已经量化。尽管纯碱能够用盐和石灰石制造，两者实际上都是取之不尽的，但合成纯碱生产成本更高，而且产生对环境有害的废料。

代用品：烧碱可以替代纯碱的某些用途，特别是在纸浆和纸的制作、水处理和某些化工部门。纯碱、苏打水或天然碱能够用作原料，制造化学烧碱，它是另一种电解烧碱。

七 硫酸钠（Sodium Sulfate）[①]

硫酸钠是硫酸的钠盐，是一种白色结晶的固体，公式是 Na_2SO_4。

美国国内生产和使用

美国国内天然硫酸钠行业由各州的公司组成。在加利福尼亚和得克萨斯有 2 个生产商经营 2 家工厂。另有 9 家公司经营 11 家工厂，从各种制造程序或产品中回收硫酸钠的副产品，包括电池再生、纤维素、间苯二酚、

---

① Mineral Commodities Summary USGS, p. 150.

二氧化硅色素和重铬盐酸钠。2010年总产量中约有一半是这些工厂的副产品。出售的天然和合成硫酸钠总价值估计为4200万美元。美国硫酸钠估计用于最终消费的是肥皂和洗涤剂35%，玻璃18%，纸浆和纸15%，地毯清洁和纺织品各4%，其他用途24%。2010年总产量30万吨，为消费进口6万吨，出口19万吨，实际消费17万吨。劳工就业225人。

循环利用：消费者对硫酸钠有某些循环利用，特别是在纸浆和纸行业，但硫酸钠生产商没有循环利用。

政府储备：无。

进口来源：加拿大86%；中国4%；芬兰2%；日本2%；其他6%。

现状和问题：中国仍然是世界上硫酸钠与合成硫酸钠的领先出口国和生产国。江苏省是硫酸钠主要的产区。预期这个地区的生产能力超过世界生产的70%。

在世界范围，硫酸钠的主要用途是粉末洗涤剂。硫酸钠是低成本、有惰性、白填料的家庭洗衣洁净剂，尽管家庭用洗衣粉在公式中可能含有多达50%的硫酸钠，市场对不包含任何硫酸钠的液体洗涤剂的需求仍在增长。然而，随着2008年世界经济的滑坡并持续到2010年，许多消费者已经转而使用更多的洗衣粉，因为它们比液体洗涤剂更便宜。硫酸钠在美国国内纺织业的消费，也因进口较便宜的纺织品而有所下降。

第三节 工业矿物

工业矿物是地质矿物，为其商业价值而开采，它不是燃料，也不是金属资源。他们按其天然状态，或在筛选后作为原料，或作为添加物在广泛的领域应用。

一 天然云母（Mica，Natural）[1]

硅酸盐云母族矿物，包括几种紧密联系的矿物，它们有高度完整的底部劈裂。全部都是单斜晶体，并且在化学结构上相似。高度完整的劈

---

[1] Mineral Commodities Summary USGS, p. 104.

裂，是云母最显著的特征，这可以用其与六角形薄片相似的原子排列来解释。

人类利用云母可以追溯到史前时期。古代印度、埃及、希腊、罗马和中国文化已经知道云母。最早对云母的使用在洞穴壁画中被发现，这是在旧石器时代早期（公元前4万到1万年）。第一种颜色是红色（氧化铁等）和黑色（二氧化锰等）。已经发现碳化红松和青松的黑色。偶尔也使用高岭土或云母的白色。

在墨西哥城几公里外，耸立着特奥蒂华坎文化的古代遗址。最引人注目并令人惊心动魄的，是特奥蒂华坎建筑——高耸的太阳金字塔。这个金字塔含有大量的云母层，厚度达30公分（12英寸）。天然云母仍然被新墨西哥州中北部的印地安人用于制造瓷器。这种瓷器是用风化了的前寒武纪云母页岩制作的，整个容器都有云母斑点。北美印第安特瓦人村庄的瓷器，在黏土物件上涂抹云母，使它出现一层厚重精亮的云母抛光。多少年来，精制的云母粉末被用于各种目的，包括装饰。

现代社会对云母的需求，侧重于它的物理化学特性。是电气和电子行业不可或缺的重要矿产品。

云母族代表37种页硅酸盐矿物，它有板状层次结构。在商业上有重要性的云母，是白云母和金云母，它们有多种用途。云母的价值建立在它所独具的物理性能上。云母的水晶结构形成许多层次，它可以分拆或分层，使之成为薄片。这些薄片在化学上是惰性的，是电介质绝缘体，有弹性、柔性、亲水性、绝缘、体轻、扁平、反光、折射，其混浊度可以从透明到不透明。当云母暴露在电、光、湿和极端温度下，是稳定的。它作为一种绝缘体或电介质，有最好的电气性能，能够支持静电场，同时以热的形式消耗最小的能量。它可以拆到极薄（从0.025到0.125毫米或更薄），同时保持它的电气性能，它的电介质绝缘性可以分得很细，对热的稳定性可以到摄氏500度，它还有抗电放电的性能。云母的主体—白云母，在电气行业被用于电容器，对高频和无线电频率最为理想。金云母在高于摄氏900度的温度中仍然稳定，在要求高温稳定性和电气性能相结合的地方必须使用它。白云母和金云母有薄片和粉末两种形态。

美国国内生产和使用

2010年，美国生产的小块和片状云母，除去劣质丝云母，估计为53000吨。美国的云母矿位于阿拉巴马、乔治亚、北卡罗来纳和南达科他。小块云母主要从云母、丝云母页岩、长石、高岭土以及工业砂土中筛选出来。大多数国内生产是用湿或干的研磨加工成微粒云母。主要用途是连接复合物、油井钻探添加物、油漆、屋顶和橡胶产品。

2010年，薄片云母作为在弗吉尼亚州亚麦利亚宝石矿的副产品有少量生产，在北卡罗来纳州云杉松树地区开采长石时偶尔也有生产。国内行业消费依赖进口满足对薄片云母的需求。多数薄片云母被制作成电子和电气设备的零件。

小块和片状云母，2010年开采量为53000吨。研磨产量82000吨。进口云母粉末和云母废料27000吨。出口云母粉末和废料7000吨。实际消费，73000吨。实际消费对净进口的依存度为27%。薄板云母，进口2100吨，出口950吨。实际消费1150吨。实际消费对净进口的依存度，100%。循环利用，无。

现状和问题：2010年，小块和片状云母的国内生产和消费估计都有增长。这种增长主要来自于云母作为副产品的矿物生产，由于建筑材料消费的复苏而有所回升。薄板云母的净消费在2010年也有增长。制作和使用云母没有环境上的担心。

以前国防储备中的大量薄片云母库存都被出口。这可能造成对2006年到2009年云母净消费的低报。自2008年以来国防储备中没有再保存云母，这一年，白云母块的最后库存被卖掉。预期未来对美国云母需求的供应将日益靠进口，主要来源是巴西、中国、印度和俄罗斯。

世界资源：小块的和片状的云母资源，可以从黏土矿床、花岗岩、伟晶岩和页岩中得到，同时被人们认为，在可预见的未来足以满足世界的需求而有余。世界的薄片云母资源没有正式评估，这是因为这种物质分散的生成。蕴含云母的大型矿床已知存在于一些国家如巴西、印度和马达加斯加。在美国薄片云母的可得资源有限。由于从伟晶岩去开采和加工，薄片云母的手工劳动成本很高，开采美国国内资源是不经济的。

代用品：某些轻重量的聚成岩，如硅藻土、珍珠岩、垤石当用作填充物时，可以替代研磨云母。研磨合成一种富含氟的云母，可以取代天然研磨云母，用于需要热和电性质的云母。在电气、电子和绝缘用途方面，许多物质能够取代云母。代用品包括丙烯酸、醋酸纤维素、玻璃纤维、青壳纸、尼龙、酚醛塑料、聚碳酸脂、聚酯纤维、苯乙烯、维尼龙 – PVC 和硫化纤维等。用云母废料制造的云母纸，在电气和绝缘用途方面可以取代云母薄片。

二 石英（Quartz Crystal Industrial）[1][2]

石英是地球大陆外壳中仅次于长石的第二种最丰富的矿藏。有许多不同种类的石英，其中有几种是半贵重的宝石。尤其是在欧洲和中东，各种石英自古以来就是最普通使用的矿物，用于制作首饰和硬石切割。

石英是许多硅合成物的源泉，如硅有机树脂、碳化硅和其他有商业重要性的复合物。在沙砾状态的石英，是通过碳热反应生成的。由于其高热量和化学的稳定性以及丰富的矿藏，石英被广泛应用于许多与研磨、浇铸材料、陶瓷和水泥相联系的用途。

石英晶体有压电性能，它们对机械压力的应用发出一种电的潜能。石英晶体这种性能，在早期是用于电唱机的唱头上。今天，石英最普通的压电用途是作为晶体振荡器。石英钟是使用这种矿物最常见的器物。石英晶体振荡器这种共振频率可以用机械装载改变，这个原理被应用于准确地测量石英晶体微平衡内以及薄片胶卷厚度监测器内非常小的物质变化。石英的压电性能，是1880年由沃尔特·盖顿凯迪发现的。乔治·华盛顿·皮尔斯在1923年设计并获得石英振荡器的专利。1927年沃伦·马利森在上面两位先驱的基础上创造了第一个装有石英振荡器的时钟。

不是所有石英都是自然生成的。葱绿石，一种橄榄色物质，是用热处理生产的，天然葱绿石在波兰西里西亚曾经看到过。尽管黄水晶是天然生成的，大部分是热处理后的紫石英。茶花色都是经过热处理后的深颜色。

美国国内生产与使用

在美国，加工石英晶体生产能力仍然存在，但是必须进行重大翻新使它

---

[1] Mineral Commodities Summary USGS，p.126.
[2] http：//en.wikipedia.org/wiki/Quartz

回归正轨。过去几年，海外加工石英晶体生产越来越多，主要是在亚洲。电子应用占石英晶体工业用途的大部分，其他用途包括特殊光学应用。1997年阿肯色州的非电子级石英开采加工结束，2010年，再没有美国公司报告生产加工石英晶体。

实际上，所有用于电子行业的石英晶体都，是加工的而不是天然晶体。电子级的石英晶体对制造过滤器是必要的，频率控制器和电子线路的定时器，在很广泛的产品中使用，如通信设备、计算机、还有许多消费品，如电子游戏机和电视接收器。

循环利用：无。

进口来源（2006—2009）：美国对石英晶体百分之百依赖进口。尽管没有确定的数据列出进口加工石英晶体的来源，人们认为进口材料多数来自中国、日本和俄罗斯。

政府储备：到2010年9月30日止，国防后勤署（以前的国防储备中心）的战略物资包括7314公斤天然石英晶体。这批储备有11个重量级的天然石英晶体，从0.2公斤到超过10公斤。然而，这批储备晶体主要是较大的重量级。这种比较大的块头适宜于作为种籽晶体，后者是切割到准确尺寸的很薄晶体，用途是生产加工石英晶体。此外，许多储备晶体可能引起标本和宝石行业的兴趣。这些储备物资即使有也很少，可能被用于加工石英晶体的同样用途。联邦政府对剩余的物资无意加以处理或出售。以前，在国防后勤署的战略储备库存中作为种籽物资使用的，只有重量超过10公斤或更多的个别石英晶体被出售过。

现状和问题：国际趋势显示，对石英晶体器具的需求将继续增长，结果，石英晶体的生产预期未来会保持强劲。消费者电子市场的增长（对个人电脑、电子游戏机以及移动电话）将继续驱动全球生产。全球电子产品市场的增长，将要求追加世界范围的生产能力。

世界矿山生产和储量：目前尚无材料对此说明。但是全球非电子级石英晶体储量很大。

世界资源：在全世界直接适用于电子或光学用途的天然石英晶体资源很有限。世界对这些资源的依赖将继续下降，这是因为，对作为替代材料的加工石英晶体，越来越被人们接受。然而，使用加工石英晶体，将意味着对非电子级石英晶体的依赖性在增长。

代用品：石英晶体是控制频率振荡器和电子线路频率过滤器最好的材料。其他材料如有较大压电联结常数的正磷酸铝（非常稀有的由含水的磷酸铝组成的矿物），铌酸锂和钽酸锂等已经在研究和使用。这些材料相对于加工石英晶体而言，成本和竞争力取决于使用这些材料用途的类型以及加工的要求。

三 硅（Silicon）[1][2]

硅是一种化学元素，其标记是 Si，原子序数为 14。

就质量而言，硅是地球上第 8 种最普遍的元素，但很少生成为自然界纯粹的自由元素。它更普遍地作为各种形式的二氧化硅（硅石）或硅酸盐分布在灰尘、砂、小行星和行星上。在地球外壳，硅是第 2 种最丰富的、仅次于氧的元素，就其质量而言它构成地球外壳的 27%。

硅有许多工业用途。它是大部分半导体器具、多数重要集成电路或微芯片的主要组成部分，硅被广泛地用于半导体，因为它在高温下比半导体锗更能保持其半导体的特性，还因为它在高温下容易生长出自己的天然氧化物，并且形成一层很好的半导体/不导电的界面。在硅石和硅酸盐的形式下，硅可以制造成有用的玻璃、水泥和陶瓷。

硅形成有用的玻璃、水泥和陶瓷。它也是有机树脂的成分，它是用硅、氧、碳和氢制作的各种合成塑料物质的集体名称。

硅在生物学中也是一种必要的元素，动物需要的很少，它对植物的新陈代谢要重要得多，特别是对许多草和硅酸（硅石的一种），它形成一大批微观硅藻保护壳的基础。

美国国内生产和使用

估计 2010 年美国生产的硅合金价值 7.7 亿美元。有 3 家公司在 7 家工厂中生产硅材料，在这几家公司中两家公司在四家工厂中生产硅铁。冶金级硅金属由两家公司在四家工厂中生产。3 家公司中有 1 家公司在两家工厂中生产两种产品。所有硅铁和硅金属工厂都在密西西比河以东。多数硅铁由铸

---

[1] http：//en. wikipedia. org/wiki/Silicon
[2] Mineral Commodities Summary USGS，2011． p.144．

铁厂和钢铁业消费，主要是在美国东部。硅金属的主要消费者是铝、铝合金生产商以及化工行业。半导体和太阳能产业，分别为计算机制造芯片以及用高纯度硅制作光电池，不过只占硅需求的很小百分比。

2010年，美国生产了各种等级的硅铁17万吨。为消费进口各种等级的硅铁15万吨，硅金属13万吨。出口各种等级硅铁15000吨，硅金属42000吨。实际消费各种等级硅铁29万吨。生产商年底库存，各种等级硅铁13000吨。实际消费对净进口的依存度，各种等级的硅铁为44%，硅金属大于50%。

循环利用：微不足道。

进口来源：硅铁，中国46%，俄罗斯24%，委内瑞拉14%，加拿大9%，其他7%。硅金属：巴西44%，南非28%，加拿大17%，澳大利亚10%，其他1%。总量：中国26%，巴西21%，挪威13%，俄罗斯13%，其他27%。

政府储备：无。

现状和问题：在2010年，全球经济复苏，全球GDP总值衡量（世界银行估计增长2.7%），同硅市场的增长相吻合。2010年国内硅铁生产，用硅含量表达，预期比2009年高22%。较大的国内生产，加上硅铁进口比2009年翻番，使美国硅铁的净消费增加了38%。这同2010年比2009年计划增加国内钢铁生产38%相一致。随着硅材料供应商增加产量以满足消费需求，全年美国现货市场平均价格，2010年也比2009年提高很多。

对硅金属的需求主要来自于铝和化工行业。国内二次铝生产—把初级材料来源用于硅铝合金，2010年计划比2009年减少6%。然而，国内化工生产计划，2010年计划增加3%。2010年，硅材料的世界生产比2009年增加，主要是重新启动了在2008和2009年关闭的硅铁冶炼厂的结果。一家在中国内蒙古自治区的工厂在2009和2010年增加了32万吨生产能力，使它成为产能高达65万吨的最大工厂。其他硅铁工厂的扩张，发生在巴西、中国和俄罗斯。

硅铁在世界硅产量中约占五分之四（以总重量为基础）。领先的国家依次为：中国、俄罗斯、印度、美国和挪威，硅金属产量领先国家为中国、挪威、巴西和俄罗斯。2010年迄今，中国是硅铁（390万吨）和硅金属（78万吨）领先的生产国。

世界资源：世界和美国国内制造硅金属和硅合金的资源是丰富的，同时多数生产国，足以供应世界需求很多年。硅的原料是各种天然形式的硅石，如石英石。

代用品：铝、碳化硅和硅锰可在某些用途上取代硅铁。砷化镓和锗在半导体和红外线应用中是硅的主要代替物。

四 矽藻（Diatomite）[1][2]

矽藻也称矽藻土（Diatomaceous earth）或硅藻（Kieselguhr）这是一种自然生成的、柔软的沉积岩，很容易压成细小的白色或米色粉末，颗粒的大小从1微米到超过1毫米，通常是10到200微米。矽藻土由石化作用的矽藻遗留物构成，是一种变为硬壳的藻。它的粉末有摩擦感，类似浮石粉，同时它很轻，这是因为它有高度多孔结构。经过烤箱烘干的矽藻土的典型化学结构有90%的硅，2%—4%的矾土和0.5%—2%的氧化铁。

1836年前后，运货工彼得·卡斯腾在德国北部山区的斜坡掘井时发现矽藻。开始，人们认为他们发现了可以用作肥料的石炭岩。艾尔弗莱德·诺贝尔在制作炸药时，利用了矽藻的性能。威尔汉姆·伯克非尔得认识到它作为过滤器的能力。

在美国，科罗拉多州和内华达州克拉克地区的某些地方，有厚达几百米的矿床。有时硅藻也会在沙漠表面发现。研究表明，硅藻在这些地区受腐蚀，是大气层尘埃影响气候的重要来源。矽藻有商业价值的矿床，限于第三纪和第四纪。更早的矿床，如白垩纪矿床也有发现，但质量不好。海上矿床在加利福尼亚州圣巴巴拉县和南加州海岸也开采过。在马里兰州，弗吉尼亚州开采过更多的海上矿床。淡水湖矿床的生成是在内华达州，华盛顿州和加利福尼亚州。湖上矿床也在美国东部间冰期湖区生成。在世界范围中，矽藻矿床和火山矿床的联系说明，厚层矽藻矿床可能需要从火山灰中得到硅。

矽藻被用于帮助过滤、柔和磨料、机械杀虫、液体中和剂、笼物铺垫、

---

[1] http://en.wikipedia.org/wiki/Diatomite
[2] Mineral Commodities Summary USGS, 2010. p. 52.

研究血液凝结的启动剂和炸药稳定剂。由于它有抗热性，也能用作热绝缘体。

美国国内生产和使用

2010年，美国国内生产矽藻估计为55万吨，估计加工价值为1.38亿美元。在加利福尼亚州、内华达州、俄勒冈州和华盛顿州，有7家矽藻土生产公司、12个矿区和9个加工设施。矽藻经常用在帮助过滤55%，水泥添加剂23%；吸收剂10%；充料9%；绝缘物2%；其他用途不到1%，包括专门化的医药和生物医药用途。2010年，矽藻的单位价值有很大不同，从制造水泥每吨低于7美元，到有限的特种产品市场的每吨10500美元，包括艺术供应品、化妆品和提取DNA。用于过滤级的矽藻单位价值是每吨380美元。

2010年美国国内生产55万吨。为消费进口1000吨，出口9万吨，实际消费46万吨。生产商年终库存4万吨。劳工就业1020人。

循环利用：无。

进口来源（2006—2009年）：西班牙31%；意大利16%，法国16%，墨西哥13%，其他15%。

现状和问题：美国国内生产销售和消费的数量，比2009年大约下降4%。过滤（包括啤酒、酒精和果酒的提纯以及净化动物油和植物油），继续是矽藻最大的终端用途，也被称为矽藻土。从国内说，生产矽藻作为一种成分用于波特兰水泥，是第二种最大的用途。矽藻的另一种重要用途是去除微生物的污染，如细菌、原生动物和公共供水系统的病毒。矽藻的其他用途包括人体血浆的过滤，医药加工以及作为无毒杀虫剂使用。

世界资源：天然矽藻的世界资源在可预见未来是充足的。运输成本将继续决定多种形式矽藻可以运送的最大经济距离。

代用品：许多物质都可以取代矽藻。然而，矽藻所独具的特性，保证它继续在许多用途上的使用。合成过滤用料，特别是陶、聚合物、碳膜过滤物，以及用纤维素做的过滤用料，作为过滤手段越来越有竞争力。其他的过滤物包括黏土、碎石灰岩、碎云母、碎硅石砂、珍珠岩、滑石、羊毛和蛭石。作为热绝缘物，各种材料，如黏土、片状蛭石、膨胀珍珠岩、矿物羊毛，以及特种砖都可以代用。

五 长石（Feldspar）[1][2]

长石，是岩浆侵入岩体和喷出岩体的火成岩之晶体化，作为矿脉，它也在许多种类的变形岩石中存在。完全由钙化斜长石形成的长石，叫作斜长岩。长石也在许多类型的沉积岩中被发现。

2010 年，意大利、土耳其和中国 3 个国家大约生产了 2000 万吨长石中的大部分。长石是一种用于制造玻璃、陶瓷的普通原料，在某种程度上，在油漆、塑料和橡胶中作为过滤物和补充剂。在制作玻璃时，长石中的矾土改善产品的硬度、耐久性和对化学腐蚀的抗体。长石中的强碱，作为一种助熔剂，降低混合物的熔点温度。助熔剂在燃烧过程的较早阶段熔化，形成一种玻璃基体，把这个系统的其他成分结合在一起。在美国 66% 的长石被用于玻璃制造，包括玻璃容器和玻璃纤维。其余部分则用在瓷器和其他用途，如填充物上。在地球科学和考古学中使用长石记录日期。

美国国内生产和使用

2010 年，美国生产的长石价值 3600 万美元。3 家主要的生产商要占整个生产的 88%，其他公司供应其余部分。生产州按估计吨位依次为北卡罗来纳、弗吉尼亚、加利福尼亚、爱达荷、乔治亚和南达科他，据报告，长石加工商也回收云母和硅石砂等共生物。

用于玻璃制作，长石要粉碎到约 20 网目，用于多数陶瓷和填充物，要到 200 网目或更细。据估计，长石运往至少 30 个州和外国目的地，包括加拿大和墨西哥。在陶器和玻璃方面，长石充当一种补充剂。估计美国国内长石最终用途的分布，为玻璃 70%，陶器和其他用途 30%。

2010 年，美国生产了能够销售的长石 57 万吨，为消费而进口 2000 吨，出口 13000 吨。实际消费 56 万吨。矿山、制作工厂和办公室就业人员 570 人。

循环利用：生产商对长石没有循环利用，然而，玻璃制造商使用碎玻璃，所以减少了长石的消费。

进口来源（2006—2009 年）：墨西哥 82%，德国 9%，加拿大 7%，

---

[1] Mineral Commodities Summary USGS, 2010. p, 54.
[2] http://en.wikipedia.org/wiki/Feldspar

其他2%。

政府储备：无。

现状和问题：玻璃，包括饮料容器、住房和大楼工程的隔热，在美国仍然是长石主要的最终用途。由玻璃行业消费的大部分长石，是为了制造玻璃容器。玻璃容器行业比较稳定，尽管在某些市场部分，如婴儿食品、果汁、矿泉水、少数果酒。有一些竞争的资料，虽然世界市场从2008和2009年的经济衰退中复苏很慢，从2010年起开始略有进步。住房和汽车的平板玻璃市场继续某种程度的萧条。住房开工率顽固地下降，商务工程的需求增长继续低迷，然而，部分地由于汽车销售的温和增长和国内汽车行业的重获生气，总的经济情况有所改善。

由于环境倡议，用于热绝缘的玻璃纤维消费，预测一直到2013年将稳定扩大。美国国内长石消费，已经从陶瓷转向玻璃市场。另一个玻璃行业的增长部分是太阳眼镜。虽然在欧洲制造的玻璃中只有5%用于太阳眼镜，预期这个市场随着太阳电池市场的发展，可能在2025年超过欧洲汽车部门的消费。

用于卫生器具的长石，由于住房市场低迷，所以继续不景气。在欧洲陶瓷制造商的要求下，欧盟开始了一项对从中国进口长石的反倾销调查，以决定中国进口是否伤害了欧盟的产业。欧盟对中国进口可能征收反倾销税，将取决于调查结果。

世界资源：已经找到的和预计勘探到的长石资源，可以满足世界对其需求。对存在于长石砂、花岗石、伟晶岩的长石通常并没有汇集。大量地质痕迹显示资源是丰富的，尽管接近主要中心地带并不总是很方便获取。

代用品：进口霞石和正长岩，是主要的替代原料。长石在某些终端用途上可以用黏土、电弧废铁、长石硅石混合物、蜡石、锂辉石或滑石作代用品。

六 萤石（Fluorite）[1][2]

萤石是一种在日光和紫外线光照下颜色艳丽的矿物，也是可以用作装饰

---

[1] Mineral Commodities Summary USGS, 2010. p. 58.
[2] http：//en.wikipedia.org/wiki/Fluorite

和玉石的石头。在工业上，萤石被用作冶炼时的助熔剂，生产某些玻璃和搪瓷。最纯净一级的萤石，是制作氟化氢酸的来源，它是大多数含氟的精细化学品的中间体。光学上清晰透明的萤石透镜分散作用很低，所以用它做成的镜头显示较小的色像差，因此，使它们在显微镜和望远镜中很有价值。萤石镜片也可用于远程紫外线中，常规玻璃在那里使用有太大的吸收力量。

萤石是一种广泛生成的矿物，在许多地区都发现有大型矿床，特别引人注目的矿床生成在中国、德国、奥地利、瑞士、英国、挪威、墨西哥以及加拿大的安大略省和纽芬兰和拉布拉多尔。在非洲，肯尼亚也有大型矿床生成。在美国，密苏里、俄克拉荷马、伊利诺伊、肯塔基、科罗拉多、新墨西哥、亚利桑那、俄亥俄、新罕布什尔、纽约、阿拉斯加和得克萨斯也发现了矿床。自1956年以来，伊利诺伊是美国最大的萤石生产州，但是，最后的一座萤石矿已经在1996年关闭。

美国国内生产和使用

在伊利诺伊，萤石（氟化钙）是作为石灰石露天矿的副产品，用储备加工生产的。尽管没有准确的量化数据，副产品氟化钙是从工业废物中回收的。就美国国内说，在路易斯安那和得克萨斯州的氟化氢酸生产，迄今为止是酸级萤石的主要用途。实际上氟化氢是制造所有含氟化学品的主要原料，也是加工铝和铀的关键要素。其他用途包括制钢、制铁和铸钢的助熔剂、初级铝生产、玻璃制造、搪瓷、焊接棒涂层、水泥生产及其他用途或产品。估计有6.8万吨钙化氟酸（相当于约12万吨92%的长石）从加工磷酸盐石的磷酸工厂回收。钙化氟酸主要用于水的加氟。

2010年，美国从磷酸盐石中生产了长石相等物12万吨。为消费进口了酸级的长石47万吨，冶金级长石7万吨。从氟化氢酸和冰晶石进口的长石相等物20万吨，出口2万吨。实际消费52万吨，工厂消耗48万吨。年终消费和中间商库存11万吨。实际消费对净进口的依存度100%。

循环利用：每年有少数几千吨从合成长石中回收——主要是从浓缩铀，但也从石油碱化和不锈钢酸洗中回收。初级铝生产商从熔化作业中循环利用氟化氢和氟。氟化氢是在石油碱化过程回收利用的。

进口来源（2006—2009年）：墨西哥47%；中国40%；南非9%；蒙古4%。

政府储备：政府最后的萤石库存，于 2007 财政年度正式出售。

近况和问题：2010 年，世界对萤石的需求显示某些复苏的迹象，但同 2008 年比仍不景气。价格比 2009 年略高，但仍远低于 2008 年的峰值。市场环境的改善使某些非洲国家因需求疲软，价格过低而关闭的萤石矿山，能够在 2010 年恢复生产。近年来由于中国的出口萤石急剧减少，中国以外的公司企图通过扩大现有矿山的生产能力，或开发新的萤石采矿项目，取代失去的中国出口供应。墨西哥第二大萤石生产商正在开发新的萤石矿山租借地，预期 2010 年年底将投入生产。新的业务将使公司每年酸性萤石的生产能力增加 3 万到 4 万吨。在肯塔基西部，新的美国萤石矿山开发工作在继续，预期将于 2011 年年初投产，每年萤石产量约为 5 万吨。重开加拿大纽芬兰东北部的圣劳伦斯萤石矿山的工作已在进行。每年计划产量为 12 万到 18 万吨萤石。某些勘探活动正在进行，特别是在瑞典，然而其他项目的开发或勘探工作，受需求滞后和缺乏投资而放慢。

萤石被欧盟欧洲委员会任主席的专家组开列在标明为"急需"的 14 种原料之中。欧盟面临这类物资的短缺，有很高的供应风险，因为世界生产的很大份额来自于少数几个国家。这种生产的集中，又因低替代性和低循环利用率而复杂化。这个清单是在 2008 年欧盟原料倡议的框架内制定的，报告的结论预期将被用于帮助制定战略保证未来对紧缺物资的获得。这个专家组建议，每五年更新一次欧盟的急需原料清单，并且扩大其紧急性评估的范围，改进获得重要资源的政策行动；使原料或含原料产品的循环利用更有效率；对某些原料鼓励替代品，特别要促进对急需原料的替代品的研究；同时要改进急需原料的总体物资效率。

世界资源：世界已找到的含萤石的萤石资源大约为 5 亿吨。在磷酸盐岩中存在大量的氟。现在美国磷酸盐岩的储量，估计为 10 亿吨，3.5% 的氟含量将有 3500 万吨氟，世界磷酸盐岩的含量估计为 180 亿吨，相当于 6.3 亿吨氟和 12.9 亿吨萤石。

代用品：铝冶炼浮渣，硼砂、氯化钙、氧化铁、锰矿石、硅石砂和二氧化钛，都曾被用于替代萤石助熔剂。钙化氟酸的副产品已经被用作氟化铝生产的代用品，同时也可能被用于氟化氢酸的代用品。

七　硅灰石（Wallastonite）[1][2]

硅灰石是一种钙链硅酸盐矿物，它含有少量铁、镁和锰取代钙，通常是白色。当不纯的石灰岩或白云岩在存在含硅的液体或与变质岩石接触受到高温和高压时，就会生成。与它相联系的矿物包括：石榴石、符山石、透闪石、绿帘石、斜长石、长石、辉石和方解石。它是以英国化学家和矿物学家威廉海德·沃拉斯通的名字命名的。

硅灰石的某些特性，使它非常有用，如它的高光泽性和白色、低湿度和吸油性，以及低动荡的内含物。硅灰石主要用于陶瓷、摩擦产品（刹车，离合器）、金属冶炼、油漆、填充物和塑料。

美国国内生产和使用

硅灰石由美国纽约的两家公司开采，美国地质调查局为了保护公司独占数据，扣压了美国的生产统计。在美国开采的硅灰石其形成，是当不纯的石灰石被变质，或者含有硅石的液体在变质中进入含钙的沉积岩。在这两种情况下，方解石同硅石互相作用，产生了硅灰石和二氧化碳。硅灰石也能从有高碳含量的岩浆直接结晶，但这是较少发生的。美国国内的硅灰石矿床已经在亚利桑那、加利福尼亚、爱达荷、内华达、新墨西哥、纽约和犹他州找到。但纽约是唯一进行长期持续开采的州。

美国地质调查局没有搜集硅灰石消费统计的数据。然而，估计塑料和橡胶产品要占美国消费的25%到35%；紧随其后的是陶瓷20%到25%；油漆10%—15%；冶金10%—15%；摩擦产品10%—25%；杂项10%—15%。

美国的硅灰石产量，如贸易文献所报告的2009年约为6.5万吨。2010年可能比2009年增加3%到7%。没有综合贸易数据，但是有报告说可能在2.4万到2.8万吨之间，2010年进口可能少于4000吨。美国被认为是硅灰石的净出口国。

循环利用：无。

进口来源（2006—2009年）：无综合贸易数据，但是硅灰石曾从加拿

---

[1]　Mineral Commodities Summary USGS, 2010. p.182.
[2]　http://en.wikipedia.org/wiki/Wollastonite

大、中国、芬兰、印度和墨西哥进口。

政府储备：无。

近况和问题：美国的硅灰石行业，在经过 2009 年全球经济衰退，需求严重逆转后开始缓慢复苏。硅灰石的生产和出口 2010 年略有上升，主要是由于东南亚市场的持续增长。2010 年进口可能保持不变。

硅灰石行业严重依赖于对陶瓷、冶金、油漆和塑料行业的销售，在全球经济衰退的阶段，所有这些行业都不好。随着全球经济缓慢复苏，硅灰石的销售在未来两三年或许有所改善。一家南非生产商计划在靠近纳马夸兰德的尕利斯开采硅灰石，资源估计为 320 万吨，平均等级为 52% 硅灰石。2011 年生产计划约为一年 9000 吨。这家公司在现场建立一个工厂，预期在 2012 年生产能力达到一年 17400 吨，到 2014 年达到 23000 吨。

世界资源：没有对硅灰石的资源进行估计。最大的储藏是在中国、芬兰、印度、墨西哥和美国，它们占全球硅灰石生产的大部分。重要的硅灰石资源也在加拿大、智利、肯尼亚、纳米比亚、南非、苏丹、塔吉克斯坦、土耳其和乌兹别克斯坦被发现。

代用品：许多硅灰石产品的针状结晶性质，允许它同其他针状结晶物质竞争，如陶瓷、纤维、玻璃纤维、钢纤维，以及需要致力于改善空间稳定性、弯曲系数以及热偏转的产品。如几种有机纤维、如凯撒草纤维、聚乙烯、聚丙烯等。硅灰石也同几种非纤维矿物或岩石竞争，如高岭土，云母和滑石，它们添加到塑料中可以增加助熔力，如硼砂、碳化钙、石膏和滑石，它们给予塑料以空间稳定性。在陶瓷中，硅灰石同碳酸盐，长石、石灰石以及硅石充当钙和硅的来源，它在陶瓷中的应用取决于陶瓷形状和焙烧方法。

八 宝石（Gemstone）[1][2]

宝石是一块矿石，在其切割或打磨的形式下，被用于制作珠宝手饰或其他装饰品。大多数宝石是坚硬的，但是某些柔软的矿物也被用作首饰，这是因为它们的光泽或其他物理性能有艺术价值。

---

[1] http：//en.wikipedia.org/wiki/Gemstone
[2] Mineral Commodities Summary USGS, 2010. p.62.

西方对宝石的传统分类，可以追溯到古希腊，从贵重宝石到半贵重宝石；其他文化也有相似的区别。现代的习俗，贵重宝石是指钻石、红宝石、蓝宝石和绿宝石。这种区别反映在古代每一种宝石的稀缺性以及它们的质量，所有宝石都是半透明的，颜色是最纯的。无色的钻石非常坚硬，其硬度为8到10莫氏硬度标。其他宝石按它们的颜色，半透明度和硬度分类。传统的区分法并不一定反映现代的价值观，例如，虽然石榴石相对而言并不算贵，一种绿色的石榴石比中等质量的绿宝石还值钱。

当今时代，宝石由宝石家确认，他们用宝石领域的技术名词描述宝石和它们的特征。宝石家确认一种宝石的第一个特征是它的化学成分。例如，钻石是由碳生成的，红宝石是三氧化二铝。许多宝石是晶体，它们被按晶体系统分类，如立方晶系、三角晶系、单斜晶系。使用的另外一个名词是体质，即宝石通常被发现的形体。以钻石为例，它属立方晶系，经常发现为八面体。

宝石的价值并没有普遍接受的定级制度。钻石的定级使用一个由美国宝石研究所（GIA）在1950年开发的系统。历史上所有宝石都用肉眼定级。GIA系统包括一个主要的创新，引进了$10x$放大倍数作为清澈度的定级标准。其他宝石仍然使用肉眼定级。

美国国内生产和使用

美国国内生产天然的与合成的宝石总价值在2010年增长了7%。天然宝石生产价值比2009年略有上升，而同期合成宝石生产价值增长了9%。国内宝石生产包括玛瑙、绿柱石、珊瑚、石榴石、翡翠、碧玉、蛋白石、珍珠、石英、蓝宝石、贝壳、黄玉、电气石、绿松石和许多宝石材料。按照次序，亚利桑那、俄勒冈、犹他、加利福尼亚、爱达荷、科罗拉多、阿肯色、蒙大拿、北卡罗来纳、缅因和田纳西州生产了美国天然宝石的84%。合成宝石生产价值的总体增长，来自于碳硅石生产价值的增长。实验室制作的宝石，是由位于佛罗里达、纽约、马萨诸塞、北卡罗来纳和亚利桑那州的5家公司制造，这些州产值依次序递减。宝石的主要用途是雕琢，宝石和矿物的珍藏，以及用于制作珠宝饰物。

2010年，美国生产的天然宝石为850万美元，实验室制作的（合成的）3000万美元。为消费进口190亿美元，出口（包括再出口）150亿美元。净消费 44 亿美元。矿山的劳工就业 1100 人。净消费对净进口的依存度 99%。

循环利用：宝石常常被循环利用，如作为遗产珠宝的再出售，重新镶嵌，或重新切割。

政府储备：无。

现状和问题：2010 年美国市场上具有宝石质量的钻石，估计约 180 亿美元，占世界需求的 35% 以上。同 2009 年比约增长 42%。国内的天然非钻石宝石的市场估计约为 9.45 亿美元，比 2009 年增长 21%。美国宝石市场的增长，反映了自全球衰退以来经济的改善，及其对奢侈品市场的影响。预期美国将在宝石消费市场上继续占统治地位。

世界资源：多数含钻石矿体含有的钻石内含物，从每吨少于 1 克拉到约每吨 6 克拉。主要宝石钻石储量在南非、澳大利亚、加拿大和俄国。

代用品：塑料、玻璃和其他材料是天然宝石的代用品。合成宝石是普通的代用品。模仿品也常常替代天然宝石。

九 蓝晶石和相关原料（Kyanite and Related Materials）[1][2]

蓝晶石的名称来自于希腊文，意思是深蓝，是一种典型的矽化矿物，通常是在铝富集的变质伟晶岩和/或沉积岩中发现。蓝晶石在变质岩石中通常压力高于 4 个千巴（气压单位）。蓝晶石主要用在耐火材料和陶瓷产品，包括瓷器、铅管工程固件和菜肴盘碟。它也被用于电子，电气绝缘和磨料。

蓝晶石曾经被用作一种半贵重宝石，它会显示猫儿眼闪光，虽然由于它对外界刺激有不同反应和完全的劈裂因而使用途受限制。它有各种不同颜色，包括近来在坦桑尼亚发现的橘黄色蓝晶石。这种橘黄色是由于在其结构中包含了少量的锰。蓝晶石还是一种标记矿物，用于估计正在变化的岩石是在什么温度、深度和压力之下。

美国国内生产和使用

在弗吉尼亚，有一家公司把开采和加工业务整合在一起，用露天矿坑的坚硬岩石生产蓝晶石。另一家公司在乔治亚州生产合成莫来石。商业上生产

---

[1] http：//en. wikipedia. org/wiki/Kyanite
[2] Mineral Commodities Summary USGS, 2010. p. 88.

的莫来石是合成的，从烧结或熔化蓝晶石或矾土高岭土生产出来，自然生成的模来石通常是稀少的并且开采不经济。蓝晶石－莫来石产量中的90%估计是用于耐火材料，其他用途占10%。至于耐火材料的用途估计65%是用于炼钢和炼铁，其余部分用于制造化学品、玻璃、非铁金属，以及其他材料。

2010年美国蓝晶石的矿山采掘为7万吨，合成莫来石4万吨。为消费进口6000吨，出口3.2万吨。实际消费8.5万吨。蓝晶石矿山就业、办公室和工厂120人，莫来石工厂，办公室170人。

循环利用：不多。

进口来源：南非89%；法国6%，其他5%。

近况和问题：在2008年和2009年衰退以后，世界第三的美国钢生产回升，2010年头8个月比2009年同期增长了56%。（2009年头8个月比2008年同期钢产量下降49%）。可能由于对蓝晶石－莫来石需求的增长，粗钢在其他世界领先产钢国家中的另外三个，头8个月也比2009年同期有所增长——在中国约增长了15%，在日本（第二）增长了38%；在俄罗斯（第四）增长了15%。同期世界总产量增长22%。世界耐火材料市场估计接近2300万吨，粗钢制造消耗了生产的70%左右。

全球对耐火材料的需求，在2009年四季和2010年度增长很大，这是钢铁生产复苏而耐火材料库存在2009年急剧下降在整个供应链显示的结果。随着钢的持续复苏，对莫来石的兴趣在增长，因为许多耐火材料客户正在寻找替代的矽化铝耐火矿物来替代耐火的矾土。在美国、欧洲和东南亚的行业，都表达了关于从美国供应莫来石级三氧化二铝的关切。这种可能的短缺，加上降低成本的驱使，导致一种从中国来的60和70级别的莫来石重新萌发的兴趣，尽管中国的莫来石价格在上升，同时未来的可得性并不确定。由于增加的需求，一家公司在乔治亚安德森威尔的烧窑在2009年末已经重新开工，在2010年年初一个新窑也进入生产，对公司现有生产能力每年再增加7.5万吨。

世界资源：已知蓝晶石及相关原料在美国有大量资源存在。主要的资源是云母片岩和麻片岩的矿床，多数在阿帕拉契亚山区和爱达荷。其他资源是在南加利福尼亚的铝麻片岩。这些资源在当前开采并不经济。其余世界蓝晶石资源的特点被认为同美国相似。

代用品： 两类合成莫来石（熔化的和烧结的）耐高温火黏土，以及高铝矾土材料在耐火材料上，可以替代蓝晶石。合成莫来石的主要原料是铝土，高岭土和其他黏土和硅石砂。

点评

美国地质调查局对美国非金属矿物的调研资料说明，非金属矿物行业对美国发展经济实行全球扩张、并在20世纪跃升为世界超级大国，都起到了有力的支撑作用。三大类非金属矿物都有自己的行业特征，也有其壮阔的发展史和成功经验，并且分别在建筑领域、农业领域、工业领域立下了汗马功劳。当然它们走过的道路并非一帆风顺，它们是在战胜各种困难中保持了自己竞争力。这些行业面临的问题以及解决问题的经验值得重视。

在非金属矿物中，水泥的发明是建筑史中的重要里程碑，它和钢筋一起，使"万丈高楼拔地起"，由梦想变为现实。发明水泥，英国人居头功，但是薪火相传，美国人接过接力棒，先是罗伯特·W.赖斯雷于1889年推出了自己的水泥，并找到降低成本的方法，使产量增加到4.2万吨。10年后又由于爱迪生发明了转窑而使水泥产量扶摇直上达到33.5万桶，拔了世界水泥产量的头筹。当然今天美国的产量已经下降到世界的第三位，被人口众多的新兴经济体抛在了后头，但是如果你想到早在20世纪30年代，443米的帝国大厦已经耸立在曼哈顿，你就不得不承认，美国人为世界水泥事业奠基所做的贡献。现在水泥业所面临的首要问题是污染，这也是非金属矿物、石灰、石绵等的通病。水泥生产过程要先制成烧结块再加以研磨，在此过程要释放出大量二氧化碳，为了减排，美国环境保护署要求减少每吨水泥产品的排放量。为此难免要增加成本。环境保护署还用新的排放议定书取代了2009年的议定书，要求降低汞和其他污染物的排放水平。石灰行业也面临可能的对二氧化碳排放规章的管理。另外，石绵的毒性也是一个问题，第二次世界大战中，美国约有430万工人在造船厂工作，每千人中约有14人死于间皮瘤，据说是由石绵引起的。因此而引起诉讼。美国是有石绵资源的，但自2002年以后，没有一家公司开采过。转为靠进口满足需求。这反映了政府与企业之间的博弈，用渐进的步伐减排，兼顾环境保护和企业困难，看来是目前美国政府比较求实的做法。

化工和化肥矿物的发现和发明也是美国在20世纪就已做出的贡献。化肥的发明和发现，同建立现代化农业有关。如上述调研资料所说：20世纪40年代，美国赠地大学的植物学家发现植物生长所必要的16种元素。于是为作物提供土壤所不包含的氮、磷、钾、钙、镁、硫和几种微量元素，就成为增加农作物产量的关键。正是这种需求推动着科学家千方百计寻找提供这些元素的方法。最早解决的是钾，因为在德国找到了钾矿，第一次世界大战时供应中断，美国在内布拉斯加湖区找到了新来源，后来又发现新的化学生产方法。到1940年，磷也用化学方法生产出来。氨（氮肥）是同第二次世界大战期间生产军火所用的氨联系在一起的。战争一结束，所有的氨都转为农用，使氮肥飞速发展，在此过程，科学家又解决了把氮肥置入土壤的方法，使氮肥对农业增产发挥了巨大作用。但是，化肥的过度使用也引起人们对环境的担忧。科学家正在研究化肥对美国环境健康的影响。总的来看，20世纪以石油化学为依托的美国大农业，似乎已经发展到了极限。如果继续以破坏生态环境为代价求发展，将是不能持续的。建立环境友好型新农业，将成为美国必须解决的一个大课题。

非金属矿物中的工业矿物品种繁多，用途广泛。其中有些是美国蕴藏丰富的，有些是美国先天不足的。对于前者，视其在工业生产中的重要程度，在美国得到了不同程度的发展，对于后者，则采取加强储备应付供应中断的对策。

硅是地球外壳第二种最丰富的，仅次于氧的元素。美国国内制造硅金属和硅合金的资源几乎是取之不尽的。多数生产国的产量也可以供应全世界使用许多年。硅产业的竞争取决于它在高科技中的应用。硅的重要性在于它的性能优良，在高温下能够保持自己的特性，不生长自己的天然氧化物，却能形成一层性能很好的半导体，是重要集成电路或微芯片的载体，美国成为信息革命的领头羊，是靠发掘出硅的这种特殊性能而成功的。因此，高科技产业最集中、硅利用最先进的工业园区就用"硅"来命名，在美国有闻名遐迩的硅谷，有俄勒冈的硅林，得克萨斯的硅丘。它们已经成为美国硅产业领先世界的标志。

在工业矿物领域，美国也有短板，石英是其中之一。美国不生产石英，全部依靠进口。到 2010 年 9 月底，国防后勤署保存有 7000 多公斤战略储备，包括 11 个重量级的天然石英晶体，从 0.2 公斤到超过 10 公斤。这种晶体适宜于切割成很薄的"种子晶体"，用于加工石英晶体。对这些物资，联邦政府是不出售的。萤石也是美国较少的矿物，主要从墨西哥和中国进口。也保有政府储备。

值得注意的一条经验，是美国对储备物资很讲经济效益，因此，根据不同时期储备物资的供求状况，他们会适时对储备量进行调整，对多余部分进行出售。这在联邦预算吃紧的时候更成为政府的重要考虑。

第四章 美国矿业的微观基础

美国矿业的微观基础是企业和员工，矿业的调整、转型都是在企业层面实现的，企业的经营者是实现调整、转型的主角。要深入了解美国矿业的变革，不可不考察美国大公司经营者是如何以利润为导向，适应形势，转换理念，采取行动，实现调整和转型的。

如果说两次世界大战间是美国矿业的辉煌期，那么自20世纪60年代以来，美国矿业就进入了困难的调整期。引发矿业调整的背景是复杂的，如：后工业化社会需求的变化；矿业资源的过多消耗；民族独立运动的兴起；国际竞争的加剧；环境诉求的加强；劳资纠纷的困扰；等等。企业对经营理念和实践进行调整的同时，为了迎接各种挑战，也进行经营模式的转型，如从一体化到多元化，再回到核心专业和实行全球化，以及通过科技创新和兼并，收购促使企业升级，取得规模效益和科技红利，都是企业经营者战胜困难，实现转型，增强竞争力的有力手段。

我们考察美国矿业的微观基础——企业，就是要深入理解企业如何在激烈的竞争中摸爬滚打，实现了整个行业的调整、转型，使整个美国经济结构继续获得矿业的有力支撑。

第一节 美国的钢铁公司

钢铁公司在美国工业化过程起到了中流砥柱的作用。从19世纪末期到20世纪中期，是美国钢铁公司的鼎盛时期。第二次世界大战后的1955年，美国钢产量达到1.17亿吨，居世界之首。著名的美国钢铁公司（U. S. Steel）的产量，在世界上也排行老大。但是这种状况到20世纪中期就开始变化，到21世纪初，则形势大变。现在就钢产量而言，中国早已超过美国。就企业规模而论，印度裔英国人米塔尔拥有的米塔尔钢铁公司已稳居世界第一的宝座。从这个角度看，美国的钢铁业是衰落了。不过，美国的钢铁公司也正在经过调整、转型而浴火新生，这是一个痛苦的洗牌过程，不少钢铁公司退出了历史舞台，挺过来的企业走过的道路各有千秋，可以总结出不少经验和教训。其中美国钢铁公司、克利夫斯自然资源公司和纽柯公司的兴衰都有一定的典型性。它们的发展从微观层次反映出美国钢铁业经过发展、调整、转型、再发展所走过的道路。

一 美国钢铁公司（United States Steel Corporation）[①]

1. 公司现状

总部设在匹兹堡的美国钢铁公司，现在是美国第二大一体化的钢铁生产商（在印度米塔尔钢铁公司之后）。就销售额说，它是世界第10大钢铁生产商。这家公司经营的工厂遍及美国中西部、加拿大安大略省、塞尔维亚、斯洛伐克。美国钢铁公司制造薄板和钢的半成品，板材和钢板以及锡产品，它一年生产约2500万吨粗钢。公司的主要客户是汽车、建筑、化学和服务于钢铁中心的行业。此外，美国钢铁公司还提供矿业资源管理、工程设计以及咨询等服务。

公司的欧洲业务由两家公司组成，塞尔维亚美国钢铁公司（生产石灰石、薄板、带材轧机平板和锡）和斯洛伐克考西斯美国钢铁公司（制造薄板、带材轧机平板、锡轧机、管材和特种钢产品）。它们又合在一起成立了公司的第二个最大部门——欧洲美国钢铁公司，约占美国钢铁公司销售总额的四分之一。2007年美国钢铁公司卷入了全行业范围的合并浪潮，它一共花了33亿美元，收购了管材制造商龙星技术公司（Lone Star Technologies），并在一个单独的交易中收购了以前的斯泰尔柯公司。龙星技术公司是这个国家生产油田焊接钢管的最大制造商。这个收购交易补充了美国钢铁公司自己为能源行业生产的、主要是无缝钢管的产品种类构成。另一方面，斯泰尔柯交易给美国钢铁公司增加了核心业务。斯泰尔柯侧重于平板滚压市场的厚板

[①] Hoover's Handbook of American Business. p. 859.

产品，因此提高了美国钢铁公司的生产能力，使之一年超过3000万吨（虽然它的实际产量低于此数），它也多少扩大了公司的地理范围。在交易成功之后，美国钢铁公司把斯泰尔柯的名字改为加拿大美国钢铁公司。

美国钢铁公司2008年的销售额

	百万美元	占总额的%
北美	18269	77
欧洲	5487	23
总计	23754	100

美国钢铁公司2006年的粗钢生产

	净吨位（千）	占总额%
北美		
印第安纳 加里	5917	23
密执安大湖区	2513	10
宾夕法尼亚 蒙谷	2461	10
安大略，汉弥尔登	2325	9
伊利诺伊 花岗石城	2294	9
仙童 阿拉巴马	2082	8
安大略 伊利湖	1598	6
欧洲		
科赛思美国钢铁公司	4562	18
塞尔维亚	1848	7
总计	25600	100

2008 年销售额

	百万美元	占总额%
平板滚压	13789	58
欧洲美国钢铁公司	5487	23
管材产品	4251	18
其他	227	1
总额	23754	100

公司收入报告

	收入（百万美元）	净收入（百万美元）	净利润率	员　工
12/08	23764.0	2112.0	8.9%	49000
12/07	16873.0	879.0	5.2%	28000
12/06	15719.0	1374.0	8.7%	44000
12/05	14039.0	910.0	6.5%	46000
12/04	14108.0	1077.0	7.6%	22000
年度增长率	13.9%	18.3%	—	22.2%

2008 年末财务状况

负债率	62.6%	股票数额（百万股）	143
股本回报率	40.5%	分红	
现金（百万美元）	724	收益	3.0%
当期流动资产/负债	206	还债	6.1%
长期债务（百万美元）	3064	市场价值（百万美元）	9332

2. 历史回顾：兼并收购打造一体化大公司

美国钢铁公司是在美国工业化和两次世界大战中，通过兼并收购应运而兴的典型，也是 20 世纪初金融大亨 J.P. 摩根的杰作。

南北战争之前的发展

在南北战争前，由于美国人还不能掌握制钢必不可少的搅拌技术，美国制造商只能生产少量的钢。美国工程师亚历山大·霍雷于 1864 年把贝赛麦技术带到美国，然而，贝氏法的设计开始在美国并没有得到完善，直到建立起位于宾州布拉道克的艾得加汤姆逊工厂。这家工厂于1875年开张，成为所有后来贝氏设施的样板。霍雷的艾得加汤姆逊工厂是为安德鲁·卡内基建立的，它的钢轨产品大部分用于宾夕法尼亚大铁路。卡内基19世纪60年代投资于钢铁业。他的天才在于支持技术创新，如贝赛麦转炉和琼斯搅拌器，它加快了从鼓风炉把铁送进转炉的速度，这样就降低了生产成本，比他的竞争者卖得便宜。卡内基用人有道，其对垂直一体化管理的衷情也促成了他的成功。他的公司最终控制了制钢所需要的所有供应品：铁矿石和煤，铁路网，以及销售网。到1890年，卡内基钢铁公司制造的钢超过了整个大英帝国，并在1900年当年创下4000万美元的利润。

19世纪70年代和90年代之间，在越来越多的市场上，钢取代了一度处于统治地位的铁，如铁轨和道钉。由于卡内基工厂的创新技术运用，贝赛麦制钢允许公司每年比铁统治市场时多生产出成千上万吨的金属。同时由于贝氏方法比起制铁来要求较低的技能，劳工成本也在下降。由于钢的价格急剧下降，消费者越来越选择更便宜，更坚硬，更耐用的钢。

正如在其他行业一样，许多钢生产商在20世纪开始联合起来，然而，美国钢铁行业大合并的影响特别引人注目，1901年美国钢铁公司通过兼并10家钢铁公司成立。它实现了炼钢炉、矿石储藏、铁路公司、轮船公司的一体化。此前在1899年，摩根曾经组织了联邦钢铁公司，但他并不以此为满足，又想打造一个中央集权的托拉斯，控制腾飞的钢铁市场。当时卡内基钢铁公司是美国最大的钢铁公司，但卡内基想退休。这时卡内基钢铁公司总裁施瓦布想出了一个钢铁托拉斯的主意，基础是卡内基钢铁公司同联邦钢铁公司的合并。摩根要求施瓦布去说服卡内基，卖掉他的钢铁公司，最后J.P.摩根就把安德鲁·卡内基的公司买断，使后者不再能降价竞争，卡内基也通过这笔交易，成为世界上最富有的人。

美国钢铁公司是历史上第一个在股票市场上价值超过10亿美元的企业（准确地说是14亿美元）。这个数字代表着美国当时整个财富的1/67。美国钢铁公司控制着美国贝氏钢产量的72%，平炉钢市场的60%。平炉炼钢也是一种新方法，它通过循环利用废气，在平炉中取得高温的方法制钢。在当时美国钢铁公司的10个分部制造的多种多样钢产品中，包括钢丝、钢管、结构钢、钢板以及锡板。同卡内基钢铁公司相似,美国钢铁公司也是垂直一体化,在铁矿石、煤炭、运输和铁路都有其利益。美国钢铁公司为了避免被认定为垄断企业,有意让出了一些市场。同时由于第一次世界大战对钢铁的大量需求,使美国钢铁公司躲过了美国政府反托拉斯诉讼,避免了拆分的风险。然而,也就在这个时候,却被另一家名叫伯利恒的公司钻了空子。伯利恒钢铁公司通过向欧洲卖武器和向美国政府出售船舶而大肆扩张。尽管如此,其他公司还是唯美国钢铁公司马首是瞻,从产品价格到工资和劳工政策,都是如此。美国钢铁研究所是1911年成立的第一个美国钢铁业的商会,由美国钢铁公司董事长艾尔伯特加里担任主席,这有助于把美国钢铁公司的许多政策和做法加以推广。

两次世界大战与公司的盛衰

这家公司最繁荣的时期是在第一次世界大战和第二次世界大战当中。在第二次世界大战中,由于钢对战争的重要性,产量急剧增长。这种增长有些是因为在大萧条后设备得到了充分利用,但是新工厂投入使用也起了作用。例如,政府贷了大笔款项给造船大王亨利·凯撒,在西海岸建立了第一个钢厂,以保证他的船厂能够提供足够的产品满足海军合同的需求,美国钢铁公司利用了它自己的资金和联邦政府的资金,在战争中扩大了生产能力,特别是在匹兹堡周边。到1947年,美国控制了世界60%的制造钢铁的潜力。

第二次世界大战后,随着美国进入服务型社会,对钢铁的需求下降,加上成本的提高,公司经营逐渐发生困难。尽管1955年它的利润创造了纪录,但是它的美国市场份额已下降到只占30%。由于国外的竞争和价格战,到20世纪70年代,钢的长期增长前景已经十分暗淡。

外国竞争者的参与,给美国国内的钢铁行业形成很大的冲击。在20世纪60年代,日本、德国等国家首先成为国际钢铁市场的主要玩家。以后,像巴西、韩国这些国家打进了美国市场,对美国国内生产商造成冲击。尽管美国钢铁行业常常抱怨外国的不公平竞争,外国生产商使用了新技术以及美国钢铁制造商未能创新也是重要原因。例如1952年,两家奥地利公司开发了纯氧顶吹技术。这种方法使用纯氧作为炼钢的唯一燃料,要比当时传统的平炉有效得多。到1957年,没有一家美国钢铁制造商采用这种技术,美国钢铁公司,这时仍然是这个行业的最大公司,在1964年前也没有让它的纯氧顶吹投入使用。外国钢铁生产商靠进口廉价的原料，则是另一种超过他们美国对手的优势。

美国钢铁业的崩溃开始于20世纪60年代末，自此以后形势越来越糟。老式公司如威斯康星钢铁公司和共和钢铁公司走向破产，并且停止营业。即使生存下来，如美国钢铁公司也把老工厂关闭，为的是削减生产能力。美国钢铁公司在20世纪80年代决定收购两家石油公司，然后改名为USX。

1982年美国钢铁公司因收购一家在美国和国外有大量石油和天然气储量的大型一体化能源公司——马拉松石油公司——而使规模翻番。它继续削减其制钢能力，解雇了10万员工，关闭钢铁厂，卖掉资产。

1986年该公司收购了得克萨斯石油和天然气公司。同年，一家专门从事兼并的公司，卡尔伊康——USX最大的单一股票所有者，试图使公司卖掉其制钢业务没有成功。1988年USX收购了一家铁路和水运供应商集团-跨越星球公司的49%的股权。2001年又购买了剩下的权益，使跨越星球公司成为完全拥有的子公司。

1991年，股东们批准在USX的名义下，把公司拆分成两个分开的单位，美国钢铁公司和马拉松公司。20世纪90年代，美国钢铁公司继续关闭钢铁设施。1992年USX参加了由5个其他领头钢铁生产商对外国制钢企业得到政府补贴提起诉讼。

1996年，公司同意支付1.06亿美元罚款，解决涉及印第安纳空气污染的控告。1997和1998年，美国钢铁公司开始使其若干套设备升级，同时加入了几家国内和国外的合营企业，其中一家在斯洛伐克，另一家在墨西哥。1998和1999年由于价格的下降，公司削减生产，并且与其他钢铁生产商一起控告巴西、日本和俄罗斯等对手非法向美国低价倾销钢产品。

2001年年初，USX分拆了它的钢业务，使之成为美国钢铁公司，剩下的能源业务开始作为马拉松石油公司运营。

2001年，USX-美国钢铁公司和伯利恒钢铁公司宣布，它们正在谈判两家公司可能的合并。随后，USX-美国钢铁公司同国民钢铁公司开始谈判合并其业务。为了谈妥这个交易，国民钢铁公司必须重组其债务，布什政府则实行削减钢产品进口的计划。这一年，USX-美国钢铁公司从其控股公司USX公司分开，钢铁业务单位重新启用其最初的名字——美国钢铁公司。这个分家留给美国钢铁公司超过 13 亿美元的债务。

美国钢铁公司同其他美国钢铁制造商一起,从布什政府获得了保护。2002 年 3 月初,布什政府实行了 8% 到 30% 的进口关税,为美国钢铁公司和美国钢铁行业提供了暂时的喘息机会。但政府拒绝对退休人员给以任何救助。2003 年 12 月结束了进口关税,比计划提前 16 个月。

2003 年美国钢铁公司采取了一个里程碑式的行动,用差不多 11 亿美元收购了国民钢铁公司。国民钢铁公司和美国钢铁公司合起来的制造能力使公司国内外粗钢的生产达到每年 2000 万吨钢。使它成为美国最大的钢生产商,直到 2005 年米塔尔公司成立。

2003 年,美国钢铁公司在收购了塞尔维亚的制钢企业萨尔泰达后,其在欧洲的业务也得到扩张。后者生产石灰石、薄板、带材轧机平板和锡。

从美国钢铁公司走过的道路可以看到,这家曾经傲视全球的大公司,在 100 多年中走过的道路并不容易。它以在技术上领先并有幸搭上美国经济起飞的快车和两次世界大战而得到大发展。又因为技术上保守和第二次世界大战后美国对钢铁需求的下降被迫瘦身,更因为在 20 世纪中美国大公司纷纷实行多元化经营而走了弯路。最终因为在决策上回到自己所长的核心业务,采用新技术,实行兼并收购和全球化经营,而在美国钢铁业转型升级中获得新生。继续成为美国钢铁一体化生产有竞争力的、能够盈利的钢铁跨国公司。

3. 劳工运动和劳工组织

美国钢铁业的劳资关系是影响企业发展的一个大问题,制约着企业的健康发展。美国钢铁工人由最初备受剥削,经过工会斗争,形成社会上一支有组织的强大力量,在工人队伍中获得了较好的工资和福利待遇。但在经济全球化的条件下,过高的劳工成本又成为削弱企业竞争力的不利因素,使美国钢铁工人工会在国际贸易方面显示出反全球化和贸易保护主义的浓重色彩。这个历史过程有颇多的经验教训。

在 20 世纪初期,美国钢铁公司长期保持安德鲁·卡内基时代低工资、反工会的劳工政策。代表宾州侯姆斯泰德工厂的钢铁工人联合会,在 1892 年进行激烈罢工后遭到长期破坏。在美国钢铁公司成立的 1901 年,就有一次罢工被挫败。在第一次世界大战期间,公司同工会达成休战协议。在威尔逊总统的压力下,公司缓和了它和工会的矛盾,准许工会在某些工厂运作。

然而，战争一结束，它就迅速回归到以前的政策。整个20世纪早期，钢铁公司的经理们决心阻止有组织劳工在这个行业的存在。经理们通过胡萝卜加大棒，打退了全国有组织的运动。他们软硬兼施，一方面利用如间谍、黑名单和种族斗争，同时加上软政策如改善安全环境，和雇员持股计划等。

20世纪20年代，和许多其他大公司一样，把家长式的做法与"雇员代表计划"相结合，形成一种受经理层支持的公司工会。这种形式最终导致美国钢铁工人联合会的出现。1937年，公司放弃了反工会的姿态，当时公司总裁麦龙·泰勒同意认可由约翰·路易斯领导的工业组织大会（CIO）的附属机构——钢铁工人组织委员会。泰勒是一个外来者，在大萧条时受聘来到美国钢铁公司进行救援，他没有受公司反工会的长期历史的约束，而是注意观察由美国汽车工人工会在密执安州福林特组织的静坐罢工，他相信路易斯是他能够进行商业交易的对象，致力于通过集体谈判实现稳定。

尽管许多其他钢铁生产商追随了美国钢铁公司的模式，它最大的对手却没有。如伯利恒钢铁公司、杨斯汤钢板和铁管公司以及共和钢铁公司，它们没有按照美国钢铁公司同样的条件承认工会，于是1937年以来，这些公司开始了小型钢铁工人罢工。尽管使用了暴力，特别是发生了所谓的芝加哥阵亡将士日大屠杀，小型钢铁工人罢工比较容易地取得了胜利。同时第二次世界大战中美国政府为了保持生产不断，对公司施压。在这个冲突过程，迫使这些公司承认了钢铁工人组织委员会的继承者，美国钢铁工人联合会（United Steel Worker's Association，USWA）。

当战争结束时，钢铁制造商想收回罗斯福政府迫使他们接受的许多工会的斗争成果，但是美国钢铁工人联合会已经成长到难以摧毁。在1946和1959年间，USWA罢工5次，力求为它的会员赢得更高工资和更大的改善工作环境的能力。每次罢工都使整个行业停产。1952年罢工导致杜鲁门总统的历史性决定，由政府接管了整个行业。1959年又发生过116天的罢工。

虽然美国钢铁公司的工会组织同公司仍然有争吵，但是比其他行业工会同雇主的关系要好些。工会虽然组织了罢工，但是这些罢工都是为工资和福利，而不是在根本上承认工会与否的问题。持续116天是美国历史上最长的单个罢工。作为这些纠纷的结果，美国钢铁工人成为这个国家制造业雇员中工资最高的一类。然而这一高工资的代价又成为这个行业在随后几十年崩溃的原因。

1974年，钢铁工人工会企图达成一种所谓"试验性谈判协议"（Experimental Negotiation Agreement. ENA），缓解由外国进口所带来的竞争问题。其目的是当双方对任何新的集体谈判达不成协议时提供一种仲裁，以防止导致混乱的罢工。但ENA未能阻止美国钢铁业的衰落。

1984年和1986年，公司和其他雇主结束了ENA，当时公司停掉了好几座设施，把成千名工人关在厂外，那是在订单下降，工人威胁罢工的前夕。另外，20世纪80年代初，美国钢铁公司和其他钢铁生产商在美国钢铁公司执行副总裁布鲁斯·约翰斯顿的指挥下要求他们的职工做出广泛的让步。约翰斯顿在致罢工职工的一封信中警告说："在钢铁救生船上已没有足够的座位给每一位职工。"除了削弱工会的作用，钢铁行业还力求把联邦政府拉出来采取行动，反对外国生产商以低于市场价格实行倾销。

从美国钢铁公司的劳资关系史可以看到，公司经营者从反工会到承认工会，实行集体谈判是一种进步，是工人通过斗争得到的果实。但是只着眼于小范围的经济利益，虽然争取到更高的报酬和福利，却使美国钢铁工人工会成为特殊的利益集团，在全球竞争中使美国钢铁业处于不利地位，而他们所奉行的贸易保护主义也同经济全球化的大趋势背道而驰。

4. 关于环境污染问题

钢铁公司历来是环境污染大户，美国钢铁公司也不例外。随着公众的日益觉醒，社会舆论和环保机构对污染源日趋严厉的监督，美国钢铁公司也不断陷于法律纠纷之中。其中有几件是特别严重的。例如，1948年10月26日到10月31日，宾州多诺拉地区的美国钢铁公司的电线工厂和美国钢铁公司的锌工厂释放出工业毒气，导致几十人死亡，还有几百人受到严重的身体损害。在2008年，这家公司排放100万公斤以上的有毒物质，主要包括阿莫尼亚、氯化氢酸、乙烯、锌复合物、甲醇和苯，还包括锰，氰化物和铬复合物。2004年密执安州罗格河城、罗格河居民以及埃考尔斯城附近对公司"在其罗格河工厂释放和排出空气颗粒物和其他有毒的和有害物质提起集体诉讼"。2005年，伊利诺伊总检察长因为空气污染控告美国钢铁公司。

钢铁公司也涉及制造水污染和有毒废物。1993年，环境保护署对该公司下达了一条命令，要它清理在宾州费尔莱斯山特拉华河的现场，在那里土壤已经受砷、铅和其他重金属以及萘的污染，在该场所的地下水被发现受到多环芳香碳化氢和三氯乙烯的污染。2005 年，环境保护署、美国司法部和俄亥俄州达成和解，要求美国钢铁公司支付 10 万美元以上的罚款，并要求公司为非法向俄亥俄水系排放污染物向居民支付 29.4 万美元的赔偿费。美国钢铁公司在印第安纳的设施反复受到向密执安湖和大卡卢麦特河排放废水的指控，1998 年公司同意以 3000 万美元达成和解，清理 5 英里河道中受污染的沉积层。

二 克利夫斯自然资源公司（Cliffs Natural Resources）[①]

1. 基本情况

在美国钢铁业的调整转型中，除一体化大生产的模式以外，着力发展专注于某种特色产品的次级行业是一个重要发展趋势。克利夫斯自然资源公司是走这条道路的一个比较成功的典型。它把铁矿石加工为矿石小球，并以其作为主业从而发展成为雄踞一方的大公司，尤其因为它实行了全球化战略，所以能从新兴经济体钢业的腾飞中得到好处，创造了自己的竞争优势。

克利夫斯自然资源公司在 2008 年以前的名称是克利夫兰——克利夫斯公司，它是一家俄亥俄州克利夫兰地方的企业，专业分工于采矿和精选铁矿石同时开采煤炭。这是一家独立公司，股票在纽交所上市。公司有近 4000 名雇员，占有铁矿石小球市场的 28% 份额。2011 年 1 月，公司以 49 亿美元收购了统一汤姆逊铁矿，在完成 1 月 11 日的交易以前，克利夫斯拥有该公司的 2/3 权益。这样，克利夫斯就控制了 10 个铁矿石设施，6 个铁矿和一个铬项目，有能力生产高达 4600 万吨铁矿石小球和精矿。统一汤姆逊公司收购了中国武汉钢铁集团 19% 的股票。统一汤姆逊公司同时与中国第三大钢铁生产商以及两个其他亚洲商品经纪人有长期交易。克利夫斯自然资源公司的这笔交易使它有了北美地区以外的据点。公司自 2007 年第三季度开始生产煤炭。

2010 年前 9 个月，煤碳占其总收入的 12.9%（4.211 亿美元，比前一年

---

① http：//en.wikipedia.org.wiki.Cliffw_Natural_Resources

下降 14.4%），而铁矿石则贡献了 26.1 亿美元（占 80.3%，2009 年为 80.5%），另外 6.8%（2009 年为 5.1%）则来自于运输和其他权益。虽然季度到季度的收入比较稳定，总收入则有波动，即使全部收入不变，总开支却很高。2010 年头 9 个月总成本为 22.17 亿美元，比 2009 年增加 60%。

2. 公司发展的历史

公司有悠久的历史，它的前身是克利夫兰铁矿公司，于 1847 年成立。技术进步如贝塞麦炉，使北美大湖区有了用工业规模生产钢铁的可能。伊利湖南岸同煤炭供应接近，因而成为一个兴建钢厂的最有效率的地区。19 世纪最后 10 年，是企业从上一代合伙规模企业变为现代企业的合并时期，在股票市场上交易的公司企图使自己的市场最大化。以前的克利夫兰铁矿公司是这个改组过程的幸存者，它吞并了许多对手。1890 年实现了对杰普塔威德铁公司的一个关键吞并之后，公司改名为克利夫兰－克利夫斯铁公司。合并后，公司进行了大量投资，以改善铁矿石的运输工作。公司兴建了从伊施派明到苏必略湖的铁路，把铁矿石从矿山直接运到公司在苏必略湖所拥有的码头。

在 1890—1947 年间，萨缪尔的儿子威廉·马瑟担任公司总裁，不久又担任董事会主席。在他的领导下实现了从阿坡密执安坚硬的铁矿石向明尼苏达麦撒比山麓和邻近矿脉软红铁矿的过渡。马瑟还是克利夫兰－克利夫斯开发经典型大湖运输船的领导者，那是一种为装运大湖商品特别设计的大负荷船只。1925 年下水的威廉·马瑟号长 618 英尺，这种船型在大湖上游存在了一个多世纪。

在第一次和第二次世界大战中以及二战后的消费热潮中，对美国铁矿石的需求达到了巅峰。1933 年爱德华·格林取代了威廉·马瑟成为公司的最高领导。马瑟 A 矿在 1940 年年初开张，马瑟 B 矿在 1950 年启动。随着冷战的持续，明尼苏达北部可开采的赤铁矿储量减少，同时克利夫兰－克利夫斯把它的重点转回到围绕密执安州马奎特地方的传统利益地区，开采那里的磁铁矿。1954 年，第一个球铁车间在伊格尔工厂建立，接着在 1960 年，第一个格栅式烧窑车间在亨伯特建立。共和矿的竖井则于 1956 年改为露天矿和选矿厂。同时在 1962 年又增加了两个双窑的球铁厂。帝国矿于 1963 年开采，在 20 世纪 70 年代中期和末期又被扩大。先锋球铁厂在 1965 年开张。

1974 年泰尔登矿在艾施潘敏开业。该矿过去是，现在还是世界上唯一有能力同时生产赤铁和磁铁小球的地方。

1970 年一座高品位的铁矿山，在西澳大利亚的皮尔巴拉地区的潘那旺尼卡开采，修建了一条长 200 公里的铁路线到兰伯特的加工设施，同时又为它建起了在威克汉姆的居住城。由于柴油燃料成本的急剧增长，修建起来的一个加工小球的工厂在 1980 年以前停止营运。

在 20 世纪 70 年代，克利夫兰 - 克利夫斯在铀和页岩油领域以及油气钻探行业有可观的收益。它还在林业持有权益。这些权益在 80 年代被处理掉，当时公司重新集中于它的铁矿石核心业务。

在 1974—1975 年和 1981—1983 年的经济衰退期间铁矿石行业的处境非常艰难。克利夫兰 - 克利夫斯收缩了它的业务，1979 年关闭了马舍尔 B 矿和先锋球铁工厂及其相关的矿石工厂。亨伯特小球工厂于 1981 年关闭，共和矿 1981 年停产并于 1996 年永远关闭，当时克利夫斯开始把尾矿池改变为湿地。马奎特铁场的雇员被解雇了一半以上，1984 年克利夫斯从大湖区船运行业撤出。

2002 年，帝国矿合作伙伴 LTV 钢铁公司关闭，帝国矿停产了 6 个月。克利夫兰 - 克利夫斯的股票跌价。老布什总统提高了钢铁进口关税，使国内钢铁业获得喘息。不过真正的转机还是靠新兴市场经济的勃兴。在钢铁关税实行之后，中国以及其他发展中国家钢铁生产的急剧增长，导致全球铁矿石价格的猛涨。这一趋势使前 20 年过苦日子的克利夫兰 - 克利夫斯得到了新生。为了保持竞争力，公司决定在全球扩张并且对其他矿物进行多种经营，从而导致了在巴西和澳大利亚对铁矿产权的收购，同时也在澳大利亚和美国收购煤炭产权。

2007 年 6 月，克利夫兰 - 克利夫斯购得了第一家国内煤矿产权，名称是平奥克煤炭公司，位于阿拉巴马州和西弗吉尼亚州，它们一度属于美国钢铁公司。2008 年公司把名称从克利夫兰 - 克利夫斯改变为克利夫斯自然资源公司。

2011 年 1 月有报道说：统一汤姆森铁矿有限公司同意由克利夫斯自然资源公司出资 49 亿美元接管（2 亿美元是已经拥有的），费用包括近 8 亿美元的债务，这笔交易使克利夫斯拥有在魁北克省的巨大布鲁姆湖铁矿。

三 纽柯钢铁公司

在美国钢铁业不景气的大形势下，纽柯公司是这个行业的一个突出亮点。它是在美国这种特殊环境下，以电弧炉为生产手段，通过废旧汽车的循环利用，成为实现钢铁业转型的成功案例。不仅如此，它还创造了具有纽柯特色的企业文化，为钢铁业的现代化管理提供了有益经验。

纽柯公司是财富杂志300家公司之一。总部设在北卡罗来纳州夏洛特，是美国最大的钢铁生产商之一，也是最大的"迷你工厂"的经营者（"迷你工厂"指使用电弧炉熔化废钢，而不是经营一体化的使用鼓风炉的钢厂）。纽柯称自己是北美循环利用任何物质的循环利用生产商，它能做到每两秒钟就循环利用1吨钢材。

纽柯的历史颇为传奇，它经历了三个不同的时期：里欧汽车（Reo Motor Car）时代；美国核公司（Nuclear Corporation of America）时代；和当前的纽柯（Nucor）时代。

1. 里欧时代

纽柯起源于汽车制造商兰撒姆·E·欧尔德（Ransom E. Old），他于1897年创立了欧尔德汽车公司（后来，作为Oldsmobile品牌，成为通用汽车公司的一部分）。在这家公司被GM收购之前，欧尔德已经离开这家公司一年之久，并于1905年成立了REO汽车公司，它是纽柯的前身，位于密执安州。虽然欧尔德车，包括豪华型REO飞云牌很受欢迎，但并不盈利，即使公司更成功的卡车业务也没有能避免1938年的公司破产申请。

作为破产重组的一部分，REO退出了汽车的一般业务而集中于卡车，第二次世界大战后，试图多元化到割草机。重组后的公司业绩继续欠佳，最后1954年12月，REO卖掉了整个制造业给波恩铝和铜公司，这次出售亏损了300万美元。

2. 核公司时代

卖断REO后，欧尔德手中还剩下1600万美元现金，没有贸易业务。公司启动了清算程序，目的是卖掉其剩余资产并且把现金分给贷款人和股东。然而，一部分不同意见的股东关注税收损失，在1955年9月的一次代理人争执中，成功地挑战了这次清算。在一次相当于"逆向敌意收购"中，股东里面的积极分子迫使 REO 接收了一个很小的核服务公司，名称是核咨询公司。

随着这次收购，REO 汽车公司以"美国核公司"的面貌出现，并且把办公地点重新搬到纽约城帝国大厦。重塑自己，成为核服务公司。然而最终的结果并不比 REO 以前更成功。核公司后来遵循其他公司在 20 世纪五六十年代的样板试图成为一家多种经营公司，再一次把总部搬迁到亚利桑那州的芬尼克斯。这期间，它收购了沃尔克拉夫特公司，一家位于南卡罗来纳的工字钢制造商。

但是这个纽柯多种经营公司办得并不比核服务公司或 REO 汽车或卡车或割草机制造商更成功，结果于 1966 年 3 月第二次申请破产。董事会解雇了核公司的总裁，另聘谢缪尔·西格尔留在公司执掌大局。

3. 纽柯时代

艾弗森和西格尔迅速围绕唯一有利润的业务沃尔克拉夫特的工字钢，改组了核公司，所有其他业务或出售或清理。1966 年公司把总部再一次搬到北卡罗来纳的夏洛特，为的是靠近其主业沃尔克拉夫特工厂。由于没有从美国钢铁制造商得到有利的价格，并且不喜欢在当时能得到的进口钢材，本来受过冶金学训练的艾弗森，决定把核公司逆向一体化到生产钢铁。1968 年在南卡罗来纳达林顿建立了第一个钢条工厂。公司选择收购一座电弧炉，它比传统的钢鼓风炉要便宜得多，在美联银行的特许下，获得 600 万美元贷款。尽管初期的日子并不好过，公司终于能够获得最后成功。

1972 年公司承认制钢和钢产品同核毫无关系，决定采用了现在的名字——纽柯公司。自此以后，纽柯的业务已经扩大到其他钢产品，对其原料供应取得了某种程度的控制，同时在 20 世纪 90 年代扩大了市场存在。纽柯收购了伯明翰钢铁公司，包括密西西比钢铁工厂和阿拉巴马州的伯明翰业务。2000 年 9 月，丹迪·米柯被董事会任命为首席执行官。在他的领导下，纽柯已经以相同的经营哲学收购了相当于现有规模的产钢设备。

2008 年，纽柯在全美国经营了 53 个设施，又在特立尼达波音特里萨斯开设了一家工厂。公司还通过全资子公司哈里斯钢铁公司和大卫·J·约瑟夫公司开展业务。不过，在美国金融危机发生后，纽柯股票大跌价。

2009 年亏损 2.9 亿美元，也是自 1966 年以来的第一次。

4. 大收购

自 2007 年以来，纽柯已经完成其历史上两个最大的收购，一个有助于控制其原料供应，另一个是扩大产品线。2007 年 1 月，纽柯同意支付 10.7 亿美元收购加拿大哈里斯钢铁公司。据媒体报道：这个交易使纽柯把它的存在扩大到用于修建桥梁、高速路和其他基础设施的钢项目。

2008 年 2 月，纽柯同意以 14 亿美元收购一家最大的废料中间商 DJJ。分析师指出，这个交易帮助纽柯把更多的销售纳入囊中。在 2007 年，纽柯只有一个单一的品牌：纽柯建筑系列，它由位于印第安纳、南卡罗来纳、得克萨斯和犹他的 4 个设施组成。2007 年 8 月，纽柯以 2.8 亿美元，收购了 Magnatrax 的 4 个品牌（美国建筑公司、海湾国家制造商、吉尔拜建筑系统和 CBC 钢铁建筑），用于支撑其预设计金属建筑系列（pre-engineered metal building systems）的股票市场。结果纽柯建筑系列在 2008 年 5 月成功，并宣布组成两个海外的合营企业以便利用美国以外繁荣建筑市场。

5. 今天的纽柯

当今的纽柯，其生产的钢产品包括：钢条（碳钢与合金钢）、钢梁、钢板/辊压平板、厚板、工字钢、甲板钢、制成的水泥钢筋、冷轧钢、钢紧固件、金属建筑系列、轻型标准钢框架、钢格栅、扩张金属线和线网。此外，通过 DJJ，纽柯也做铁和非铁金属，生铁和铁合金供应以及充当加工铁和非铁废料的经纪人。

2008 年销售额

	百万美元	占总额%
钢厂	16477.9	70
钢产品	4339.5	18
原料	2403.1	10
其他	442.6	2
总额	23663.3	100

收入报告

	收入（百万美元）	净收入（百万美元）	净利润率	员　工
12/08	23663.3	1831.0	7.7%	21700
12/07	16693.0	1471.9	8.9%	18000
12/06	4751.3	1757.7	11.9%	11900
12/05	12701.0	1310.3	10.3%	11300
12/04	11376.8	1121.5	9.9%	10600
年增长率	20.1%	13.0%	-	19.6%

2008 年年底财务状况

负债率　38.9%	股票数目（百万股）315
股本回报率　28.1%	红利
现金（百万美元）　2355	收益　3.3%
当期流动资产/负债比率　3.45	还债　25.3%
长期债务（百万美元）　3086	市场价值（百万美元）　14538

6. 纽柯文化

纽柯文化可以概括为 5 个方面：去集中管理哲学；基于业绩的报酬制度；福利平均主义；客户服务和质量；以及技术领先地位。这些因素的基础是这样的事实，没有一家纽柯的工厂，无论是从头建立的还是兼并的，实行工会化。纽柯反对工会，相信它们是美国钢铁业的破坏力量。没有一家纽柯工厂曾经举行过成功的由工会许可的选举，不过纽柯的经理们没有采用过其他公司引起冲突的"拆散工会"的策略。他也从来没有因为工作缺点而解雇过一个雇员。

(1) 去集中管理哲学

纽柯在其运营中是高度分权的，在纽柯只有 5 个管理层，职业监督、部门经理、分部总经理、执行副总裁和总裁（首席执行官）。多数经营决策是在分部或更低层次做出。此外，纽柯声称，总公司办公室的人数在 75 名左右，在大公司中它可能是公司办公室雇员最少的一个。

(2) 基于业绩的报酬制度

所有纽柯的雇员，从资深官员到小时工，都被 4 个基本报酬计划所覆盖（在基本工资之外），它对雇员的回报要满足某种具体的激励目标。

* 生产激励计划。操作和维修员工以及在工厂的监督员每周付给奖金，以他们工作小组的生产率为基础。比率按使用的设备能力计算，如果设备没有运行就没有奖金。通常，生产激励奖金能够达到雇员基本工资的 80% 到 150%。

* 部门经理激励计划。部门经理得到的年度激励奖金，主要基于净收入占该分部使用的美元资产的百分数。这些奖金能够相当于部门基本工资的 80%。

* 专职人员和职员的奖金计划。这种奖金支付给不从事生产或不是部门经理计划中的人，它基于分部对资产净收入的回报。

* 资深官员激励计划。纽柯的资深官员没有雇佣合同。他们不参加任何退休年金或退休计划。他们的基本薪金确定得低于可比公司的经理们的收入。他们剩下的报酬是基于纽柯年度净收入对股东股权的总百分比，并且是以现金和股票的形式支付。

除去这些已建立的奖金计划以外，纽柯还定期给所有雇员发放一种特别奖金，官员除外，这是在公司业绩特别好的年月。这种奖金已经高达每位雇员 2000 美元，2005 年这样的奖金支付过两次，另一次是在 2009 年支付的。

(3) 平均主义的福利

纽柯对资深官员并不提供传统的"津贴"，如公司汽车、经理的车位、或经理餐室。事实上，有几个计划（如纽柯的利润分享、奖学金计划、雇员股票购买计划、特殊奖金以及服务奖计划），官员是得不到的，只给低级雇员。作为纽柯平均主义文化的一种象征，自 1975 年以来，每个年度报告都开列出每个雇员的名字。1975年有2300位工人和他们的名字填写在报告的后封面上。在2007年的年度报告中，用了12页开列出所有18000名员工的名字，公司为资深经理人员购买公司的喷气机。为此，在给所有雇员的一封信中，首席执行官丹·迪米科解释说购买公司喷气机是因为这样比租赁所花的费用更少。

(4) 客户服务和质量

纽柯是美国绿色建筑委员会的成员之一，曾经参加其他精英们的环境计划，如环境保护署的国家环境表现跟踪计划。纽柯赞助过一个区域蝴蝶围场的建设，发起过一个水禽保护项目并且帮助保留湿地。有几个分部有同ISO14001标准相符的环境管理制度。

(5) 技术领先地位

纽柯在美国钢铁公司中最先使用电弧炉熔解，实现了钢铁的循环利用。2007年，纽柯在它的生产流程中循环利用了近1000万辆小汽车，相当于每4秒钟一辆乘运两用车。公司的网址中保持着一个当前日历年度循环利用钢铁的流水账。

现在，纽柯（同两家外国人拥有的钢铁公司联合）经营在印第安纳州克劳福德威尔的设施，它继续直接从熔化了的钢块铸造出薄钢板，而不需要沉重、昂贵和消耗能源的滚筒。这种方法被称为Castrip，如果成功，将使修建的整个工厂只相当于"迷你工厂"的1/6空间，和相当1/10传统一体化工厂的成本。他们称这个概念为"微观工厂"。

纽柯还有两个试验项目，一个在西澳大利亚，一个在巴西，它们正在为其工厂开发铁的低成本来源。

从上述资料看，纽柯的发展史颇为曲折，在其100多年的历史中，由汽车公司转型为核公司，再转型为钢公司，屡败屡战，终于在废钢的循环利用中，找到了自己的最佳位置，这应当归功于艾弗森和西格尔的正确决策。他们在利润的引导下，发现工字钢的重大商机，并靠最先使用电弧炉熔解，实现了钢铁的循环利用，这一方针完全符合美国后工业社会的需求。他们的继任者丹·迪米柯主政以后，围绕主业扩大兼并收购，倡导纽柯企业文化，使纽柯模式大发展，也为提高美国钢业的竞争力做出了贡献。纽柯反对工会，从形式上看是一种倒退，但纽柯基于业绩的报酬制度、平均主义的福利制度、对缓解美国企业劳资对立、也许并不比美国钢铁公司倡导的集体谈判差。同时保持技术领先地位的理念和实践，肯定将有利于纽柯的长远发展。总之，它在美国钢铁工业的转型升级上，是相当突出的典型。

7. 环境保护

纽柯在环保方面，承认自身存在的问题并积极整改。2000年，纽柯同美国司法部以及美国环境保护署达成和解，公司支付9800万美元解决纽柯公司在阿拉巴马、印第安纳、内布拉斯加、南卡罗来纳、得克萨斯和犹他等州造成的空气、水和土壤的污染问题。这也是美国司法部和环保署同钢铁制造商达成的最大、最全面的一次环境和解。马萨诸塞州立大学政治经济研究所，2002年把纽柯列为第14名对美国空气污染最大的"贡献者"，其每年向空气中排放的有毒物质是760000磅。

自从迪米科在2000年9月担任负责人以来，他强调要使公司成为环境表现中的领先者。为此，纽柯增加了环境工作人员并且采用了新技术。在有些情况下，纽柯正在向其他公司做这方面的积极推进工作，主要包括获取专利和许可证的开创性技术。其有毒物质排放的数据，用马萨诸塞州立大学的研究去衡量，已经下降超过35%。

纽柯被看作是在美国最大的钢铁循环利用者，是循环利用废钢最多的钢铁企业。公司的负责人说，"我们是绿色的"，"NBS大楼平均的再利用含量超过80%。项目适合于实行绿色倡议的产业趋势。"就金属的循环利用而言，纽柯是成功的典型。在美国，废旧钢的主要来源是汽车。2009年汽车的循环利用率约为140%，循环利用率高于100%，这是钢铁业从汽车循环利用的钢大于国内生产新车所使用的钢的结果。汽车循环利用行业用220个汽车切割机，从报废的汽车中循环利用了超过1400万吨的钢，相当于1400万辆汽车。

第二节 美国的铜公司

美国有两家著名的铜公司，费尔普斯·道奇公司和费里波特—麦克莫兰铜金公司。这两家公司在合并以前，早就是久经风雨的百年老店，是互不相让的强大竞争者。但是为了应对激烈的国际竞争,获得资源和规模优势,费尔普斯·道奇的持股人忍痛摘牌,合并到费利波特·麦克莫兰麾下,这是颇有远见之举。

一 费尔普斯道奇公司(Phelps Dodge Corporation)[①]

1. 基本情况

费尔普斯·道奇公司是一家美国公开上市的采矿公司,由安森·格林·费尔普斯(Anson Greene Phelps)和威廉·厄尔·道奇爵士(William Earle Dodge, Sir)创建于1834年。2007年3月19日,他被费利波特·麦克莫兰(Freeport‐McMoRan)兼并,现在以费利波特·麦克莫兰铜金公司(Freeport‐McMoRan Copper & Gold Inc)名义经营。现有员工15000人。

最初,费尔普斯·道奇经营一家进出口贸易企业,他运送美国种植的棉花到英国,交换锡、铁、铜和其他金属,这些都是美利坚合众国这个新兴国家开发和发展所必需的物资。

随着时间的推移,美国西部边疆在扩大,这家公司开始拥有自己的采矿业务,它的矿山资源优势得以凸显,尤其是铜显示其重要性。这家公司集中大部分精力向工业提供铜线和电缆,随着工业革命的深入发展,对这些东西的需求日渐提高。之后,公司开始多种经营,先是投资于铁路,解决交通问题,这对公司致力于使自己扎根西部,特别是拥有铜矿的亚利桑那州是必要的,为的是把自己的西部产品运到东北沿岸。在19世纪,除矿业之外,费尔普斯·道奇公司还成为美国木材和木材产品的最大生产商。19世纪在亚利桑那州图目斯通地方,公司把各种矿业资源和业务整合为一个单一的实体,并命名为图目斯通联合矿业公司。他们努力把浸泡在水中的矿井吸干,把铁路修到矿山,重新开始采矿,并取得了一些成功,直到1909年最后失败申请破产,被费尔普斯·道奇公司收购了它的产权。

1917年在"比斯毕驱逐出境"中,该公司由于绑架了1300多名罢工的矿工,并且霸占了亚利桑那州比斯毕镇的电报和电话线,这些反工会的恶劣行为受到人们的广泛抨击。

---

① http://en.wikipedia.org/wiki/Phelps_Dodge

在南美洲，这家公司在智利、秘鲁拥有几家很大的铜矿。在刚果，费尔普斯·道奇公司是 Tenke Fungurume 项目的主要业主和经营者，通常被认为是世界上最大的没有开发的铜/钴项目。费尔普斯·道奇的一家子公司克莱麦克斯钼公司（Climax Molybdenum），是世界上最大和主要的钼生产商。这家公司位于科罗拉多州安派尔以西的汉德森（Henderson）矿区。自从矿山在 1976 年开办以来，他已经生产了超过 1.6 亿吨矿石和 7.7 亿磅钼。这家公司也拥有科罗拉多州莱德威尔以北暂停不用的克莱麦克斯钼矿。

在亚利桑那州比斯毕，具有历史性意义的费尔普斯·道奇总部大楼在 1983 年被宣布为美国国家历史地标。在亚利桑那州莫兰茨地方的费尔普斯·道奇铜矿是 1983 年到 1986 年不断爆发剧烈罢工的地方，就在这个地方，美国劳工历史上最大的不批准工会的事件达到顶峰。这家公司在全世界雇用了 13500 以上的员工。

2. 收购与被收购

2006 年 11 月 9 日，费里波特－麦克莫兰宣布它计划以 259 亿美元现金和股票收购费尔普斯·道奇，创造世界最大的公开上市的铜矿公司。2007 年 3 月 14 日，两家公司的股票持有人对这些建议进行投票。2007 年 3 月 19 日。费尔普斯·道奇被弗利波特－麦克莫兰收购（NYSE FCX），创造了世界最大的公开上市的铜公司，在收购时，它有 15000 名雇员。

2007 年，在费尔普斯道奇被收购时，它在亚利桑那巴格达、亚利桑那莫兰茨、亚利桑那萨毫利塔、亚利桑那迈阿密和新墨西哥提隆尼以及新墨西哥艾尔秦诺矿山，都拥有巨型铜矿业务。这几个矿区也提供了丰富的钼矿石。公司近来开始开发靠近亚利桑那州萨福特的萨福特矿，收入是 119.10 亿美元，营业所得是 42.26 亿美元，净收入为 30.17 亿美元。

这个有 177 年历史的老公司，被费里波特－麦克莫兰兼并，对美国铜业的发展有重要意义。它从此成为世界上最大的铜公司，获得极大的资源和规模效益，巩固了美国铜业的领先地位和竞争力。

费尔普斯·道奇的环境记录，受到社会上的抨击。马萨诸塞州赫尔斯特大学的研究人员曾经指出，费尔普斯·道奇是美国第 23 大污染性公司，每年大约向空气中排放 36.4 亿磅有害物质。主要污染物包括硫酸、铬复合物、铅复合物、以及氯。公共公正中心曾经报告说，费尔普斯·道奇被指控至少是 13 个超级基金有害废物场所的潜在责任方。

二 费里波特－麦克莫兰铜金公司（Freeport McMoran Copper & Gold Inc FMCG）[1][2]

1. 基本情况

费里波特－麦克莫兰铜金公司简称为费里波特，它是世界上成本最低的铜生产商，同时也是世界上最大的黄金生产商之一。它以前的总部设在路易斯安那州新奥尔良，但在 2007 年收购了铜生产商费尔普斯·道奇公司后，把总部搬到亚利桑那州凤凰城，它的总部位于凤凰城商业区费里波特－麦克莫兰中心。费里波特是世界上最大的公开上市的铜和钼生产商。

以其在印度尼西亚巴布亚省的格拉斯堡矿知名的这家公司，是印度尼西亚政府最大的纳税户。它为世界市场开采和粉碎含有铜、金、钼和银的矿石。理查德·阿德克尔森是这家公司的总裁和首席执行官，詹姆士·R·莫菲特是公司的董事长。

麦克莫兰勘探公司是一个独立交易的公司，同费里波特－麦克莫兰在一定程度上共同承担管理责任。理查德·阿德克尔森和詹姆士·莫菲特是麦克莫兰勘探公司的两董事长。麦克莫兰勘探公司是总部在路易斯安那州新奥尔良从事石油和天然气勘探和生产的公司，1998 年经过合并麦克莫兰石油和天然气公司和费里波特硫磺公司而创建。2008 年，麦克莫兰勘探公司收购了著名的墨西哥湾布莱克比尔德的海上勘探。在那里，埃克森莫比尔公司在 2006 年钻探了 3000 英尺干井之后放弃。到 2008 年中期，麦克莫兰勘探的布莱克比尔德矿井已经是 32550 英尺深（9920 米），是有记录以来最深的勘探井。

2008 年费里波特总销售额是 177.96 亿美元：按地区分，美国 76.08 亿美元，占 43%；日本 26.62 亿美元，占 15%；西班牙 18.72 亿美元，占 10%；印度尼西亚 14.2 亿美元，占 8%；智利 6.69 亿美元，占 4%；英国 4.04 亿美元，占 2%；其他国家 31.6 亿美元，占 18%。

---

[1] http://en.wikipedia.org/wiki/Freeport－McMoran
[2] Hoover's Handbook of American Business. p. 59.

按产品分：精矿铜产品 95.75 亿美元，占 54%；铜浓缩液 39.54 亿美元，占 22%；钼 24.08 亿美元，占 14%；黄金 12.86 亿美元，占 7%；其他产品 5.73 亿美元，占 3%。

财务数据

收入报告

	收入（百万美元）	净收入（百万美元）	净利润率	雇员
2008 年	17796.0	(11067.0)	—	29300
2007 年	16939.0	2977.0	17.5%	25400
2006 年	5790.5	1396.0	24.1%	7000
2005 年	4179.1	995.1	23.8%	26938
2004 年	2371.9	202.3	8.5%	8589
年增长率	65.5%			35.9%

2008 年底财务状况

股票数额　4.12 亿美元	负债率　447.0%
股本回报　—	红利
现金　8.72 亿美元	收益　7.4%
当期流动资产/负债比率　1.66	还债　—
长期债务　92.35 亿美元	市场价值　100.64 亿美元

2. 公司的发展历史

1912 年，这家公司作为费里波特硫磺公司成立，同年，这家公司又靠近新硫磺矿建立了得克萨斯费里波特，在当时是世界最大的矿。费里波特沿着美国海湾沿岸用弗来彻法开创了硫磺的开采。费里波特硫磺公司从 1931 年开始进行多种经营，收购了在古巴东方省的锰矿。在第二次世界大战后 20 世纪 50 年代，公司生产镍和钾。1955 年，费里波特在古巴摩阿海湾投资 1.19 亿美元建设一家镍钴矿，在路易斯安那州镍港建设了冶炼厂。1957 年 3 月 11 日，美国政府宣布了一项作为战略物资收购费里波特在古巴镍和钴产品的合约，直到 1965 年 6 月 30 日为止。1960 年卡斯特罗政府把古巴的设施国有化。

　　1956 年，公司建立了费里波特石油公司，并且于 1958 年以几百万美元低价卖掉了一个在路易斯安那州发现的油田。1961 年公司进入高岭土业务，1964 年建立了澳大利亚费里波特公司，在那里以及环太平洋区域寻找采矿机会。1960 年，费里波特的一个地质学家队伍确认，在荷兰发现丰富的厄尔斯伯格铜金矿藏，位于当时荷兰新几内亚贫瘠和遥远的贾雅威贾雅山脉。1966 年，费里波特创建了印度尼西亚费里波特公司，并且同已经在 1963 年接管前荷兰殖民地的印度尼西亚政府谈判合约，开发厄尔斯伯格矿藏。在它们的可行性研究中，费里波特的地质学家们估计这个矿体总量为 3300 万吨，铜含量 2.5%。厄尔斯伯格是曾经发现过的最大地上铜矿。

　　1970 年 5 月开始建设露天矿，1973 年宣布新厄尔斯伯格矿满负荷运行。项目的主要合同商在拜奇泰尔的官员声称：在厄尔斯伯格开发的矿山"是他们曾经从事过的最难的工程项目"。有很多挑战，包括建造一条 101 公里长的进出通道和建设世界上最长的单跨度空中电车线。这个线路是运送人员，供应品和矿石所需要的，因为有一座 2000 英尺的悬崖把厄尔斯伯格矿与 10000 英尺以外的工场分开（12000 英尺约合 3700 米高）。为了从工场把铜精矿运到港口，要求安装一个 109 公里长的泥浆管道，当时是世界最长的。

　　矿山建设和启动费用约为 2 亿美元。厄尔斯伯格地区的开发是一个工程奇迹，但是这个矿山早期的财务业绩令人失望。萧条的铜价和高昂的运营成本，使其在 20 世纪 70 年代的业务很不赚钱。1971 年公司把名字改为费里波特矿物公司（FMC），以反映其作为一家多种经营的矿物生产商的身份。1981 年 FMC 成立了费里波特黄金公司。运营一座在内华达杰里特峡谷新发现的富金矿。

　　麦克莫兰石油天然气公司是由两位地质学家和一位出租土地和搞销售业务的专家在 1967 年成立的。在 20 世纪 70 年代，公司获得了拥有低成本钻探计划和积极进取型石油勘探家的美誉。它同几家公司成立了钻探合伙关系，包括费里波特。1981 年费里波特矿物公司同麦克莫兰石油和天然气公司合并成立了费里波特－麦克莫兰公司。

　　从 1973 年起费里波特曾经运营过世界最大的金矿，坐落在印度尼西亚巴布亚省。1982 年，费里波特黄金公司是世界上最大的黄金生产商，在头一年满负荷生产了19.6万盎司（约合6100公斤）黄金。

1989年，费里波特-麦克莫兰已经有两家世界级矿山要开发：印度尼西亚新发现的格拉斯堡，它有世界上最大的黄金矿石储藏以及一个世界最大的铜储藏；路易斯安那的美因帕斯海上硫磺—石油—天然气储藏，估计总储量为6700万吨硫磺、3900万桶（620万立方米）石油和70亿立方英尺（0.20立方公里）天然气。这些都是富矿，但是开发的费用很昂贵。为此，费里波特卖掉了15亿美元的资产，为开发这两个项目提供资金。

1991年，费里波特-麦克莫兰公司基本上是一家服务于两批主要资产的控股公司，费里波特-麦克莫兰铜金公司和费里波特-麦克莫兰资源合伙公司，后者经营硫磺和肥料业务。费里波特的重心是筹集足够的现金，为开发这个在格拉斯堡和美因帕斯的两个巨型公司融资。美因帕斯是当时所知道的第二个最大的可以回收的硫磺储量，加上格拉斯堡的矿石储量（及其利润潜力）确实了不起。

1994年费里波特-麦克莫兰收回股本，使整个费里波特-麦克莫兰铜金公司同母公司脱离，变成了一个独立的公司，完全聚焦于印度尼西亚业务。1997年费里波特-麦克莫兰公司，以前的母公司本身被IMC全球公司收购，后者是一个大型化肥生产商。1997年费里波特公司揭露了Brex-X黄金丑闻。公司不能证实由印度尼西亚政府引入的关于Brex-X发现前所未见大金矿的说法。Brex-X诈骗之事被曝光并且破产。

格拉斯堡矿，这个费里波特-麦克莫兰铜金公司皇冠上的宝石，很快变成了一个暴力事件和恶劣名声的源泉，到今天仍然如此。它也是世界上最盈利的矿山。根据1966年达姆斯—莫尔环境审计报告，格拉斯堡矿的尾渣已经"严重影响超过11平方英里（28平方公里）的雨林"，报告被费里波特确认，估计在矿山的生命期该矿有23亿吨废岩石（很大一部分产生酸性物质）将倾卸到当地的河流系统，附近的湖泊因此而被污染。

1997年，该公司撤出了Bre-X矿业公司的Busany金矿项目，后来对这个项目的独立检测证明是一个欺诈。后来，在暴乱中，受困的苏哈托总统被赶走，1998年新政府调查了该公司所陷入的与苏哈托不正常关系的指控。

1999年，该公司从印度尼西亚政府获得扩大格拉斯伯格矿山和增加每天矿石产量到30万公吨的批准。然而，第二年格拉斯伯格大水外溢事故致死4

名工人，为此印度尼西亚政府命令该公司把产量减少30%。2001年年初矿山恢复正常生产。

2002年，FM服务公司（行政管理、法律和财务服务）加入子公司行列。2003年该公司收购了PT Puneak爪哇电力公司，后者是PT-FI的电力供应商。

费里波特的国内和全球业务

北美业务

* 亚利桑那，莫兰磁公司，（FMCG）拥有88%（铜）
* 亚利桑那，巴格达100%拥有（铜，钼）
* 亚利桑那，萨华塔（包括Twin Buttes & Esperanza），100%拥有（铜，钼）
* 亚利桑那，迈阿密，100%拥有（铜）
* 亚利桑那，萨福特，100%拥有（铜）
* 新墨西哥，秦诺，100%拥有（铜，钼）
* 新墨西哥，泰朗尼，100%拥有（铜）
* 科罗拉多，帝国，赫德森钼矿，100%拥有
* 科罗拉多，莱德威尔，克莱麦克斯矿，当下停产（钼）

南美业务

* 智利 Candelaria/Ojos del Salado，FMCG拥有80%（铜）
* 智利 EI ABRA，拥有51%（铜）
* 秘鲁，Cerro Verde，拥有53.6%（铜，钼）

欧洲业务

* 西班牙，惠尔瓦，亚特兰大铜公司，铜冶炼

非洲项目

* 刚果民主共和国，腾克芬根鲁姆（铜，钴）

亚洲业务

* 印度尼西亚，巴布亚省，格拉斯堡，76.6%由PMCG拥有（通过子公司）（铜，黄金，银）

跨国经营的成功给公司带来印度尼西亚资源优势和丰厚回报，但也带来不少的麻烦。比如在印度尼西亚，政局的更迭和环境污染等问题都给公司造成压力。

2003年，费里波特曾付款给印度尼西亚地方军队和警察去处理格拉斯堡矿山的安全业务。费里波特认为这是向其国内国外员工提供安全所必需的，印度尼西亚安全部队犯有系统的人权暴行，特别是对环境团体以及主张归还西巴布亚独立的支持者。2006年，《纽约时报》报道说，公司记录显示在1998—2004年对官员和单位付款总额达到近2000万美元，个别人得到15万美元。公司回应说，"我们对印度尼西亚军方和警察的依赖是无可选择的"。而且提供的支持不是对个人，而宁可说是对基础设施、食品、住房、燃料、交通、车辆维修以及支付事故和管理费用的津贴。公司同印度尼西亚军方的密切关系以及军方同当地巴布亚社区的交易已经引起许多人权倡导者和组织的注意。

2011年10月17日以来，公司停止了在巴布亚的采矿业务。在工人罢工浪潮中，公司的安全形势日益恶化。70%的工人参加了罢工，要求自2011年9月15日起增加工薪，设立了路障，同警察冲突，导致3人死亡，并且把矿山的几个精矿管道切断。

环境问题也给公司带来了困扰。公司从事印度尼西亚格拉斯堡采矿造成严重环境损害的声明，导致世界最大的养老金基金——挪威政府养老金基金把费里波特-麦克莫兰公司从其投资一览表中排除。这是该基金道德委员会提出建议以后的事。政治经济研究所根据该公司的排放量和毒性（2005年为400万磅），把费里波特-麦克莫兰的空气污染排放排在美国的第22位。

从费里波特-麦克莫兰的发展史可以看到，公司在20世纪60年代以后实施全球化战略，这在美国本土铜资源逐步枯竭时，无疑是正确的战略抉择。而公司通过资本运作，不断在美国本土和全球进行兼并和收购，不仅实现了美国采铜业由本土向全球化的转型，同时还把自己打造成世界首屈一指的铜公司，从而巩固了美国铜业的世界地位。

第三节　美国铝公司

随着铝金属在工业化和城市现代化中日益重要的作用，世界铝公司的竞争也日趋白热化。在这场角逐中，阿尔柯公司（美国铝公司的现名）是美国的杰出代表。它是应用最新技术使世界铝生产工厂化的先锋，它通过兼并收购不断壮大自己，到发展为现在跨31个国家的大跨国公司，拥有很强的竞争力，成为美国矿业的杰出代表之一。

一 美国铝公司基本情况（Alcoa Inc.）[①]

阿尔柯（Alcoa 是 ALuminum Company of America 的简称）是在力拓（Rio Tinto Alcan）和罗萨尔（Rusal）之后，世界第三大铝生产商。总部设在宾夕法尼亚匹兹堡市，经营着全球 31 个国家的业务。阿尔柯在初级铝、制成铝、氧化铝的生产和管理方面处于世界领先地位，它在采矿、精矿、熔炼、制作和循环利用等，所有产业技术的主要方面都走在世界的前列。铝和氧化铝占着这家公司收入的四分之三以上。非铝产品包括精密铸造和航天以及工业紧固件。阿尔柯的产品用于飞机、汽车、商业运输、包装、楼宇建筑、石油天然气、国防和工业应用品等方面，行销于全世界。

阿尔柯同中国铝公司（Chinalco）建立了一个战略联盟，从而获得在中国的市场存在，同时有一段时间，它在这个世界上发展最快的铝市场取得了一小部分股权。2007 年，公司把这部分股权以直接销售方式转让给别人，得到 20 亿美元的收入。阿尔柯在中国有 17 个业务点，以及一个在 2008 年完成的扩大的压延工厂。2008 年它还与中国铝公司一起致力于阻止必和必拓公司对力拓公司的兼并。阿尔柯和中国铝公司以 140 亿美元收购了力拓 9% 的股权（阿尔柯在这笔交易中的份额是 12 亿美元。）

阿尔柯以前的包装业务和消费业务包括隔板系统、雷诺包裹和雷诺食品包装。在全球包装公司中已经持有很多股权的兰克集团，为这些业务支付给阿尔柯 27 亿美元。阿尔柯则持有了兰克集团的饮料罐业务。

回到 2007 年，阿尔柯提议以 330 亿美元收购当时是世界第三的铝生产商阿尔堪（Alcan），但被力拓以 400 亿美元的报价击败。在 2007 年早些时候，俄国铝业巨擘罗萨尔（RUSAL）和苏阿尔（Sual）及其格兰考尔的氧化铝业务的合并，打造了世界上最大的铝公司，把阿尔柯和阿尔堪矮化了一等。随着力拓阿尔堪的组建，罗萨尔丢掉了冠军宝座，成为世界第二大铝生产商。

2008 年，阿尔柯同萨帕集团（Sapa Group）组建了一个软合金挤压合营

[①] Hoover's Handbook of American Business.

企业，叫作萨帕 AB。它是世界上最大的铝成型商。通过奥克拉的子公司艾尔肯（Elkern）这两家公司也共同拥有一家合营企业叫作艾尔肯铝公司。2009 年阿尔柯和奥克拉交换了两个合营企业的股权，阿尔柯拥有了艾尔肯的全部股权，反过来奥克拉拥有了萨帕的全部股权。

阿尔柯被瑞士达沃斯的世界经济论坛命名为世界三个最有持续性的公司之一。2008 年 5 月 8 日，克劳斯·克莱因费尔德被任命为阿尔柯新的首席执行官，取代阿莱因·贝尔达。2010 年 4 月 23 日，在贝尔达按计划退休后，阿尔柯的董事会选举克莱因费尔德为董事会主席。

2008 年各地销售额

国别	百万美元	占%
美国	14335	53
澳大利亚	3228	12
西班牙	1733	6
巴西	1287	5
荷兰	1263	5
其他国家	5055	19
总计	26901	100

产品/业务

2008 年销售额

	百万美元	占%
平板滚压产品	9563	35
初级金属	8021	30
设计产品和解决方案	5602	21
氧化铝	2924	11
包装和消费品	516	2
公司	275	1
总计	26901	100

收入报告

	收入(百万美元)	净收入(百万美元)	净利润率	雇员
12/08	26901.0	(74.0)	—	87000
12/07	30748.0	2564.0	8.3%	107000
12/06	30379.0	2248.0	7.4%	123000
12/05	26159.0	1235.0	4.7%	129000
12/04	23487.0	1310.0	5.6%	119000
年度增长率	3.5%	—	—	(7.59%)

2008年年末财务状况

负债率12.9%	股票数额9.74亿
股本回报率	红利
现金7.62亿美元	收益 6.0%
当期流动资产/负债比1.12	还债 —
长期负债85.09亿美元	市场价值 109.71亿美元

1. 历史发展

1886年,俄亥俄州奥伯林学院的毕业生查尔斯·马丁·赫尔,几乎同法国的保罗·赫若尔特同时发现了熔炼铝的方法。他认识到把电流通过在电解槽中的冰晶石和氧化铝,就会把半稀有的金属铝作为副产品保留下来。这一发现,现在被称为"赫尔-赫若尔特法",它仍然是现时世界范围内用于制铝的唯一方法。

当时,也许在美国和欧洲有大约10个地方生产铝。1887年,赫尔在纽约洛克波特电熔和铝公司的工厂达成试验其方法的协议,但是直到赫尔离开的一年以前,这个方法并没有被使用。1888年的感恩节,在阿尔弗莱德·E·亨特的帮助下,创始了匹兹堡提炼公司,它就是阿尔柯的前身,这家公司在宾夕法尼亚州匹兹堡市小人街建立了一个试验性熔炼工厂。1891年,这家公司在宾夕法尼亚州新肯欣顿的工厂投入生产。1895年第三个工厂在尼亚拉瓜开业。1903年前后,赫尔同其前雇主达成和解,同时其专利生效。

这时，这家公司是美国唯一合法的铝供应商。1907年该公司更名为"美国铝公司"即现在的阿尔柯。

1919年公司在田纳西州玛利威尔以外的田纳西布隆特县创立了一个工厂，它是南方最大的铝供应商，工厂所在的区域最终变成一个城市，阿尔柯的水利工程师詹姆士里吉的妻子给美国铝公司的缩写起了一个小名"阿尔柯"。阿尔柯这个名字从此就专指田纳西州阿尔柯镇。过了一段时间，阿尔柯这个名字也被非正式地指这家公司。（1999年美国铝公司正式改名为阿尔柯公司 Alcoa Inc.）。阿尔柯的麻森纳西工厂是美国运营时间最长的熔炼厂，自1902年一直在运行。2000年在公司合并后雷诺铝厂成为麻森纳东工厂。

从1917年到2007年，阿尔柯有一家熔炼厂在北卡罗来纳州的巴丁，并且继续用那里的水电经营。

1938年，司法部控告阿尔柯进行不合法的垄断，要求公司解体。这个美国诉阿尔柯案例于6年后得以解决。2004年，阿尔柯特色产品化学分部被出售给Rhone集团，然后更名为Almatis公司。2005年，阿尔柯开始建设在冰岛的一个新型的铝熔炼厂，也是这家公司20多年来第一个用绿地投资建成的熔炼厂，这件事受到当地和国际非政府组织的严厉批评，因为它涉及一个有争议的水坝项目，当地拒绝为这个熔炉提供电力。这家公司也已完成或正在巴西、牙买加和西澳大利亚进行的初级铝扩大项目。

2006年，阿尔柯把高层经理人员从他们在匹兹堡的总部搬到纽约城，公司运营总部仍然放在匹兹堡的公司中心。阿尔柯匹兹堡的公司中心雇用了近2000人，在纽约的办公室有60人。

阿尔柯在美国保持着几家研究与开发中心。最大的一家是阿尔柯技术中心，该中心位于匹兹堡总部宾夕法尼亚州的阿尔柯中心以东。这个"技术中心"大到犹如某些大学校园，有自己的邮区编号，为创新保有广大的智力和实物资源。技术中心的自然工厂位于农村区域，并且力求开发为一个大的森林区，就像一个自然保护区，栖息着鹿和其他野生动植物。

2. 环境问题

阿尔柯的环境记录并不完美。不过在环境部门的监督下，在某些方面已经得到改善。对污染大户，不能只靠自觉，政府和公众的监督永远是不可缺少的。下面的资料说明，阿尔柯的美国企业及其遍布世界各国的阿尔柯投资，或多或少都存在一些环境问题。

在排放空气污染物的公司中，政治经济研究所把阿尔柯排列为第15位。这个位次是根据数量（2005年1300万磅）和排放物的毒性确定的。2003年4月，阿尔柯同意修建一座新的燃煤电厂，估计要花费3.3亿美元，使用最新型的污染控制，并减少公司在得克萨斯州洛克戴尔的铝生产设施排放的大部分二氧化硫和二氧化氮。这个和解是布什政府寻求使燃煤电厂业完全遵守清洁空气法的第9个案例。在阿尔柯修建了洛克戴尔电厂后，它并没有安装必要的污染控制，也没有取得"新污染源审查"所要求的专门许可证，却一直非法地运行洛克戴尔的设施。1999年2月，阿尔柯在纽约Moira超级基金地，按照环境保护局的要求，清理了受铅污染的土壤和沉渣。这个地址以前是一个废油料循环利用存储设施，接受来自几家公司的废油料，包括阿尔柯。这个设施管理经营不善，结果在纽约石油地产上的土壤和附近的湿地沉积和地下水被污染。1999年12月31日，美国环境保护署发布了一个超级基金单向命令，要求阿尔柯挖掘，医治并处理掉这些被污染的湿地沉渣。

阿尔柯在美国以外的投资也存在环境问题和其他一些问题：

（1）巴西政府使用橘黄色药剂，使大片亚马逊雨林的树叶脱落，以便让阿尔柯能够修建Tucurui大坝，为采矿供电。大面积雨林连同成千农村的农民和土著部落的家园和生活被毁。

（2）在加纳的阿尔柯，阿尔柯在加纳的附属企业，沃尔塔铭公司，由于电力供应问题在2003年5月到2006年年初完全关闭。

（3）在冰岛，阿尔柯和冰岛政府签署了一项协议，策划为一个新的在北冰岛靠近Husayik的Bakki，建造每年生产24万吨铝的熔炉进行可行性研究。为了给阿尔柯的新熔炉在冰岛提供电力，大片荒地被水淹没。

（4）在英国，阿尔柯的设施在第二世界次大战前不久在伯明翰的吉茨格林（Kitts Green）建立起来，曾经生产过许多铝产品。整个20世纪60、70、80年代该厂集中在为航天业生产平板压延产品。2007年该厂雇用530名雇员。

（5）在南威尔士的天鹅海，2006年11月21日，阿尔柯宣布他计划结束在天鹅海的Waunarlwydd工厂，为此将减少288个就业。2007年1月27日天鹅海的生产停止。有一个厂址关闭小组留在这里直到2008年12月31日。这个厂址仍然为阿尔柯所拥有，现在由当地人管理并且重新命名为威斯特费尔德工业园。

（6）在澳大利亚，阿尔柯通过世界氧化铝和化学品公司经营铝土矿、铝精矿厂和铝熔炉。这家公司是氧化铝有限公司和阿尔柯两家的合营企业。阿尔柯还在西澳大利亚经营两座铝土矿：亨特利和威娄戴尔矿。阿尔柯世界氧化铝和化学品公司在澳大利亚拥有并且经营三家氧化铝精矿厂 Kwinana、Pinjarra 和 Wagerup。Wagerup 的扩张计划，曾经由于全球金融危机而搁置。两个熔炉在波特兰维多利亚州和波英特亨利运营。阿尔柯澳大利亚滚压产品是百分之百的阿尔柯企业，经营两座滚压工厂。两家合计滚压能力接近 20 万吨。阿尔柯每年使用维多利亚 28% 的电力。阿尔柯的西澳大利亚威吉阿普工厂有一段麻烦的历史，它曾经处于环境污染源的境地，其工厂的污染对地方社区附近人员健康不利。阿尔柯通过其阿尔柯世界氧化铝和化学品公司的 60% 股权拥有并经营其氧化铝冶炼厂的大部分。从战略上说阿尔柯愿意拥有更多这种上游活动。阿尔柯在 8 个国家的 25 个初级铝熔炼厂有自己的利益。

1888 年在阿尔弗莱德·E. 亨特的帮助下，创始阿尔柯前身的匹兹堡提炼公司，使赫尔提炼铝的技术商业化，为这个 100 年老号奠定了基础。所以这家公司一开始就是靠科技创新起家的。迄今为止阿尔柯依然通过对研究开发的大量投入保持着技术的领先地位。这是它 100 多年在竞争中胜出的根本保证。在此基础上，阿尔柯奉行了跨国经营的方针，使美国在铝金属的生产上保持着世界第三的地位，这是它另一个成功的关键所在。

阿尔柯在全球的生产经济状况

国家	位置	拥有股权	工厂生产能力（每年千吨）	阿尔柯生产能力（每年千吨）
澳大利亚	波英特亨利	100%	190	190
澳大利亚	波特兰	65%	358	197
巴　　西	Pocos de Caldas	100%	96	96
巴　　西	Sao Luis（Almar）	60%	447	268
加拿大	Baie-Comeau	100%	385	385
加拿大	Beancour	75%	413	310

续表

国家	位置	拥有股权	工厂生产能力（每年千吨）	阿尔柯生产能力（每年千吨）
加拿大	Deschambault	100%	260	260
冰　岛	Fjartaal	100%	344	344
意大利	Fusina	100%	44	44
意大利	Portovesme	100%	150	150
挪　威	Losta	100%	150	150
挪　威	Mosjoen	100%	188	188
西班牙	Aviles	100%	93	93
西班牙	La Coruna	100%	87	87
西班牙	San Cibrao	100%	228	228
美　国	Alcao, TN	100%	215	215
美　国	Badin, NC	100%	60	60
美　国	Newburgh	100%	309	309
美　国	Femdale, WA（Intalco）	100%	279	279
美　国	Frederick, MD（Eastalco）	100%	195	195
美　国	Massena（East Plant）, NY	100%	125	125
美　国	Massena（West Plant）, NY	100%	130	130
美　国	Mount Holly	50%	229	115
美　国	Rockdale, TX	100%	267	267
美　国	Wenatchee WA	100%	184	184

第四节　美国黄金公司

　　黄金作为国家储备手段和广大消费者装饰用品以及储藏品的重要性，使它成为众多矿业公司注重开发的贵金属。美国的黄金公司不在少数，但是能在激烈竞争中脱颖而出的却不多，纽芒特则是其中的佼佼者。它的活动已经不限于美国本土,而是把触角伸展到了全世界,并抢占了世界最好的资源,从而巩固了自己在国际竞争中的优势地位。

纽芒特采矿公司(Newmont Mining Corporation)[①]

公司总部在美国科罗拉多州丹佛市,是世界最大的黄金生产商。它在内华达州、印度尼西亚、澳大利亚、新西兰、加纳和秘鲁进行积极的采矿活动。拥有的子公司包括三塔飞黄金公司、拜脱尔黄金公司、诺曼第采矿公司、弗朗哥-内华达公司和佛朗提尔黄金公司。该公司还有许多合营企业。

到2010年12月31日,纽芒特公司每年生产近540万盎司黄金,并且持有已证实和可能有的储量约9350万盎司。纽芒特在全世界雇用了近3.4万名雇员和合同工。该公司开采的其他金属包括铜和银。

纽芒特公司由威廉·鲍伊斯·汤普森于1916年成立,是一家多种经营的矿业控股公司,今天纽芒特依然是标准普尔500指数的唯一黄金公司。

1. 发展历史

纽芒特采矿公司是由威廉·汤普森上校于1916年在纽约作为一家控股公司创建的。它投资于全世界的矿物、石油和与这些产品相关的公司。根据公司的说法,"纽芒特 Newmont"是把纽约"New York"同蒙塔那"Montana"合在一起的混合词,反映的是汤普森开掘第一桶金和后来发达起来的发源地。

1929年,纽芒特成为一家采矿公司,通过收购加利福尼亚的帝国之星矿山获得第一批黄金。到1939年,纽芒特在北美已经经营了12座黄金矿山,公司在海外收购财产。20世纪中叶的几十年,纽芒特在纳米比亚的促麦普(Tsumeb)以及南非纳马夸兰德的奥奇普铜公司(O'Okiep Copper Company)拥有控股权。1925年开始,纽芒特收购了得克萨斯油田的所有权。最后,纽芒特石油利益涵盖了路易斯安那湾区的70多个地块和北海油气的生产。

20世纪60年代初,纽芒特在内华达州卡尔林发现了世界上第一个超微

[①] Hoover's Handbook of American Business.

观或"看不见的"金矿，并开始在世界上第一个露天金矿进行生产。"卡尔林走向"或"卡尔林不整合面"是 20 世纪北美最大的黄金发现。1971 年纽芒特开始对那里的次密尔①品位矿石（sub-mill grade ores）使用堆积过滤技术（heap leaching technology）。

在 20 世纪 80 年代，纽芒特挫败了来自统一黄金公司，T. Boone Pickens，Minorco, Hanson Industries 和 Sir James Goldsmith 5 家的兼并企图，它们都想把纽芒特分拆并出售其资产以增加持股人的价值。

1987 年以后，公司进行重大重组。包括对所有股东支付每股 33 美元红利，总金额达到 22 亿美元，其中 17.5 亿美元是借来的。为了减少负债，公司实行了一个拆卖计划，涉及所有铜、石油和煤炭权益。作为重组的另一个步骤，1988 年公司把总部从纽约城迁移到丹佛。10 年之后，纽芒特采矿公司和纽芒特黄金公司把资产合并起来成立了一个统一的世界范围的黄金公司。两家公司的股东对纽芒特黄金业务的储量、生产和盈利持有相等的权益。

后来纽芒特同三塔飞太平洋黄金公司合并。至此，北美最大的黄金生产商成立。2000 年 6 月 21 日，纽芒特宣布同拜特尔山黄金公司合并，兼并于 2001 年 1 月完成。

2002 年 2 月，纽芒特完成了对诺曼第采矿有限公司以及弗朗哥－内华达采矿有限公司的收购。在它为诺曼第竞价中，遇到了来自安格鲁黄金公司的竞争。由于最后报价超过南非公司，纽芒特成为世界最大的黄金生产商，年产量超过 800 万盎司。2007 年，公司取消了 150 万盎司遗留的对冲操作账户，使纽芒特成为世界上最大的非对冲的黄金生产商。2008 年，纽芒特收购了米拉玛采矿公司及其在加拿大北极圈好普湾的储量。2009 年，纽芒特从安格鲁黄金公司收购了保丁顿黄金矿业公司剩下的三分之一股权，使之成为 100% 的所有者。2011 年 4 月，公司用 23 亿加元，收购了加拿大前线黄金公司。这使它成为全世界第二大黄金生产商。

---

① 1 次密尔即为千分之一厘米。

2008年各地生产占比　　　　　　　　　（单位:%）

美国	31
秘鲁	26
澳大利亚/新西兰	17
印度尼西亚	16
加纳	7
其他	3
	100
2008年销售额	百万美元	占%
黄金	5447	88
铜	752	12
	6.199	100

公司收入报告

年度	收入（百万美元）	净收入（百万美元）	净利润率	雇员
12/08	6199.0	853.0	13.8%	15450
12/07	5526.0	(1886.0)	—	15000
12/06	4987.0	791.0	15.9%	15000
12/05	4406.0	322.0	7.3%	15000
12/04	4524.2	490.5	10.89%	14000
年增长率	8.2%	14.8%	—	2.5%

2008年终财务状况

负债率　47.5%	股票数　4.8亿
股本回报率　11.6%	分红
现金　4.35亿美元	收益　1.0%

续表

负债率 47.5%	股票数 4.8 亿
现行比率 1.48	还债 21.4%
长期债务 33.73 亿美元	市场价值 195.25 亿美元

2. 业务和主要规划

（1）内华达

到 2011 年，纽芒特拥有内华达的 14 座露天矿和 4 座地下业务，包括位于艾尔柯城西的卡林，其地质特征被称为卡林走向，以及位于拜特尔山南 10 英里的凤凰城黄金铜矿，位于 Colconda 以北约 15 英里合 24 公里的双溪矿，以及靠近密达斯镇的密达斯矿。他还同利用双溪矿生产能力的巴立克黄金公司的一家子公司，一起参加了在绿松石山脉的合营企业。在收购前线黄金公司后，三个追加的项目被补充到纽芒特的组合中。

（2）秘鲁，雅那柯恰

雅那柯恰矿的位置大约为利马以北 375 英里（604 公里），秘鲁卡加玛卡以北 30 英里（48 公里）。雅那柯恰于 1993 年开始生产。纽芒特持有 51.35% 股权，其余部分由 Compania de Minas Buenaventura, S. A. A (43.65%) 和国际金融公司（5%）持有。

雅那柯恰采矿权由秘鲁政府授予雅那柯恰和一个相关实体的租界地构成。雅那柯恰现在有 3 个活跃的露天矿，瑟罗雅那柯恰、拉奎纽阿和查奎柯恰。此外，在卡拉秋苟、圣何塞和马奎的复垦和回填活动正在进行。

雅那柯恰 2010 年的黄金生产是 150 万盎司。到 2010 年 12 月 31 日，纽芒特报告说有 5 百万盎司的黄金储备。

2011 年，纽芒特董事会批准了开发位于塞兰丁省和索罗丘柯华斯敏地区以及安卡那达的卡加玛卡地区的项目。纽芒特的所有权同雅那柯恰的相同。如果得到全部许可证，预期生产将于 2014 年或 2015 年年初开始。

（3）澳大利亚

纽芒特收购了澳大利亚的资产，它是 2002 年收购诺曼第采矿公司的一部分。纽芒特最新的澳大利亚资产是保丁顿，它是现在澳大利亚最大的黄金生产者。自 2009 年,当纽芒特从澳大利亚安格鲁黄金有限公司收购了最后 33.33% 的权益时,它已经完全为纽芒特所拥有。保丁顿第一批黄金的产出是在 2009 年 9 月,2009 年 11 月它已经开始商业化生产。2010 年保丁顿生产了 72.8 万盎司黄金和 5800 万磅铜。到 2010 年年底,它报告说存有 2030 万盎司黄金储备和 23.6 亿磅铜储备。

鸠第(Judee)纽芒特 1995 年开始在鸠第的生产业务。它拥有 100% 的所有权,位于西澳大利亚波斯东北 435 英里(700 公里)。2010 年纽芒特在鸠第完成开采地下资源,2010 年生产了 33.5 万盎司黄金。

塔那米(Tanami)业务(100% 所有权)包括花岗岩处理工厂和与之相关的采矿业务,它位于靠近阿利斯泉西北 342 英里(550 公里)的北部区域,邻近塔那米高速公路,还有代德布洛克索克采矿业务,约在格兰耐特以西 25 英里(40 公里)。

塔那米业务自 2003 年 4 月完全拥有,当时纽芒特收购了少数权益。今天的精力主要地集中于在代德布洛克索克的卡利地下矿,同时矿石通过格兰耐特处理工厂被加工。在 2010 年塔那米业务生产了 25 万盎司黄金。到 2010 年 12 月 1 日,它报告说已有 200 万盎司黄金储备。

卡尔谷尔里(Kalgoorlie)业务涵盖费米斯通露天矿和在卡尔谷尔里布鲁德夏洛特山地下矿,在波斯以东 373 英里。这个矿由卡尔谷尔里统一金矿有限公司经管,这是一家纽芒特和巴瑞克两家的合营企业,每家持有 50% 的股权。在 2010 年,卡尔谷尔里业务生产出 75.4 万盎司黄金,报告称在 2010 年 12 月 31 日它有 380 万盎司黄金储备。

(4)新西兰

2002 年随着收购诺曼第采矿公司,也收购了它的外海(Waihi)资产。外海业务在 2010 年生产了 10.8 万盎司黄金,报告说在年底有 50 万盎司黄金储备。

玛萨矿业务(100% 拥有)位于外海镇内,位置约在新西兰奥克兰德东南 68 英里(110 公里)。这个露天矿自 1988 年以来已经超过了历史上的地下黄金开采纪录。2006 年年底法旺纳(Favona)地下矿开始采掘矿石。

(5)印度尼西亚

纽芒特通过其子公司 P.T. Pukuafu Indah 经营在印度尼西亚纽撒天呇拉

省苏巴威岛的巴突海加矿。它是纽芒特公司、苏米托摩公司和 P. T. PUkuafu Indahr 公司的合营企业。

巴突海加是大型斑岩铜金矿,是纽芒特于 1990 年发现的。1997 年开始开发和建设活动,1999 年年末开工。2010 年,巴突海加生产了 5.42 亿磅铜和 73.7 万盎司黄金。2010 年 12 月 31 日,报告说它有 37.66 亿磅铜储备和 370 万盎司黄金储备。

在 2008 年,印度尼西亚政府在控告其未能实现剥离义务后,威胁终止 P. T. 纽芒特纽撒天旮拉合同。2009 年 4 月 1 日,国际仲裁员和合伙人同纽芒特团结起来拒绝了雅加达取消合同的要求,雅加达将迫使该公司放弃其财产而得不到任何补偿,而纽芒特反而要被迫在 180 天内出售其在印度尼西亚一个子公司中的 17% 的权益。

2011 年,纽芒特和苏米托摩的子公司剥离了在 PTNNT 7% 的投资。PIP（Pusat Investasi Pemerintah）是印度尼西亚政府指定的买家,签订了一个股票价值 2.468 亿美元的协议。纽撒天旮拉合伙人持有纽芒特在 PTNNT 的股票——与日本苏米托摩子公司的股票合起来——现在占 PTNNT 49% 的所有权。在这个数目中,纽芒特直接拥有 PTNNT 27.56% 的所有权,此外还有通过与现在的持股人的融资安排的 17% 经济权益。

（6）加纳

阿哈福业务（100% 拥有）位于加纳布朗阿哈福地区,在阿卡拉西北约 180 英里（290 公里）。阿哈福于 2006 年 7 月 18 日生产第一批金,并于 2006 年 8 月开始商业性生产。纽芒特在阿哈福经营 4 座露天矿还有在 11 座露天矿所包含的储备。第 4 座阿摩玛露天矿的商业性生产于 2010 年 10 月开始。

2010 年阿哈福生产 54.5 万盎司黄金,2010 年 12 月 21 日报告说有 1000 万盎司的黄金储备。此外,纽芒特的阿奇姆项目（拥有 100%）位于阿卡拉西北约 80 英里（125 公里）。2010 年纽芒特得到了这个矿的租借权。在获得许可证后,计划于 2013 或 2014 年年初开始生产。在 2010 年 12 月 31 日,公司报告有 720 万盎司的黄金储备。

（7）加拿大

纽芒特拥有好望湾项目 100% 的所有权,这是一个位于加拿大吉替克曼特区的一个巨型未开发的黄金项目。好望湾是距离加拿大北极 80 公里的地区，是最后一座已知的未开发的绿石带。

（8）墨西哥

纽芒特在位于墨西哥索诺拉沙漠的拉赫拉都拉有44%的权益。拉赫拉都拉由弗莱斯尼诺PLC经营（它拥有剩下的56%权益），包括一个露天矿用高堆漂洗技术加工。2010年拉赫拉都拉生产17.4万盎司黄金。到2010年12月31日，它有230万盎司黄金储备。

纽芒特近年来收购和出售了不少业务主要包括以下几个：

＊苟尔登格罗夫矿。自1991年以来由诺曼第采矿有限公司拥有。苟尔登格罗夫由澳大利亚纽芒特有限公司于2002年2月收购。当时纽芒特接管了诺曼第。2005年纽芒特以2.65亿澳元卖掉了这座矿。

＊帕金苟矿。帕金苟（100%拥有）是一座地下矿，位于昆斯兰德汤斯威尔西南约93英里（150公里）恰特塔镇南45英里（72公里）。纽芒特在2007年年底卖掉了这座矿，它现在为康奎斯特采矿公司所拥有。

＊布朗兹温黄金矿。景观资源公司2004年以900万澳元从纽芒特收购了这个矿，这个一揽子交易也包括布朗斯温以西8公里的麦克络尔采矿公司的业务。

＊威鲁那黄金矿。也是诺曼第收购的一部分，2003年12月9日先由苟威特有限公司，后来又由阿金阔特资源公司从纽芒特那里以股票和365万美元现金收购。

＊砸拉夫山。纽芒特拥有乌兹别克斯坦一家合营企业的一部分，这是自苏联解体以来，西方在这个地区第一桩重大投资。2006年乌兹别克斯坦没收了这家公司的财产。

＊考利考娄。考利考娄露天矿在玻利维亚靠近奥鲁罗西北的高原上，政府对一家玻利维亚叫作英梯雷米的公司颁发了矿山租借证书，纽芒特有88%的权益。剩下的12%由毕垂兹罗卡所有。英梯雷米公司拥有并经营这座矿，同时还拥有考利考娄金矿和考利恰卡金矿。2009年7月23日，纽芒特宣布把它在英梯雷米的权益转移给普罗西斯多拉矿业公司，它受一家纽芒特长期合作伙伴乔斯莫卡多公司的控制。

＊米那哈萨。纽芒特拥有米那哈萨80%的所有权，其余20%权益由一家与印度尼西亚公司没有关系的P. T. Tanjung Serapung公司所拥有。米那哈

萨位于苏拉威西岛，距离雅加达北约 1500 英里（2414 公里）。矿山于 2001 年结束，黄金生产 2004 年结束。

* 苟尔登吉安特。纽芒特的加拿大业务以前包括两座地下矿山，苟尔登吉安特（100% 拥有）位于加拿大安大略马拉松以东约 25 英里（40 公里），自 1985 年以来一直在生产。在苟尔登吉安特的采矿业务于 2005 年 12 月结束，剩余的采矿和加工生产持续到 2006 年的大部分时间。

* 毫娄威。毫娄威位于安大略玛瑟森以东约 35 英里（56 公里），苟尔登吉安特东北约 400 英里（644 公里）。1996 年投产。2006 年 11 月 6 日，纽芒特把毫娄威卖给了圣安得鲁苟尔德费尔德。

纽芒特在国内外大肆扩张的同时，很注意可持续发展，社会公正，劳动保护、人权、环境和反腐等问题，显示出一个负责任的社会企业的形象。例如：纽芒特的可持续发展计划和业绩在《矿山以外》（Beyond the Mine）这本书中可以找，其某些关键的社会和环境责任的里程碑包括：

* 1999 年成为全球采矿倡议的奠基人，创造了一个可持续发展的实际战略；

* 2001 年成为矿业和金属国际委员会的奠基成员，加强了对矿业，矿物和金属可持续发展的贡献；

* 2002 年成为《采掘业透明度倡议》的成员，目的是通过公布收入和支出，减少贿赂和贪腐，并且推动可持续发展；

* 2004 年承诺作为联合国全球公约的成员，对人权，劳工，环境和反腐 10 条普遍接受的原则采取联合行动和战略；

* 2005 年成为《国际氰化物管理法典》的签字方，这是一个对采矿中氰化物管理由行业控制的法典；

* 2007 年成为包括在《道－琼斯可持续性世界指数》中的第一个黄金公司。该指数独立评估公司的长期环境和社会表现，公开确定在可持续性领域最好的 10% 表现者；

* 2008 年在《碳公开项目领袖人物指数》中有名，该指数是显示气候变化公开做法最专业的方法；

* 2009 年完成了一个社区关系审查，完成了该行业对地方社区关系状况的一个深入、详尽的分析；

＊2010年纽芒特取得以下成就与荣誉：
＊在《公司责任杂志》的百名公司公民年度名录中得到承认；
＊被《气候注册》授予获得"气候注册"资格的荣誉；
＊在碳公开项目的"碳公开领袖指数"中刊登了特写；
＊获得2010年国防部长雇主支持自由奖章。

尽管纽芒特很注意自己的社会形象。通过各种社会契约，承诺对人权、劳工、环境等普遍接受的原则尽自己的义务，然而它的说和做是有差距的，在利润的驱使下，这种两面性是一些大公司的通病，因此，社会和政府的监督是不可少的。公司也有不光彩的历史，在税收上交、环境保护方面都曾经出现过这样或者那样的问题。并且纽芒特也发生过因拖欠工人工资而引起罢工的事，发生在印度尼西亚巴图海爪矿。此外，纽芒特在内华达州的矿山经理还因死亡事件而受罚。在环境问题上，纽芒特也有被印度尼西亚政府上告的经历。

纽芒特的资料告诉我们：美国矿业公司如何在美国矿藏资源接近耗竭的条件下，由于奉行全球化战略而继续在全世界保持领先地位。2010年美国黄金生产能力退居世界第三位（中国、澳大利亚之后），黄金储量退居世界第四位（在澳大利亚、俄罗斯和南非之后），但世界最大的黄金采矿公司却仍扎根在美国。纽芒特一家公司的黄金年产量就相当美国全国产量的62%。它把持了世界各地的优质金矿，因而充分体现了企业的区位效益和竞争力。抓科技创新，是纽芒特保持其竞争力的另一个保障。20世纪60年代初，纽芒特在内华达州卡尔林发现了世界上第一个超微观或"看不见的"金矿，并开始在世界上第一个露天金矿进行生产。1971年纽芒特开始对那里的"次密尔"品位矿石使用堆积过滤技术成功，对纽芒特的良好业绩贡献甚大，这充分说明抓科技创新的成果。

启示

美国这些大型矿业公司，其自身的发展壮大和调整转型所走过的道路，给我们的启示可以概括为以下几点：

第一，矿产资源是矿业企业生存和发展的命脉，企业必须控制矿产资源，尤其是优质矿产资源，这为企业的发展提供基本的物质基础，也是最

基本的竞争力。

矿业的发展离不开丰富资源的储备，美国一流矿业公司大都拥有质优量大的上游资源项目，尤其是其全球性的供应链，这为其发展壮大提供了最根本的支持，体现了它们极强的竞争力。一个矿业公司如果只有冶炼而无矿山，那充其量算一个单纯的冶炼厂，必将面临原料来源和价格的风险。如果公司自身拥有较好的上游资源，则可使这些风险降低，否则"巧妇难为无米之炊"。例如，美国钢铁公司的原料产地就遍及美国的中西部以及加拿大、塞尔维亚和斯洛伐克等世界各地；美国铝公司则是将其原料供应地散布在巴西、牙买加和西澳大利亚；纽芒特黄金公司在经营初期除了在北美拥有十几座黄金矿山之外，其原料供应链也遍及纳米比亚、南非等；费尔普斯·道奇铜公司则在智利、秘鲁、刚果等拥有原料供应地；从费里波特·麦克莫兰的发展历史中也可以看到，其在20世纪60年代以后面临美国本土铜矿资源逐步衰减的不利局面，决心实施全球化战略，不断在美国本土和全球进行兼并和收购，不但保证了自身的供应，而且实现了美国采铜业由本土向全球化的转型，同时还把自己打造成世界首屈一指的铜公司，从而巩固了美国铜业的世界地位。

我国目前大多数矿业企业规模尚小，国际竞争力不强。一些矿企的金属冶炼能力位居世界前列，不过在上游的原料方面严重依赖国外供应。我国高速发展的工业化进程，对上游原材料产生了迫切旺盛的需求，供求之间的尖锐矛盾将在近期和未来较长的一段时期内存在，并将成为我国经济持续高速发展的显性制约。因此，我国矿业企业要进一步明确"资源第一"的战略，应该在国内、国际范围建成可靠的原料来源，而通过对外投资和跨国并购，无疑是直接有效的方式。抓紧开展海外资源风险研究工作，同时通过国际矿业资本市场进行开发融资和矿权收购，可以帮助我国矿业企业获得雄厚而稳定的原料供应基地，从而有助于矿业公司的做大做强，提高其国际竞争力。

第二，科学技术创新是美国矿业公司发展壮大的重要影响因素，是其矿业公司保持优势的主要保障。

100多年来，其他大国都经历了兴衰沉浮之变，只有美国一直保持世界老大地位，这与美国始终重视科技创新以及管理体制的创新有关。美国矿业发展之所以能够引领世界潮流，创造辉煌，赢取巨额利润，其中一个重要的原因就是其在技术创新方面的努力和实践。例如，19世纪60年代的美国钢铁公司利用了贝塞麦转炉和琼斯搅拌器技术，使得美国的制铁企业降低了成本，具有更大的竞争力，为美国钢铁公司的发展壮大起了促进作用。同时值得注意的是，美国钢铁业在20世纪60年代的衰落，一方面源于市场需求的下降，但同时国外生产商使用了新技术（如1952年奥地利公司开发了新的纯氧顶吹技术），而美国的钢铁制造商未能在技术上实现创新，从而竞争力下降，这也是一个不可忽视的原因。纽柯公司则是在美国钢铁公司中最先使用先进的电弧炉熔解，实现了钢铁的高效循环利用，从而发展壮大成为首屈一指的大公司。1971年纽芒特对"次密尔"品位矿石成功使用堆积过滤技术，这对纽芒特的良好业绩贡献甚大，也充分说明抓科技创新的成果。迄今为止，阿尔柯依然通过对研究开发的大量投入，保持着技术的领先地位。阿尔柯在美国保持着几家研发中心，有的研发中心规模堪比大学校园，这为技术创新的实现提供了广大的智力和物质基础。这是它100多年来在竞争中胜出的根本保证。

　　第三，矿业公司根据自身的情况，从实际出发，一方面因势利导，进行合并，发挥规模效应；同时发掘并保持自己的核心竞争力，专注于特色业务，而非盲目去搞多元化经营，也是美国保持矿业公司生命力的重要经验和教训。

　　美国钢铁公司在美国工业化过程中起了中流砥柱的作用，通过第一节的分析和描述，从其发展、调整和转型过程中我们可以总结出很多的经验和教训。其中很重要的一点就是：兼并收购的公司如果能增加本公司的核心业务，则是成功的，否则将是一场带来重大损失的失误。在美国钢铁业的调整转型中，除一体化大生产的模式以外，着力发展专注于某种特色产品的次级行业，是一个重要发展趋势。克利夫斯自然资源公司是走这条道路的一个比较成功的典型。再如，美国钢铁公司在2007年收购斯泰尔柯给美国钢铁公司增加了核心业务，后者侧重于平板滚压市场的厚板产品，提高了美国钢铁公司的生产能力，也扩大了其生产范围。而从20世纪80年代开始，美国钢铁公司收购了很多公司，试图实行多元化经营，但并不成功，最后只好改弦更张，回到自己的核心业务。纽柯的发展历程也表明，在其100多年的发展过程中，曾经由汽车公司转型为核公司，再转型为钢公司，屡败屡战，终于在废钢的循环利用中找到了自己的最佳位置，从而发挥自己特长，保持优势。

第四，矿业企业如果一味追求利润，而对自身所承担的社会责任置若罔闻，最终将制约企业自身的发展壮大。美国矿业公司在后期不断提高自己对工人以及环境的负责任的意识和能力，保证美国矿业公司的良性发展。

美国的各种大型矿业公司在刚开始对工人也是严加盘剥，实行低工资反工会的劳工政策，之后不得不面临越来越大的社会压力而改进工作方式，提高对工人的待遇，从而保证其业务的健康持续发展。例如，美国钢铁公司实行的家长式和雇员代表计划相结合的公司工会，对于劳资矛盾也不断采用一种集体谈判来实现。

需要注意的是，从美国钢铁公司的劳资关系史可以看到，公司经营者从反工会到承认工会，实行集体谈判是一种进步，是工人通过斗争得到的果实。但是只着眼于小范围的经济利益，虽然争取到更高的报酬和福利，却使美国钢铁工人工会成为特殊的利益集团，在全球竞争中使美国钢铁业处于不利地位，而他们所奉行的贸易保护主义也同经济全球化的大趋势背道而驰。

美国矿业公司在政府和舆论的压力下，不断注重环保并对环境保护作出了切实的努力。2005年，美国环境保护署，司法部和俄亥俄州达成和解协议，要求美国钢铁公司支付10万美元以上的罚款，并要求公司为非法向俄亥俄水系排放污染物向居民支付赔偿费。2000年，纽柯同美国司法部以及美国环境保护署达达成一项最大、最全面的环境和解协议，解决纽柯公司在阿拉巴马、印第安纳、内布拉斯加、南卡罗来纳、得克萨斯和犹他等州造成的空气、水和土壤的污染问题。后来纽柯成为美国绿色建筑委员会的成员，积极参加相关的环境保护计划，如赞助区域蝴蝶围场的建设，发起水禽保护项目并且帮助保留湿地等等。现在美国大公司都比较着重环境保护的公关工作，而一些环保组织和公众也注意对公司环保行为的监督。公司，政府，公众在环保上形成合力，对美国的环保起到了较好的作用。

第五，矿业公司在管理方面的创新，也是矿业公司能够保持发展壮大的重要软性因素。

这一点主要是从纽柯公司的纽柯企业文化获得启示。纽柯企业的管理哲学可以概括为五个方面：去集中管理哲学；基于业绩的报酬制度；福利平均主义；客户服务和质量；以及技术领先地位。这一点主要是丹·迪米柯主政纽柯公司以后，围绕主业扩大兼并收购，倡导纽柯企业文化，使纽柯模式大发展，也为提高美国钢铁工业的竞争力做出了贡献。纽柯反对工会，从形式上看是一种倒退，但纽柯基于业绩的报酬制度，平均主义的福利制度对缓解美国企业劳资对立也许并不比美国钢铁公司倡导的集体谈判差。同时保持技术领先地位的理念和实践肯定将有利于纽柯的长远发展。总之，它在美国钢铁工业的转型升级上是相当突出的典型。

第五节 矿业员工状况

矿业员工是美国创造矿业财富的主力军。对美国矿业员工的专门研究不是很多见，但也有不少这方面的论述。[1] 在20世纪30年代罗斯福"新政"前后，他们的处境大不相同。这可以从费尔普斯·道奇公司在1917年发生的比斯毕驱逐出境事件（Bisbee Deportation）[2]窥其一斑。

一 起初美国矿业工人的待遇

起初美国矿业工人所接受的待遇较差，不尽如人意。例如20世纪初，费尔普斯·道奇公司拥有好几家位于亚利桑那州的铜矿和其他矿山。铜矿所在的地理环境十分恶劣，矿山安全条件差，工人工资待遇低，生活条件极其艰苦。白人监工对墨西哥籍美国矿工的歧视是家常便饭。1915年到1916年冬，在克利夫顿—莫兰茨地区的一次维持四个月的艰难罢工成功地带来了这个州矿工工会化。

1917年5月，工会提出一份对费尔普斯·道奇公司当局的要求清单，旨在提高工人的待遇问题。其中包括结束搜身；每架钻机两个人操作；矿

---

[1] Career Guide to Industries, 2010–11. Edition Mining.
[2] http://en.wikipedia.org/wiki/Bisbee_Deportation

石升降机要两个人工作；当人们仍在矿井时不得实施爆破；结束奖金制度；对矿工不再指定建筑工作；用每天一班6美元的工资率取代工资的比例增减法；不得对工会会员有歧视。然而，公司断然拒绝了所有这些要求。于是工会号召于1917年6月6日罢工。罢工发生时，不仅费尔普斯·道奇的矿工，而且其他矿山的人也参与罢工行列。超过3000名矿工（约占比斯毕镇所有矿工的85%）加入罢工队伍。尽管罢工是和平的，地方当局却立即要求联邦军队制止了这次罢工。

1917年7月5日，公司总裁道格拉斯命令他在费尔普斯·道奇的厂长把矿工们从镇上赶走。7月10日早上，矿上的监工外加250名当地商人开始把有嫌疑的会员包围起来。超过100名男子被这些自卫队员在亚维派县行政司法长官的合作下，被绑架并且关押在县监狱中。当天傍晚，其中67人被用火车驱逐到加利福尼亚的尼德尔斯。当工会向州长坎贝尔抗议时，他却宣布公司受到了工会的威胁。

比斯毕驱逐出境事件是"新政"以前矿主在经济上虐待工人，在政治上压迫工人的典型案例，从社会舆论对这一事件的反应看，当时民主、自由、正义等口号对矿工而言完全是名存实亡。"罗斯福新政"是转折点，自此以后，工人组织壮大了，长期的经济斗争和民权斗争，使有组织的工人在经济上提升到了中产阶级的水平，在政治上成为美国政坛举足轻重的利益集团之一。

2008年美国的采矿业有将近71.7万名就业人员中，其中16.16万人从事石油和天然气开采，8.06万人在煤矿，3.99万人在金属矿山，同时有10.72万人从事非金属采矿。这其中不包括在海外工作的矿业人员。除去那些直接由采矿公司雇用的人员以外，还有32.27万人在支持采矿业的部门就业。

采矿的就业人员高度集中于有巨大资源储量的某些地区。从事石油和天然气开采的岗位，其中3/4位于得克萨斯、加利福尼亚、俄克拉荷马和路易斯安那州。2007年几乎有1400座煤矿在26个州经营，超过2/3的煤矿，一半以上的煤矿就业人员都在三个州——肯塔基、宾夕法尼亚和西弗吉尼亚。其他雇用大量煤矿工人的是阿拉巴马、伊利诺伊、印第安纳、弗吉尼亚和怀俄明。金属矿山较为集中于西部和西南，特别是在亚利桑那、内华达和蒙大拿，铁矿开采是在明尼苏达和密执安。非金属矿物的开采，范围最广，对非金属矿物的采掘，如石头、黏土、沙和沙砾，每个州都有。在许多乡村区域，从事采矿业务的雇主很多，约有79%的采矿单位雇用的工人少于20名。

二 有关矿业工人的培训和提升

对于新上任的采矿工人而言，对他们并没有多少正式教育程度的要求，但在工人们能够完成多种职能，或者提升到更有技能的岗位前，大量经济和职业培训是必要的。需要技术的维修和建筑工人必须进行几年职业培训，而从事专门职业的员工则至少需要学士学位。

采掘工人。从事采掘的工人通常必须满18周岁，健康状况良好，同时还要通过一种药物测试。高中毕业文凭并不是必要的，但通常处于首选。某些公司也要求工人基本技术的测验。多数工人从充当有经验工人的帮手开始，在岗位上学习技术。然而，由于使用了技术性更高的先进机械和方法，正式培训日益重要。鉴于操作日益增加了复杂性和先进性，雇主要求一种更高水平的技能和适应性，包括使用计算机和其他更复杂设备的能力。结果，有些雇主情愿雇用在矿山经过职业培训刚毕业的高中生，或者是大学专科以及技术学校经过采矿技术培训的毕业生。这种培训计划通常只在矿区的学校可以找到。

由于采矿操作的特殊危险，工人也需要广泛的安全培训。1977年《联邦矿山安全和健康法》要求每座美国矿山要有一个经过批准的关于保健和安全问题的工人培训计划。每个计划对没有地下矿井经验的新矿工必须包括起码40小时的基本安全培训，对地面矿山的新矿工也要24小时。除了对新矿工的培训，每个矿工每年必须有8小时重新学习的安全培训，派往新岗位的矿工必须接受与他们新任务有关的安全培训。美国矿山安全和健康局（MSHA）也举办对健康安全和采矿方法的培训班，有些采矿机械的制造商也提供机械操作和维护的课程。矿山中运用高技术工具培训矿工的做法日益增多，如机械模拟器和虚拟现实模拟器。随着模拟实际矿山环境和突发事件，使矿工能有较好的准备，公司也能够随时评估矿工的进步和技能。

随着工人获得更多经验，他们能够提升到要求较高技能的较高工资岗位。例如，一个采矿机械手的助手，可能成为一名操作员，或者一个油井工人可以成为钻塔操作手。海上采油队由于其极端的环境和工作危险性质，通常比陆地采油队更有经验。许多公司将不雇用那些对油田操作没有知识的人到海上钻台工作，所以部分获得陆地采油队经验的工人会被提升到海上操作。岗位的安排通常以资历和能力为基础。有重要经验或经过特殊训练的矿工也能成为矿山安全、健康和执法官员，他们的职责包括矿山安全巡视。

建筑、维修和修理职业。在建筑或维修富有技术含量的职业中，要求好几年的职业培训或在这类职业上的经验。在有采矿业务地区的许多学校，常常提供专业化的采矿技术培训。参加这类培训能够在1年后得到采矿技术证明，两年后得到相当大学二年级的肄业证明，4年后可以得到学士学位。课程包括矿井通风、顶棚上栓和机械修理。对设备使用和修理的专业培训，也由设备制造商提供。

专业和相关职业。对某些专门职业说，学士学位是必需的，通常是在工程或物理学的一个学科。不少学院和大学有采矿学校或学系，以及采矿或石油和天然气开采培训计划，尤其是在那些有大量油矿或石油天然气野外作业的州。环境状况要求管理知识和强有力的自然科学背景或者是技术领域的背景，如环境工程或水文学。现在多数环境专业人员是从在采矿业有经验的工程师和科学家中抽调的。大学和矿业学校引进了更多环境课程到他们的培训计划之中，同时矿业公司正在从现有的与环境相关的学科雇用专业人员并且培训他们使之适应公司的需要。

三 矿业领域的就业前景

矿业的就业预期将下降。美国和世界经济的增长将继续要求更大量的由矿业生产的原料，但是增加的产出将靠增加生产效率、较少工人作业的新技术来满足。

就业变化。到2018年，预期采矿业就业将下降14%，与之相比，整个经济的增长预计为11%。矿业生产紧密联系于价格以及对产出原料的需求，由于近年来石油、天然气和金属的价格迅速上升，这个产业的生产和就业也在增长。就业由于价格的原因短期内可能波动，但就整个矿业规划时期的进程而言技术进步将提高生产率并且导致就业的下降。

除获得资源的可能性以外，新的生产技术也将影响这个行业的就业。新的钻探和采掘技术将使更少的钻探点获得更有效的生产。预期采集石油和天然气的就业到 2018 年将下降 16%。然而，在现在的保护地区，政策的改变能够扩大石油和天然气的勘查和钻探，短期内可能提高就业。

环境的关切将继续影响矿业的经营。政府规章越来越限制对土地的进入并且限制采矿的类型，这样做是为了保护当地的植物和动物，并且减少对水和空气的污染。随着人口的增长，新的开发在同矿业经营者竞争土地，而居民则越来越反对在他们附近开展采矿活动。这些关切，连同东部容易进入的煤炭储藏地的耗尽，将导致煤炭生产的转移。煤炭开采在中部，特别是西部将增加，而在东部则将减少。

到 2018 年，开采金属矿石的就业预期将会下降 10%。这是因为金属主要用于其他产业作为原料，如通信、建筑、钢铁、航天和汽车制造，金属矿石采掘业的力量受这些产业力量的影响很大。多数金属是在一个世界市场中买卖，所以需求不仅产生于国内产业，也产生于快速发展的发展中国家。从这些国家来的需求已经导致近年来许多金属价格的大大上涨。这就使美国的采矿公司在现有的矿山扩大生产，并且重启某些在金属价格无利可图时被关闭的矿山。然而，从长期看，可能的价格稳定加上许多与采煤相似的对环境的关切，将导致金属矿石开采下降。

非金属矿物的开采在就业上应当没有什么变化。尽管对碎石以及用于建筑活动的砂砾的需求将继续上升，采矿技术的进步，将需要较少的工人操作并维修新的采矿机械。正如金属采矿业、非金属矿物采掘业受使用其产出制作自己产品行业的影响，非金属矿物中水泥和沥青被用于修建道路，住房和非住房则需要建筑材料。

石头、沙、沙砾的运输成本很高，所以开采这些材料散布在全国各地，使它们不容易实现产业合并。这种地理的分散连同许多矿山的较小规模，也造成某些矿山只在暖和的时候开工。许多工人在冬季被解雇，到其他行业去找工作，当矿山重新开启的时候又把他们找回来。非金属矿物开采吸引了许多流动工人以及那些寻找夏季就业的工人。

尽管采矿业就业数量总体来说是下降的，但也存在一些就业机会。很多工人，特别是专门职业人员，在未来几年将要退休，而某些公司在行业正在扩大生产时，因为要应对很多有经验但即将退休人员的流失而遇到麻烦。同时，过去这个行业就业的下降导致许多潜在的工人不去考虑在这个行业的就业，而许多学院和大学也已经取消了用于培训在矿山工作的专业人员的计划。在此情况下，对于那些有以前的经验并且有专业技能，特别是有资格的专业人员，以及那些有新技术的工人，他们的就业机会将会非常好。

行业收入问题

采矿业工人工资和薪金的平均收入远高于其他行业的平均数。2008年，生产工人每小时工资是23.01美元，与之相比较，私人行业平均工资是18.08美元。

2008年矿业非监工工人的平均工资　　　　（单位：美元）

行业部门	每小时	每周
私人行业总体	18.08	608
采矿	23.01	1043
石油和天然气开采	27.28	1120
采矿的支撑活动	22.40	1033
采矿、石油和天然气以外	22.01	1017
金属矿石开采	25.94	1195
采煤	23.27	1140
非金属矿物采掘和露天矿	19.13	840

资料来源：劳工统计局当前就业统计，2008年。

矿业职工的中位小时工资，2008年5月　　　　（单位：美元）

职业	采矿不包括石油天然气	石油和天然气开采	采矿的支撑活动	全行业
总业务经理	42.93	53.97	46.43	44.02
建筑和开采	32.19	31.58	30.42	27.59

续表

职业	采矿不包括石油天然气	石油和天然气开采	采矿的支撑活动	全行业
运营工程师	18.84	25.30	17.58	18.88
石油天然气工人	17.84	22.56	17.70	18.07
开采工人-助手	17.76	16.06	16.39	15.74
重型卡车司机	17.33	16.99	15.99	17.92
转动钻操作员 石油天然气	15.48	22.01	24.23	23.94
钻塔操作员 石油天然气	**	19.97	20.25	20.15
钻头启动手	**	19.28	17.63	18.20
半熟练工人	**	15.21	14.78	14.72

资料来源：劳工统计局职业就业统计，2008年5月。

美国采矿工人按每小时工资28美元计算，每年工资可达6万美元。但问题在于把普通工人的工资同公司高管相比则相形见绌。后者从20世纪80年代中期起就迅速增长。根据赫尔与墨菲（2003年）的研究显示，两者的差距已经从1999年的100倍上升到2000年的350—570倍。另据米歇尔（2009年）的研究，两者差距则在1965年是24倍、1979年是35倍、1989年是71倍，到1999年则是299倍，在社会上引起了分配不公的强烈反应。

福利和工会会员。矿工中约有8%是工会会员或包括在2008年工会合同中。与之相比整个私人行业的工人约有14%是工会会员。多数工会会员是在煤矿，金属矿和非金属矿物采掘业，2008年这些行业有20%的工人是工会会员。采煤工人工会主要由美国联合矿工（UMWA）代表。美国联合钢铁工人、国际运营工程师工会和其他工会也代表矿工。

四 矿业领域创造的财富

根据美国内政部地质调查局所著《变化中世界的科学》[①] 一书中的数据，2010 年，美国国内生产总值为 146000 亿美元，其中由主要行业消费掉的矿物（指加过工的矿物）为 21000 亿美元，占 14.4%。在各行业中是一个很大的比重。从具体的构成看如下：

1. 矿物原料的净出口价值为 24 亿美元。由黄金、苏打粉、锌精矿等构成，出口价值 51 亿美元，进口 75 亿美元。

2. 国内开采的矿物原料，价值 640 亿美元，由铜矿石、铁矿石、沙和沙砾、石头等构成。

3. 国内循环利用的金属和矿产品，价值 152 亿美元，由铝、玻璃、钢等构成。

4. 废料净出口 139 亿美元，由黄金，钢等构成，其中进口为 51 亿美元，出口为 190 亿美元。

5. 国内加工矿物 5780 亿美元，由铝、砖、水泥、铜、化肥、钢等构成。

6. 国外净进口加工矿物 280 亿美元，由金属、化学品等构成，其中进口 1150 亿美元，出口 870 亿美元。

小结

纵观美国矿业工人所走过的道路，他们创造了巨大的财富，为美国工业化的实现做出了不可磨灭的贡献。与此同时，他们自身的生存状况也经历了很大的改变。他们是美国矿业兴衰嬗变的见证者，体验了这一过程的全部苦涩与甘甜。

在工业化初期，他们作为战斗在矿业生产第一线的主力军，却只能在恶劣的环境中，获得很低的工资，还要受到矿主和监工的各种虐待。在当时的政治环境中，他们虽然发动了旨在争取和保护自身权益的罢工运动，却未能

---

① http://www.usgs.gov

有效地改变现实。

这种状况在20世纪30年代的大危机中,由于实施罗斯福新政,改良主义占了上风,才得到了改观。自此之后,美国矿业工人组织壮大,经济上逐渐获得了中产阶级的生活水平,政治上也发展成为影响美国政坛的重要利益集团之一。

第五章 矿业的发展和美国政府的政策

美国矿业的发展是以市场为主导的。矿业资源的开发利用受利润规律的支配，19世纪的淘金热是最有力的说明。矿产品是重要的生产要素，随着工业化和科技进步以及产业升级，市场提出了对各种矿物的需求。例如，电气化对铜的需求，发展汽车业对钢的需求，航空业的腾飞对铝合金的需求，高科技产品对稀土金属的需求，等等。新兴产业需求的旺盛，抬高了矿产品的价格和利润，使美国的矿业得到了很大发展。但是矿业的兴盛又带来了一系列宏观层面的社会问题，如矿井作业的安全问题，环境污染的治理问题，劳资纠纷问题。这些都不是靠市场运作能够解决的，需要政府的介入并制定相应的政策。美国在这方面有许多经验和教训值得研究。

美国200多年的历史也是一部战争史，战争机器的运作需要大量物资的支持，尤其需要金属矿物的支持。矿产品及时而充分的供应成为保障战争胜利的重要条件。但在不同历史背景下，对国防战备和后勤保障的需求是不一样的，由此提出了国防储备的战略问题。在这方面美国的经验和教训相当充分，值得关注，这也是本章要探讨的主题之一。

第一节 美国的国防储备战略

2008年美国国会军事委员会要求国家研究委员会所属评估国防储备需求委员会讨论当前的国防物资需求，重新评估战略储备和有关国防的重要物资，研究国家战略储备未来运作和构建的一般原则。为此，美国国家研究委员会在2008年发表了《为21世纪的军队管理物资》的报告。对美国国防战略储备进行了历史性总结，并提出了在新形势下对美国国防战略储备政策的调整意见。这个报告为我们了解美国的战略储备政策提供了相当充分的资料,值得仔细研读[①]。

美国国防储备战略的发展历程

美国是历经两次世界大战而崛起的。以重要矿物为主的国防储备是争取战争胜利的重要保障。在美国出现为军事用途储存重要原料的概念要比建立国防储备机构(National Defense Stockpile, NDS)早得多。第一次世界大战所经历的供应短缺,导致1922年在国防部内建立陆海军军火局,该机构为工业动员和购买军火供应制订计划。

自那以后,储备军需物资就在政府部门和智库的研究报告和评论中被强调,并研究了许多问题,包括军需和民需的相对重要性,限定这些需求的方案,国内和国外供应商的差额,政府部门在管理储备上的责任,等等。总之,所有这些问题都需要国会制定政策和法律,而随着形势的变化,不同时期的政策是有很大差异的。

1. 第二次世界大战和朝鲜战争时期的战略储备

1938年美国《海军拨款法》以及1939年《战略物资法》的建立,提供了储备战略物资的初期基金(1亿美元)。考虑到日本征服亚洲以及欧洲战火的爆发可能威胁到美国某些物资进口的可能性,陆海军军火局列出了一个战时生产所需要的42种重要的战略物资表。到1941年12月,已由国会拨款7000万美元,购买了价值5400万美元的物资。在第二次世界大战中,在15种储备物资中,有12种由国外进口。在1942年至1944年间,有6种物资因军事需要而被投放,对保障美国的国家安全发挥了重要作用。

1946年美国国会开始辩论战后的国防储备问题。国会考虑了储备的目的(军队的和民用的),能够得到物资的来源(国内的和国外的)以及拨款政策和管理方法。这促使1946年《战略和重要物资储备法》的通过,以及1939年《战略物资法》的修订,提出战时部、海军部和内政部部长要联合起来通过陆海军军火局执法,同时授权并指示这些机构决定哪些物资是重要的和战略性的,决定这些要储备的物资的质量和数量。美国国务卿、农业部

[①] Managing Materials for a Twenty-first Century Military (2008), pp. 1–71.

和商务部部长为此也在共同合作。1946年法律制定了许多原则，国防储备局一直根据这些原则运行至今。它授权任命一个"最大程度实际可行的"工业咨询委员会。1933年"买美国货"的立法被应用于采购。物资的采购由财政部采购司承担，它后来成为联邦供应局（Bureau of Federal Supply）。该法要求储存陆海军的储备物资用于提炼、加工和轮换。它规定授权处理物资要在6个月前在联邦供应局注册，并且通知国会，并指出除非为了淘汰的理由，不经国会批准，任何物资不得处理。最后，法律建立了投放物资必须由总统授权的规则。

进一步的发展是1947年的《国家安全法》，它创立了一个民间动员局，向总统提供建议，并且要它负责对军队和民间进行协调并进行工业动员，包括建立充足的战略和重要物资储备以及节约使用这些储备。1950年根据白宫国家安全委员会的评估，建立了一个在常规战争情况下，为3年工业/军事动员确认储备需求的程序。同年，朝鲜战争爆发，国会立即拨款29亿美元用于储备6个月的物资，计划需求的目标从40亿美元跃升到89亿美元。1949年联邦供应局由财政部转给新建立的总服务局（General Services Administration）。到1952年12月，储备的库存价值为40.2亿美元。在1951—1953年间，有8种物资根据总统命令为国防目的被投放。艾森豪威尔总统在1953年合并了政府内部的动员职能，命令军火局把储备计划转给一个新机构——国防动员局，从此把储备活动置于民间的控制之下。确定军事物资需求的责任转给了新的管供应和后勤的国防部助理部长。在此期间储备需求是基于一个新的1年为期的正常使用标准，进口只允许来自于加拿大和墨西哥。1956年，国防动员局的报告指出，新的储备需求总价值109亿美元，其中库存有47亿美元。

2. 冷战年月的战略储备安排

在20世纪50年代中期，冷战已在进行，美国军事计划人员已经开始研究短期核冲突的新环境。这种新环境影响到工业动员和工业对物资需求的储备导向分析，由此导致对储备物资需求量的减少。1958年发展的一个修正计划，以3年而不是5年战争为基础。它允许处理储备中的过剩物资，条件是这种活动不得干扰美国国内市场，或者影响同外国的关系。1959年，建立了由国务院、商务部、内政部、农业部和国防部人员组成的顾问委员会，审查处理计划。

在20世纪60年代，国防计划人员对他们的风险分析进行了核算，它以同时发生两个和一个半冲突为依据，就是说同苏联在欧洲打一场战争，同时与中国在亚洲打一场战争，以及同另一个地区国家打"半个战争"，当时的情况是指越南。1962年，肯尼迪总统宣布，他吃惊地发现储备计划积累了价值77亿美元的物资，这个数字差不多比估计的战时需求还多34亿美元。储备执行委员会是在白宫紧急计划办公室下面建立的，为的是审查对战略和重要物资的处理。1962年进行了一次国会调查，1963年对储备的运营进行了公开听证。同年，一个跨部门的处理委员会由紧急计划办公室主任建立起来，制订出以后不再要求的长期物资处理计划。到1965年年底，储备物资处理的销售额已经达到16亿美元。

1965年的物资储备和储存法指出国家储备，补充储备，包括商品信贷公司的储备，以及国防生产法的库存要合并为国家储备，建立一个特许持有所有战略和重要物资的单一储备机构，并有一个长期的处理计划以求减少库存的过剩物资。

在同一时期，世界范围某些物资的短缺，影响了美国工业对国防需要的支持，经过总统批准，某几种物资从储备中投放，以稳定供应。1966年，总统授权，为对付疟疾，在越南投放奎宁。同年较晚时期，在总统命令下投放了铜和镍。

1973年，国家储备中心重新评估了储备价值，并且修订了每一种物资的必要量和新目标的基础：（1）这些物资将只使用于国防的目标；（2）可能同时打超过一场的战争；（3）在国家紧急状态的整个年月，能够得到进口供应。后来在1976年，美国总统新的储备政策指南，重新引入必需的民间需求作为标准，并且调整了军事方案以支持一场超过3年的重大战争，作为一场全面的工业动员，并且增加了物资需求。制订了一个年度物资计划，它要求包含任何采购或对过剩物资的处理。

1979年，国会通过了新《战略和重要物资储备法》，对原来1939年的立法进行了第二次重大修订。储备管理和政策职能，从总服务局转给了新创建的联邦紧急管理局（FEMA）。储藏、维护、升级、采购和销售功能保留在总服务局。此外，国防储备交易基金在财政部建立，由它接受销售款。从

1979年8月到1988年9月，整个净收入接近12亿美元，被存入国防储备交易基金账户。新法律也坚持储备需求要以一个美国经济的全面动员，打一场全球规模的至少持续3年的常规战争为基础。

一项由联邦紧急管理局在1980年做的分析估计，储备需求在200亿美元左右。1982年，总服务局启动了一个长期计划，把铬和锰提升到高碳级铁铬和高碳级铁锰。这个计划的目的在于支持美国的铁合金冶炼和加工能力，它对工业的国防供应至关重要。

在20世纪80年代中期，在里根政府治理下，再一次进行储备需求的研究，并宣布大部分储备库存是不必要的。这个判定与当时国会和几个联邦部门的流行观念直接冲突。1987年12月，国会指示国防部接管国防储备机构，包括需求的评估。

报告在谈到1988年以后的情况时说：1988年2月美国总统以行政命令指定国防部长担任国防储备经理，在国防后勤部内建立国防储备中心从事实地活动，管理储备项目的运作。民用机构只保留其咨询委员会的角色。这些事件促使需求评估方法改变，这是由国防分析研究所做出的努力。

虽然需求的模型方法不断被改进，但80年代后期的建模设计仍然有局限性。这些设计以1979年储备法为依据，包括3年战争的方案，同时被认为与美国物资供应商的距离过远，只有加拿大和墨西哥的供应商被认为是可靠的。

国防分析研究所利用计量经济学去决定对国防储备物资的供应和需求，使模拟需求更加量化。这使一系列国防储备的政策选择都必须加以探讨，并且要评估储备需求的框架。因为冷战结束后，人们认为国外物资来源更加可靠，国防部的计划指南在1989年开始改变。

3. 冷战后美国战略储备的发展

根据国防储备局的年度报告，目标储备和存货在1989年达到顶峰，当时国防储备包含91个项目，62种物资分类。当年国防储备的总价值是96亿美元。91种物资中的84种被列为目标储备物资，实际上占所有96亿美元的全部价值。尽管1989年国防战略储备中大约有15亿美元的价值被认为是超过了国防储备目标的物资，但不是所有1989年的目标物资都已在国防储备库存物资中到位。为了达到这些目标，要求购买另外40种价值125亿美元的物资，由此产生总值206亿美元的目标储备物资。在这个125亿美元的短缺当中，差不多105亿美元是铝、铜、铅、镍、铂、蓖麻油酸/含脂酸、钛和锌。曾经的储备不足是因为在1980年以前，所有40种短缺的储备物资中只确认了一种。

美国国会总会计局在1992年的报告中，对此进行评论时指出，按照1991年的价格，建议目标的变化从1979年的超过160亿美元到1985年的6亿美元到1991年的超过50亿美元，而最后，到1992年的33亿美元。一年以前，来自国防部总视察员的一项报告得出结论指出：决定要购买物资的类型、数量，并在储备中保留的程序需要改进。

确定国防需求和目标方法的一个最受限制的方面是法定的要求标准，包括支撑全球性正规战争至少持续3年，并且涉及经济的总动员。在其对1991年报告的回应中，国防部指出它以前曾建议取消这个标准，但是有关的立法没有递交到国会，国防部也指出除加拿大和墨西哥外，在确定1991年需求时，加勒比海盆地的国家可以包括在可靠来源之中。

在谈到21世纪的新形势时，报告认为这是一个同第二次世界大战前刚建立国家国防储备时完全不同的世界。全球经济已经变了，不仅美国对世界市场的进入扩大了，而且来自许多其他寻求获得稀缺资源国家日益增长的竞争也在增强。21世纪面临几种不对称的国家安全威胁，它跨越全球，要求军队能够对突然增加的需求做出迅速反应。对国防需求的界定，现在是处于新的条件之下，它强调的是基于能力的计划，而不再是基于威胁的计划。与此同时，国防系统的供应已经从来自政府管辖的军事工业综合体，转变到全球的军民两用的综合体。与70年前国家国防储备刚建立时不同，美国军队现在更依赖于民用工业。民用工业反过来则日益依赖于全球采购和海外研究与开发，以及其他外国的有用资源。同时，企业的库存管理也已经从储备和持有转变为恰值其时的供应。

委员会研究后得出三个结论，它们分别是：

第一，国家国防储备的设计、结构和运作使它在应对现代需求和威胁时缺乏效率。 对国防重要物资供应的保证上仍然存在三个主要威胁：（1）全世界对矿产品和矿物日益增长的需求；（2）国内供应和加工能力的萎缩和对外国资源的更大依赖；（3）由于全球供应链的分散化，给供应中断带来的风险和不确定性。

美国工业和世界工业的现代物资供应链的特征是业务外包和零部件外购。一段时间以来，美国采矿业务、加工设施和金属制作业务的减少已经限制了美国采矿和加工矿石的能力，在某些情况下，美国一些关键矿物完全依赖于进口。许多美国现有的国防物资储备，反映的是历史而非现行国家安全需求，而评估储备需求和目标的程序时，并没有认清创建现行的或计划中的军事系统和平台的具体物资需求。结果，很可能有某些具体的、高度优先的、与国防相关的物资需求，由于对其用途知之甚少而没有得到满足。

第二，国防部对其具体物资需求没有充分理解，对其供应没有足够的信息。尽管原则上说，国防物资储备可能在现时和未来战略经济的环境中很宝贵，可是现行储备系统并没有得到恰当的设计，使之满足国防物资的需求。这个系统及其运作既不及时，也没有建立在最新信息之上。其程序是偶发的，而不是能动的，同时缺乏对具体物资需求的数据，这意味着全国国防储备没有能够对世界市场的变化做出实时的反应。委员会认为在储备政策和国家安全目标之间，似乎没有强有力的联系，对全球供应链管理的实践也没有理解。在此报告出台以前的许多研究，得出的结论与此报告相似，但国防部并没有采取行动加以落实。这使委员会得出结论，全国国防储备未来如何运作，并没有摆到国防部领导的紧急议事日程中，现在依然如此。

保障物资供应不中断对国防有利的制度，将从一个制订得很好的能动的模型中受益，它将能确认什么是重要物资。不过，仍然有迫切的需求去改善获得这些物资的国内外信息搜集，没有这一条，就无法启动政府对这些重要物资供应的干预并使之合理化。

第三，缺乏从国内外来源获得有关物资的良好数据和信息，阻碍国防重要供应链的有效管理。委员会的判断，对国外供应的依赖本身并不是一个使人担心的原因。但是当结合其他因素，如供应的集中化，来源地区政治的不稳定，以及全球矿物资源更大的竞争则令人担心。21世纪对国家安全的威胁，不同于与20世纪那些人们更熟悉的战争和冲突相联系的老观念。根据委员会的判断，尽管现行的国家国防储备的结构缺乏效率，联邦政府对国防系统物资供应的积极管理仍然起作用。

与此同时，柏林墙倒塌了，同时认识到美国的国防计划、战略和力量结构将需要根本性的重新安排。新方法集中在需要对付区域性冲突，同时维持一支最小的力量，并保持一种对冲的能力，在面对重新崛起的一个超级大国的敌对时，要为全球性战争重建国防。一个新的国防战略已经在1992年国家军事战略中概略描述，随着地缘政治气候的变迁，对在加勒比海以外国家物资来源可靠性的重大重估出现。随着国防态势的变化，对1992年储备的采购推迟，这是因为对威胁的情景和国家可靠性的评估改变了。同时，国防部的预算也被削减。这些变化在很大程度上重构了国防储备的政策。

1992年美国国防部助理部长在国会作证说：由于军事方案的变化，储备物资需求的价值已经减少了22亿美元（相对71亿美元库存）。在其1993财政年度国防授权法案中，国会回应国防部的建议，授权它处理数量多达44种国防储备物资（从84种国防储备物资表中）。包括在1993年立法中对战略和重要物资储备法的修正法案。修正法案指出：国防储备的唯一目的是为国防利益服务。法律进一步要求向国会递交在财政年度将要购买和出售的每一种商品最大数量的细致的年度物资计划，同时年度物资计划也要报告这些交易预期的国内外的经济影响。

从1992财政年度，一直到2006财政年度，价值61亿美元的物资被出售。自1993年起，当主要销售计划开始时，国会已经事先指定部分基金用作特别收入目标，并且用于特别的军事计划。自此以后，储备需求的模型基本架构大部分保持不变。到2007年5月，国防库存包含28种物资，价值约合11亿美元。随着物资的种类和数量的大量减少，DNSC已经大大降低了储存物资设施的数量。根据目前的计划，到2007财政年度末，将只有3个合并了的仓库和65人的总工作队伍。

2008年，国防储备储藏了21种物资。其中两种是石英晶体和铍金属热压粉（HPP）。国防储备库存中有171短吨的HPP，其中121短吨已经授权出售，但仍在等待国防部或能源部对这种HPP的最后决定。有25种商品可以出售，它们是：氧化铝、锰矿石（冶炼级）、铍铜合金、锰矿石（电池级）、铍、云母、铬金属、铂、钴、滑石（块/团）、铌（金属锭）、滑石（研磨）、金刚钻/石、钽碳粉、铁铬（高碳）、锡、铁铬（低碳）、钨金属粉、锗、钨（矿石和精矿）、碘、铟、锌、锰、铁（高碳）。

随着这些变化产生了一个问题，美国是否必须继续保持对重要物资的储备，如果必须，什么是它的总原则和架构？在越来越全球化以及物资、产品、系统的供应链日益分散，国防单位购买的系统、次系统和组件越来越来自于外国的供应商的情况下，美国制造业的性质已经改变，从而评估国防储备的未来需求变得更加复杂。此外，国家安全和国防所需要的物资和70年以前建立储备时的需求也大为不同。正是由于这些原因，所以要进行这一研究。

在报告撰写过程中，国防储备中心经营17个运行中的仓库点，存有等待出售或已售出等待运走的物资。另外8个仓库在转给业主以前，等待恢复环境或获得许可证。到2007财政年度末，只有3个仍有工作人员的仓库营业。

美国众议院军队委员会在2006财政年度的国防授权法报告中指出，超过95%的国防储备物资，在当时被认定为多余，因此被卖掉。众议院军队委员会还指出当时的市场环境中，有关钛的情况和国防供应计划对外国来源的日益依赖。该委员会对国防部有无能力保障军队现时需求的物资能够及时获得表示担心，并指示国防部长"检查国防部现在处理物资的政策，同时决定国防储备是否必须重新组成以适应当前世界的市场环境，保证未来国防所必要的需求的可得性"。

国防部在给国会的报告中指出：产生物资短缺有各种原因，不只是周期性需求与供应的波动。其结论指出：虽然当紧急需用短缺难以解决时，使用储备工具是一个正确的选择，但储备的重新组合是否将使"国家净得利"，或者应当有什么样的适当形式是不清楚的。报告指出在一些问题上信息短缺，比如预测未来武器系统以及其他生产所要求的材料，关键物资国内的生产能力，以及解决特别短缺的其他建议。它们建议以下问题值得研究：（1）物资的短缺及其导致的后果；（2）对重要国防体系运送最终需求品的影响；（3）使用非储备减轻使用储备的问题及其局限性；（4）对储备的选项而言，应当如何构建，包括将要储备的物资之形式和数量以及在什么条件下投放（投放给谁）或补充；（5）比较储备和不储备两种解决办法，包括成本和效益的比较。

国防部的报告中建议由国民研究会议对未来的国防储备进行研究，并提出前进路径的建议。当提到未来的物资需求时，报告期望未来的国防系统将能使用先进的可自我修复的物资，它们可以同当地环境独立互动，能在操作中监测一个结构或部件的健康。某些先进物资能够充当内置感应器的基质和集成天线。其他在结构上能够对腐蚀、恶臭、霉烂、火烧起防护作用，从而提高其性能、并控制断裂的物质，以及充当燃料、润滑剂和水力的液体。预期未来20年的物资领域将出现大的挑战和机遇。物资的可制造性、成本和获得的必要性，将远比今天更加具有挑战性。另外，在电子和计算机技术方面的进步、性能、生命跨度以及物资的可维护性，将会大大加强。

对已经推荐的某些高度优先的军事领域而言美国国防部将集中关注的是生物战争；寻找并准确认定困难目标；用高风险战术行动的系统能力支持高风险的军事行动；导弹防御；便宜的、有对反措施具备弹性的精确弹药；强化人的性能；快速部署和在全球对反应式威胁使用军事力量；以及能迅速打到任何地方的"全球影响"。此外，还要继续管理好美国战略核武器库，并努力反对核材料在全球的扩散，它们仍然是国家安全的优先选项和最高议程。

自从2001年9月11日以来，美国的注意力已经被重新聚焦于国家和国土安全。同时利用强有力的系统保护、控制，并从源头计算核武器和特殊核材料；对病原体保证治疗和防疫所的生产和分配；为所有运输方式设计、测试并且安装协调的、多层次的安全系统；保护能源的分配服务；减少通风系统的脆弱性，并且改善它们的空气过滤效能；布置技术和标准，使紧急情况反应人员同其他人员进行可靠的沟通，并且保证由受到信任的发言人迅速通知公众并且在任何时候都拥有技术权威。

满足21世纪美国的国防需求，将依赖对物质和方法进行研发，以改善现有的材料，并在新材料和合成材料方面获得突破。根据最近的研究报告，一些需要的材料是：（1）功能与重型材料相似的轻型材料；（2）强化保护和存活能力的材料；（3）隐形材料；（4）用于高速通信的电子和成像材料；（5）感应和驱动材料；（6）高能量浓度材料；（7）改善推动力的技术材料。

对未来储备的考虑必须具有前瞻性，考虑到何种新型技术可能进入市场。委员会细心地考虑这些问题，并以对现在和未来需求的评估为基础，结合外部专家和委员会自己的经验，做关于物资和国防需求的报告并提出物资和技术的清单，使之对国防能力有显著影响。

委员会强调这个清单仅仅是推理性的。并不愿意把所有的或者将这些物资中的任何一个看成现在或永远都是最重要的。但是随着当前研究的迅速展开，国防系统制造商在不太遥远的未来，可能得到它们当中的某一些，而这些可能变得对国防系统很重要。

报告指出：它所提到的物资，并非必须包括在储备当中，这些物资并没有特殊的优先次序。目的纯粹是说明这种多元的和复杂的技术网络以及国防系统中可能会领先的材料。

（1）燃料电池可能是未来军事系统的一种重要能源技术。某些这种物资在 USGS 的进口依赖清单中，在燃料电池中被利用为触媒，它们中的某些物质是铂基的。其他如锶和钴，在中温或高温电池燃料中被用作关键原料。由于燃料电池是一种对能源问题潜在的解决办法，并且将有可能变得更加重要，在最理想的情况下，美国可能不必为使用这些原料而依赖外国来源。在实践中，重要性可能依赖于哪种技术最有成果以及对应用这些特殊技术的燃料电池的需求。

（2）信息技术应用极其依赖于硅、镓（其中 99% 是从中国、日本、乌克兰或俄罗斯进口的）、铟（100% 从中国、加拿大、日本或俄罗斯进口）和砷（100% 从中国、摩洛哥、墨西哥或智利进口），其他物资虽也重要，但差得多。这种进口的物资是光电和固态物质，没有其他技术在这个市场上同它竞争。

（3）钽电容器是重要的。它的主要来源是澳大利亚和非洲。

（4）对于汽轮机重要的金属（USGS 进口依赖数据显示）是：镍 60%，钨 66%，铬 75%，钴 81%，钽 87%，铼 87%。对铝合金来说，两个最重要的合金要素是锰 54% 和硅 60%。

（5）有机的高、低分子重量复合物，是从基础化学建筑板块合成的，对于包含共价化合物的金属，功能有机物质的供应是脆弱的。

（6）基于球形中介的激活物质，使用激活的碳和苏打高锰酸盐 – 饱和氧化铝，是被一家同美国陆军工程兵团合作的公司所开发，开发的产品消除了臭不可闻的、有腐蚀性的、有毒害的气体。

（7）纳米技术，在分子和原子级的功能系统工程中，有影响制造很多物质和产品的潜力，包括医药、触媒和其他化学品、航天物质、应用于保健的物质、电子物质等。这些物质要求纳米技术，因而把它应用到国防系统的紧迫性将增长。

（8）智慧结构和物质能够感觉外部刺激，并能设计出实时反应或接近于实时反应。它们能够在感应系统、摆动控制、促动器、自我修复结构、人工括约肌以及使用磁流变弹性体、液体加湿器的智能可变阻抗器具中使用。

（9）生体模仿学是对生物物质结构和功能的研究，把它作为模型用于设计和制造物质。生体模仿学用于感应器平台的潜力（在国防上），药物传递系统（保健），自主生物机器人（空间勘探）和其他应用，范围很广。

（10）微电子机械系统是将不同家族的补充技术，如感应器、促进器、机械结构和电子集合成一个系统，它能感知机械的、热量的、化学的、生物的、光学的和对微米级磁性的测量。

（11）低端电子部件的供应现在几乎全部来自外国。尽管这些器具不复杂，但它们并不能马上逆向设计。所以对能够损害重要国防系统的所谓"木马式"组件并没有保证。还可能有关于为制造过程服务的前端/末端原料/矿物可靠性的担心，这种担心可能推动美国去持有这类物资的储备。

（12）碲在不久的将来会变得重要。它被用作导弹鼻形圆锥上的氧族化合物玻璃，用以聚集紫外线。它还在陶器和喷气帽中被用于与钢、铜合成，使它们更具效率。有机碲是抗氧化物。铋亚碲酸盐用于热电流器具，镉亚碲酸盐可以用作太阳能板，锌亚碲酸盐用于固态 X 光探测器。

（13）稀土元素金属有很好的磁的、热的和电的性能，被广泛用于武器和其他军事用途。另外，它还被用于电子、通信、光学、触媒和石油精矿。有时，铱、钪和钍也被包括在稀土元素中。

（14）一般来说，稀土金属是作为提炼其他金属时的副产品生产出来的，所以，如果其他金属不再开采，不论是经济的或环境的原因，这些宝贵的副产品也会丧失。例如，铼（Re）是焙烧钼的副产品，并且是作为喷气引擎在很高温度中的镍基合金使用。

（15）合成物有很强的力量，有高重量-劲度比，并且在飞机和较轻机动应用中越来越重要。由于不论如何制作，它们都能迅速适应于嵌入的感应器、促进器之类。随着纳米技术的出现，改进型自我修复性能的开发，以及未来无线设备的开发，合成物将变得更加重要。

（16）先进的陶瓷在轻型装甲物体、紫外线导弹穹顶、为飞机引擎部件涂面，以及空间应用都将被更多地使用。在国防系统使用先进陶瓷，以降低成本的努力，可能导致它们更多的应用。

（17）粉末冶炼和使用粒子物质，使在极低温中为零件铸模，使其形状与成品的最后形状接近，可以明显降低铣削过程的废品数量。使用这些物质制作零件，有更好的成本效益，同时保持其耐用性、抗腐蚀性和延长生命周期。这一发展将有利于汽车和军事工业。

当国防战略储备在1937年建立时，美国只需要关心维持原料供应，因为只要能够得到原料，它有技术去加工和制造任何设计的物资和产品。今天，美国还必须去关心是否有能力生产或重新获得设计出来的先进物质。

我们从上述报告的概略中，可以了解美国智库对当前国防战略储备中的问题和今后的方针之主要关切。适应现今国际和美国国内形势的发展，在国防战略储备上，要解决的问题包括：非正规的不对称的战争同界定国防需求的矛盾；战略物资供应全球化和供应安全的矛盾；战略储备安全系数同储备成本的矛盾；科技进步和准确认定储备需求的矛盾，正确处理这些矛盾，把握好矛盾各方的度，看来具有普遍意义。

第二节　美国矿业劳资关系和政府政策

采矿业，特别是地下采矿业的职工，是在一种高危险、高强度、环境艰苦的条件下工作的。矿工们要求安全的环境，合理的工作时间和较高的劳动报酬是理所当然的。但是矿主们为了追求利润往往不能善待员工，在19世纪和20世纪初，这种表现尤为严重。因此，矿工们为了捍卫自身利益，时常同矿主们发生冲突，暴力血腥事件并不鲜见。采矿业的劳资关系成为采矿业发展的重大障碍，因而要求政府进行干预，然而政府决策者往往偏向矿主，反而使矛盾更加激化。这种情况直到罗斯福"新政"时才有所改观。但第二次世界大战后随着"红色恐慌"的发展，在共和党重新夺得国会多数席位后，风向又有所转变。从19世纪开端的美国矿工斗争史，是了解美国劳资关系和政府政策发展变化历史的源泉。

1. 硬岩工会的建立①

1863年，美国科罗拉多州森绰尔城，曾致力于建立一个硬岩矿工工会。不过这一努力最终失败了。同年，在考恩斯托克洛德，有三四百名矿工群体建立了矿工保护联合会，目的是反对一个资方即将进行的工资削减，同时也是为了创建一个福利基金，帮助生病或受伤的矿工及其家属。不过后来工资削减没有发生，这个组织也就无声无息了。

1864年，一个在考恩斯托克洛德工作的监工向矿工们传达削减工资的事，矿工们一怒之下，把他捆在一个大桶上，还贴了一条标语，声称："把这堆废物和污垢从考恩沃尔扔出去。"这次工资削减未能实行。资方反而用更低的工资雇来新矿工，这件事煽动起弗吉尼亚城和黄金山矿工们的示威，迫使资方放弃了雇用新工人的做法。矿工们随后建立了斯托雷矿工联合会。但由于威胁矿工的工资削减并未实施，这个组织也因此失去了活力。1865年发生的一次经济滑坡，最终导致工资削减，当这年股票市场崩盘时，矿工们并没有组织起来反对降低工资。

1879年，科罗拉多州莱德威尔矿工合作工会（Miner's Cooperative Union，MCU）成立，它是属于全国劳工勇士这个组织的第一个硬岩矿工工会。和许多这个时期的工会一样，MCU在组织了第一次罢工后不复存在。然而，到1888年，科罗拉多州已经有43个劳工勇士组织，其中几个在采矿社区。劳工勇士这个组织是开放性的，并不把自己局限于按专业技能组织工人的狭隘观念。

从1865年到1892年，分散的硬岩工会组织在整个美国西部都建立起来，当时在爱达荷州Coeur d'Alene市爆发了激烈的斗争。第二年西部矿工联盟（Western Federation of Miners，WFM）也建立起来。WFM接受劳工勇士的领导，后来则是按行业组织的美国铁路工会行事。

2. 西部矿工联盟②

硬岩矿工前几十年所进行的组织活动是断断续续的，有时不太成功，1893年创建了西部矿工联盟。这个联盟是几家矿工工会合并后建立的，包

---

① History of hard rock miners' organization from Wikipedia, the free encyclopedia.
② http：//en. wikipedia. org/wiki/Western_ Miner's_ Federatio

括蒙大拿州的铜矿矿工，爱达荷 Coeur d'Alene 市的银铅矿工，科罗拉多州的黄金矿工和南达科他和犹他州的硬岩矿工。

建立工会的这些矿工已经同矿主以及政府当局在 1892 年 Coeur d'Alene 罢工中打了几场硬仗，这是在公司卫队射杀 5 名罢工工人之后的事。矿工们解除了卫队的武装并把 100 多名罢工的阻挠者拖到镇外。州长 N. B. Willey 做出反应，要求联邦军队恢复秩序，哈里森总统派约翰·斯考菲尔德去宣布戒严，逮捕了 600 名罢工者，然后对这些人在不经审讯，也不给予假释或控告通知的权利下，把他们关进监牢。斯考菲尔德然后又命令当地的矿主不得重新雇用工会会员。在这次对抗中，Coeur d'Alene 的矿工从蒙大拿州巴特市的巴特矿工工会获得巨大援助，他们抵押掉他们的大楼，送去援助。1893 年 5 月，北方硬岩矿工的 40 多名代表在巴特聚会，由于担心地方工会在 Coeur d'Alene 这样的矿主协会的强权下过于脆弱，他们宣布建立了西部矿工联盟，并致力于组织整个西部的矿工。

1894 年科罗拉多克利普尔河罢工

在西部矿工联盟以后组织的罢工出现暴力冲突。在科罗拉多克利普尔河，当矿主把工作日从 8 小时增加到 10 小时后，矿工爆破了矿山大楼和设备。司法长官派去了上千名武装人员，接着就失去控制。进一步的暴力冲突因矿主同意恢复 8 小时工作日，提高矿工工资到 3 美元一天而避免。为这个标准而战斗，就此成为工会在整个西部的起点。这一成功使西部矿工联盟在以后 10 年急剧扩大，最多时它在 13 个州有 200 多个地方分支。

1896—1897 年科罗拉多莱德威尔罢工

后来，西部矿工联盟在莱德威尔一次反对矿主的斗争中变得更加激进。该联盟克劳德城矿工工会 33 号地方分支的代表，要求把日收入不足 3 美元的所有矿工的工资增加 50 美分。工会感到这是合理的，因为在 1893 年的萧条期，矿工们的工资曾被削减 50 美分。然而谈判破裂，968 名矿工罢工。矿主们建立了一个矿主协会，达成一个秘密反工会协议，把另外 1332 名矿工锁在门外。矿主雇用了间谍对工会进行侦查，还用了更多的间谍监视被替换的工人。在工会领袖发出反对暴力的呼吁一天之后，在康纳达矿一件暴力事件发生了，至少有 4 名工会矿工和 1 位司炉工被杀害。

同美国劳工联盟的短暂联合

西部矿工联盟在 1896 年附属于美国劳工联合会（American Federation of Labor，AFL），但是西部矿工联盟的代表在 AFL 辛辛那提的代表大会上同 AFL 脱钩。其理由不仅是因为 AFL 拒绝对他们在莱德威尔的战斗中给以援助，而且感到 AFL 没有同工会的人交往。

由于西部矿工联盟从 AFL 撤出，其他例如蒙大拿州贸易和劳工委员会，发出建议组织一个新联盟，1889 年西部矿工联盟在盐湖城的代表大会上创建了它自己的 AFL 替身——西部劳工工会（WLU），目的是组织起所有西部工人。

1898 年爱达荷州的对抗

在 Coeur d'Alene 的另一次对抗也带有暴力特征。爱达荷州沃得纳市利润丰厚的奔克山采矿公司，解雇了被认为是工会会员的 17 名工人。4 月 29 日，250 名愤怒的矿工抢到一列火车，把它开到在沃得纳市奔克山矿价值 25 万美元的工场。矿工们然后在工场引爆了 3000 磅炸药。在爱达荷州长的要求下，威廉·麦金莱总统派出军队不加区分地包围了 1000 个人，把他们关入牛栏。一位工会同情者艾玛·兰登在 1908 年发表的一本书中，指控州长在军队到达 Coeur d'Alene 地区一个星期后，在他的银行账号上存入 25000 美元，这意味着可能有来自矿山经营者的贿赂。J. 安松尼后来在他的《大麻烦》书中确认了这笔捐赠，"1899 年，当这个州为 Coeur d'Alene 的诉讼需要钱时，矿主联合会提供了 32000 美元，他们把 25000 美元交给了州长，由他考虑起诉，部分资金用于地方检察官。"

爱达荷州矿工被关押在牛栏里，被禁闭了几个月。有些矿工没有被指出有任何罪行，最后被允许获得自由，而另一些则被起诉。好几百人仍然关在这个临时的监狱却没有罪状。Coeur d'Alene 矿主们还发明了一种为排除工会矿工进入的，必须经过批准的雇佣制度。

在西部矿工联盟 1901 年的代表大会上，矿工们同意宣布说：一场"社会和经济环境的完全革命"是"工人阶级的唯一救世主"。西部矿工联盟公开号召取消工资制度。到 1903 年春，西部矿工联盟是这个国家最有战斗性的劳工组织。

科罗拉多 1902—1903 年的罢工

组织工场工人的计划,在冶炼公司导致更激烈的战斗,这些公司付给工人的工资是矿工们 10 到 12 小时工作日的一半。1903 年,冶炼工人在科罗拉多州科罗拉多城举行罢工,当时看上去他们可能不需要激烈的战斗就赢得他们的要求,因为克利普尔河的矿工们正在带着他们的要求举行同情罢工。然而,当一家冶炼厂的经营者拒绝接受由科罗拉多州长詹姆士·汉弥登·庇保迪作中间人的这笔交易时,这位州长甚至叫来了联邦军队。

庇保迪激烈反对企业按照自身认为适宜的办法管理事务。这时在科罗拉多最关键的问题是 8 小时工作制。当州议会通过一个法令,限制有公害的行业的工作日,如采矿和冶炼业为 8 小时,科罗拉多最高法院宣布其违宪。然后科罗拉多通过了一项选民公决,授权实施 8 小时工作日,但是冶炼厂业主和共和党反对通过任何一条新法令用于实施这种修改,当庇保迪宣布"如果要求州和国家的全部力量去做这件事时",他不会去做。他所说的力量,其科罗拉多形式就是国民卫队,他们的薪水是由企业界支付的,而不是由州支付。他们的司令,谢尔曼·贝尔,开始逮捕成百名工会领袖和罢工者。贝尔禁止当地报纸发表任何不利于军队的信息,并且命令逮捕报纸的全部写作班子,因为他们的社论触犯了他。双方的暴力不断加剧。在 1903 年 11 月 21 日一座矿山爆破,炸死了一名主管和工长,贝尔宣布流放令,要求所有罢工者回去工作或者将从这个地区被驱逐出境。1904 年 6 月 6 日,当一颗炸弹在靠近科罗拉多州维克托独立兵站引爆时,炸死了 13 名破坏罢工者,司法长官 H. M. 罗伯特森被派去进行调查。局面变得极其动荡,愤怒的人们在街头聚集。克利普尔河矿主协会和反工会的警戒组织——克利普尔河地区公民联盟,在维克托军事俱乐部召集了一个会议,对这次暴力行为制订了一项反应计划。不久后,被矿主协会认为对工会太宽容的司法长官罗伯森遭到反对,并且被命令立即辞职,否则将被私刑拷打。这样罗伯森就被爱德华·贝尔所取代,他是矿主协会和公民联盟的成员。

在一个充满煽动性的对抗氛围中,矿主协会和公民联盟在维克托矿工工会大厅的空场上召集了一个公众会议。反工会的演讲让位于争论,跟随而来的是第一次战斗和射击。两个人被射杀,其他 5 个人受伤。

西部矿工联盟的会员在他们的大厅中避难,但是国民卫队包围了大厅,并且进行围攻,从附近的屋顶向大厅射击。40 名工会会员最终投降,他们中有 4 人受伤。公民联盟进入大厅并且捣毁了它。自卫队随后毁坏了在这个地区的所有工会大厅,同时贝尔将军则利用国民卫队驱逐了几百名罢工者。他还关闭了詹姆士·伯恩斯拥有的波特兰矿,因为他曾同西部矿工联盟达成过协议。

罢工的后果。尽管法庭最终释放了被控告在1903—1904年罢工中炸毁火车站的所有工会会员,并且补偿了被驱逐者的损失,但克利普尔河的工会和他们的罢工被打碎,同样的手段也在科罗拉多泰露莱德被采用。这些行动有效地把西部矿工联盟驱逐出科罗拉多许多采矿营地。

1913—1914年密执安州铜矿罢工

1913 年 7 月,西部矿工联盟工会支部号召举行密执安铜乡所有矿山的总罢工。这次罢工的号召没有全国西部矿工联盟的批准,因为当时在西部的罢工使工会的基金几近枯竭。工会支持这次罢工,但向罢工者提供资金和供应品面临很大困难。几百名罢工者包围了矿山升降井,阻止其他人去工作。几乎所有矿井都已关闭,工人们在罢工问题上产生尖锐分歧。工会要求 8 小时工作日,每天最低工资 3 美元,终止使用一人钻,要公司承认工会是雇员的唯一代表。

矿山在国民卫队保护下重新开工,许多人回去工作。公司实行了 8 小时工作日,但拒绝每天 3 美元的最低工资,拒绝放弃一人钻,特别拒绝雇用西部矿工联盟的会员。

在 1913 年圣诞节之夜,西部矿工联盟为罢工者及其家庭在卡卢麦特的意大利仁爱公会大厅组织了一个晚会。大厅拥挤着四五百人,一个人高喊"着火了"实际上并没有火情,其中有 62 个孩子在逃跑中丧生。这件事以"意大利厅灾难"而闻名。在这个灾难之后不久,西部矿工联盟的主席查尔斯·麦耶遭射击,然后被放在一节火车中开往芝加哥。罢工者坚持到 1914 年 4 月,随后放弃了这次罢工。这时西部矿工联盟几乎已经把支持罢工的资金用尽。

建立世界产业工人工会

西部矿工联盟的失败,促使它寻求联合,这是工会不想让步的一个斗争。西部劳工工会已经于 1902 年重新命名为美国劳工工会。这时西部矿工联盟力求同其他产业工会主义的倡导者联合,建立一个全国工会联盟,这就是 1905 年的世界产业工人（the Industrial Workers of the World，IWW）工会。

1901 年，西部矿工联盟曾经采用了一个社会主义纲领。威廉·杜德雷·海伍德作为一个银矿工人在爱达荷州参加了这个工会，他以最简单的论述表明了工会反对资本主义，他站在工人一边反对那些"不找黄金，不采黄金，不磨黄金，但是用某种古怪的魔方让所有黄金都归于他们"的矿主。

海伍德是 IWW 的第一任主席，他界定他的工作为"身着工作服的社会主义"。但是随后在 IWW 内部"革命主义者"和"改良主义者"之间的宗派分歧，使西部矿工联盟的领导层也陷于分裂，这导致西部矿工联盟在 1907 年离开了 IWW，并于 1911 年重新参加了 AFL。

矿山工场

后来罢工的失败和 1914 年的萧条，使西部矿工联盟的会员急剧下降。1918 年工会改名为国际矿山工场和冶炼工人工会。这个工会变得大而无效，充满向雇主传递情报的会员，在后来的 20 年中未能给会员带来什么好处。

然而，1934 年事情发生了变化，矿工和冶炼工使工会重新获得生机。返回到它的好战立场，工会从它在巴特的基地向整个西部蔓延，然后又到南部和加拿大。在新泽西州的非金属冶炼厂也有工会的分支。工会本来是产业组织委员会的成员，它后来把自己转变为产业组织大会（Congress of Industrial Organization，CIO）。

工会也回到它的激进政治传统，因为美国共和党的成员在 20 世纪 40 年代掌握了工会的主席职位。然而，这进一步点燃了领导权和工会的分歧，并且随着战后红色恐慌加强了势头，促进了美国钢铁工人联合会、汽车工人联合会和其他工会的加入，特别是在南方的矿山，在那里 CIO 占据优势的白人矿工分支受到叛变的鼓励。1950 年 CIO 在西部矿工联盟拒绝免去其共和党员领导之后，对它下了驱逐令。

这个工会此后又战斗了 17 年。同时在 20 世纪 50 年代，它挫败了所有钢铁工会，取代其西部堡垒的努力，但它在南方前哨的坚持相当艰苦。此外，更多的保守会员对工会的对外政策感到不安，同时非洲裔和墨西哥裔工会主义的会员日益增多，在 1954 年和 1959 年反对安纳康达铜矿公司的罢工中终于使它陷于分裂。工会在丧失了在巴特和加拿大的分支后，于 1967 年同钢铁工人联合会合并。

《瓦格纳法》和《全国劳工关系法》[①]

西部矿工联盟在1934年的转机是同罗斯福"新政"密切相关的。罗斯福提倡的"新政",是对美国资本主义带来的严重社会矛盾采取改良主义政策。民主党人乘1929—1933年的大危机,取得了在国会的优势和白宫的宝座。掀开了劳资关系的新篇章。这就是1935年通过的《瓦格纳法》(《Wagner Act》)。

《瓦格纳法》,亦称《1935年全国劳工关系法》,是美国历史上通过的最重要的劳工立法,它通过创建全国劳工关系局(National Labor Relations Board, NLRB)使联邦政府成为雇主雇员关系的仲裁者,同时第一次承认工人组织起来和同他们的雇主集体谈判的权利。该法推翻了几十年来法院关于劳工工会违反雇员的合同自由的裁决。

参议员罗伯特·E·瓦格纳是纽约州的民主党人,他在1935年推出这项立法,当时美国正陷入大萧条之中,佛兰克林·D·罗斯福开始反对该项立法,因为担心劳工组织会干预经济复苏,但当立法的通过已不可避免时,他转而给予支持。

国会通过《1935年全国劳工关系法》,根据是美国宪法的商务条款。《1935年全国劳工关系法》指出,在雇员和雇主之间的不平等谈判权力导致经济的不稳定,而雇主拒绝承认集体谈判权利则导致罢工,由于这种混乱阻碍洲际商务的流通,国会采取步骤用鼓励集体谈判和工会化的办法恢复商务的自由流通。

《瓦格纳法》建立了雇员组织,允许工人参加或援助劳工工会,并通过他们的代表参加集体谈判。该法也授权工会为此目的,采取"协调一致行动"。这意味着工人能够合法地举行罢工,并且采取其他和平行动作为一种对雇主施压的方法。此外还禁止雇主从事对劳工不公平的做法,干预雇员的工会权利。这里说的对劳工不公平做法包括,禁止雇员参加工会,因他们工会会员资格或建立一种公司统治的工会而开除雇员。此外要求雇主同由雇员选择的工会集体谈判,该法制定了建立适当谈判单位的程序,

---

[①] http://en.wikipedia.org/wiki/National_Labor_Relations_Act

因而使雇员能够通过秘密投票选择自己的谈判代表。

该法也创建了全国劳工关系局（National Labor Relations Board），它是联邦政府机构，管理并实施防止不公平劳工做法的条款。NLRB对涉及不公平的劳工做法进行听证，并且做出联邦上诉法院能够审查的裁决。

在通过该法时，某些观察家怀疑《瓦格纳法》是否会被美国最高法院认定为违宪。法院曾经否决了好几个"新政法"令，其理由是劳工法律应当是留给市场或州议会处理的事务。然而，在NLRB诉劳夫林钢铁公司一案中，法院改变了方针并且坚持《瓦格纳法》是合乎宪法的。

《瓦格纳法》是"新政"最引人注目的立法之一。立法不仅显示联邦政府准备对雇主采取行动实行雇员权利和工会化并进行集体谈判，它还要求工会之间有相互援助的义务。

该法于1947年被《塔夫特－哈特雷法》所修正，后者也被称为《劳工经理层关系法》（The Labor－Management Relations Act）①，是1947年6月23日由美国国会通过的联邦法案。它平衡了某些在《瓦格纳法》下面给予工会的优势，要求工会也通过相应的义务公平地对待经理层。该法还被《兰德拉姆—格利非因法》所修正，它旨在结束工会官员处理工会基金和内部事务时滥用职权。

该法产生的背景

1947年美国国会两院有亟待讨论的议案250件以上，《塔夫特—哈特雷法》是其中之一。它是对冷战和工会运动勃兴的反应，这个法案可被看作是企业界对第二次世界大战后1946年工人运动兴起的回应。在第二次世界大战胜利的这一年，超过500万工人卷入罢工，平均时间4倍于战时的罢工。《塔夫特—哈特雷法》被看作是靠限制劳工罢工能力并使激进分子隔离于领导层的一种瓦解手段。

条文的说法是："为了促进商务的充分流通，规定员工和资方在其关系中对商务有影响的合法权利，提供有秩序的及和平的程序以阻止任何一方干扰另一方的合法权利，为了保护个别员工同一些活动影响商务的劳工组织之间的关系，界定并规定劳方和资方影响商务并敌视大众福利的做法，保护公

---

① http://en.wikipedia.org/wiki/Labor_Management_Relations_Act

众不因劳工纠纷使商务受影响的权利。"

法案条文的关键是在原来的劳工法中增加了一系列禁止的行为，或称不公正的做法，在工会方面以前只禁止雇主对劳工的不公正做法。关系法则反过来禁止辖区性罢工，未经工会允许的突然罢工，团结一致或政治性罢工，间接抵制[1]，间接阻拦[2]及群众警戒线，只许雇用工会会员企业，以及由工会对联邦政治选战给予货币赠款。该法还要求工会官员向政府签署非共产党员的誓言。会员企业[3]被严格限制，各州被允许通过工作权利法，使会员企业变为非法。

此外，如果即将发生的罢工危害国家的健康或安全，联邦政府行政部门可以获得合法阻止罢工的命令。一个检测表明，许多法庭对它的解释很宽泛。学者弗罗依德·阿布拉姆斯认为，根据第一修正案，该法是"第一个阻止工会和公司为支持或反对联邦候选人而进行独立开支之法"。

该法还赋予雇主反对工会的权力。修正案把最高法院较早的裁决编入法典，确认只要他们不以报复工会活动去威胁员工，雇主有宪法权利表达他们对工会的反对，同时禁止雇主提供激励给员工，使他们不要求建立工会。修正案也给雇主提起诉讼的权利，要求劳资关系局确认一个工会是否代表员工的大多数，同时允许员工提起诉讼或者收回他们工会会员的证明书，或者使现行集体谈判协议中的工会保障条款无效。

全国劳工关系局

修正案赋予全国劳资关系局的首席律师以相机决定的权利，去获取针对违法雇主或员工的命令。该法规定在工会实行间接抵制时，首席律师必须遵守而不是自主选择寻求这种命令。修正案也建立首席律师在劳资关系局行政管理框架内的自主权。国会还给雇主受第二层抵制造成的伤害以起诉工会的权利，在这些活动之后，还给首席律师绝对权力以寻求强制性的救济或赔偿。

---

[1] 指不直接针对企业而只对企业的客户或供应商进行抵制。
[2] 指劳工争议时，对非直接争议的但与雇主有关联的人的示威并设立警戒线的行为，以间接给雇主施加压力。
[3] 一种企业组织，在该企业中其顾主根据协议可以任意录用工会会员或非会员，但非会员只有在一定时间内成为会员才能把他们的名字保留在雇员名册上。

从《劳工关系法》到《劳资关系法》，一字之差反映了美国政治生态的风云变幻。在《劳工关系法》前，美国矿工的处境困难，矿主只顾追求利润，不能善待劳工，导致劳资尖锐冲突，加上执政者政策的偏颇，影响了社会的稳定。30年代大危机后，民主党在两党博弈中取得了优势，采取改良主义政策，挽救了美国制度。矿工工会也因此摆脱了困境，但是工会勇武精神又走向了另一个极端，损害了资方的利益，影响到经济的健康发展。矿工工会的激进纲领，在美国资本主义制度仍有发展空间的条件下，是不可能实现革命性变革的。因此，共和党在国会获得优势后，美国的政治钟摆又从抑制资本转向抑制劳工，使资本主义体制内的矛盾冲突重新走向平衡。这种转变并没有从根本上解决矛盾，但使矛盾得到缓解，因此有利于美国经济的继续前进。

第三节　采矿业的环境问题和政府政策

在美国，环境政治和环境政策的制定是复杂而代价高昂的，但也是相当有成效的。无论在哪个国家，破坏和污染环境几乎是采矿业的天然特征，美国也不例外。对于采矿行业破坏污染环境及其后果的严重性，有一个随科技水平的提高和事故的频发，而由无知到逐步认知的过程。但治理污染往往需要大量投资，这同经营者短期盈利的目的会发生冲突。为了矿业的可持续发展，同时保护环境和居民的健康，要求政府为矿山的环保采取立法和执法行动。从总体上看，美国政府在这方面的工作是在逐步加强的。但因代表各种利益集团的政党所持有的理念不同，他们在执政期间对保护环境的作为和力度颇有差异。

1. 对采矿业环境问题的认知

采矿对环境的影响包括侵蚀，形成落水洞，破坏生物多样性，以及土壤污染。开采过程使用化学物，会造成地下水和地表水污染。有时，为了增加存储垃圾和土壤的空间，而在矿山附近采伐更多的森林。暴露在矿外山脚的浸蚀、采矿废料、尾矿坝堆，以及下水道淤泥沉积，能够严重影响周围地区。在荒野地区采矿可能造成生态系统和自然环境的破坏和失调。在农业区，它会干扰或破坏生产性的牧场和田地。在都市，采矿会产生噪声污染、粉尘污染和光污染。除造成环境损害以外，由化学物的渗漏导致的污染也会影响当地居民的健康。某些国家的采矿公司被要求遵守《环境和复垦法典》，保证开采的地区还原到接近于原来的状态。某些采矿方法已经产生严重的对环境和人体健康的危害。

水污染

如果不采取保护措施，采矿会对地表和地下水有负面影响。其污染物主要有非自然的某些化学品，如砒霜、硫酸和汞高度集中于地表和地表下层的广大区域。土壤或岩石碎渣即使是无害的也会破坏植被环境。地表水的倾泄，流入地表进入森林是最坏的结果。如果污染物沉入很深的地方，海底尾矿处理被认为是较好的选择。如果在矿山枯竭后进行尾矿存储时不需要砍伐林木，地面存储和矿山填埋也比较好。在采矿过程使用的各种化学品以及从地面搬走有害的物质，可能在矿山周围造成大范围的区域污染。由矿山排水、矿山冷却、抽水和其他采矿过程产生大量的水，增加了这些化学物质污染地下水和地面水的可能。在管理良好的矿山，水利专家、地质专家对水质和土壤进行了小心的测量，以便排除任何大型矿山运行中造成任何水污染的可能性。由联邦和各州的法律实施的现代美国采矿法，约束经营者，保护地面和地下水，使之达到不受污染的标准，减少或消弥了环境的退化。这件事通过使用无害开采程序，如生物沥滤可以做得很好。如果项目场所已经受到污染，需要实行缓解技术，如酸性矿山排水。

用于监控矿山水流的 5 种主要技术是：系统改道、污染池、地下水抽出系统、地面下层抽干系统和地面下层障碍。在酸性矿山排水的时候，受污染的水通常被抽到一个处理设施，使污染物得到中和。

酸性矿山污水

酸性矿山污水或酸性岩石污水，通常讲的是从废弃的金属矿山或煤矿流出的酸性污水。然而其他地区受到破坏的区域，例如建筑工地，土地分块，运输通道等也给环境带来酸性岩石污水。在许多地方，从煤场、煤处理设施、洗煤场，甚至废煤堆都可以是高度酸性的，在此情况下，它必须作为酸性岩石污水处理。酸性岩石污水在某些环境中是自然发生的，是岩石风化过程的一部分，但它受大规模的陆地采矿和其他大型建筑活动的破坏，这是因为在岩石中通常含有丰富的硫化矿物。由于较大的海平面上升，在沿海或河口沉积环境所造成的酸性硫化土壤，也会有相同的化学反应过程。

美国环境保护署把44个场所定为潜在有害的社区，这意味着这些废物场所可能造成死亡和严重的财产损害，如果发生一些事件如暴风雨、恐怖袭击或一种结构性的断裂，也会导致污水外溢。他们估计这个国家大约有300个干掩埋场和湿存储池存放煤电厂的灰烬。

重金属

金属和重金属的径流与地下水的清除和运输是采矿环境问题的另一个例子，如在俄克拉荷马皮彻尔冉矿山水流中，包含重金属铅和镉，它们渗透到地下水中，导致污染。长期存储尾矿和矿尘，会导致更多的问题，因为它们会很快被风吹走。

砍伐森林

开放式采矿的地面，原来可能被森林覆盖，在采矿开始前必须清除。为采矿而毁掉森林可能还是小问题，更大的问题是森林被砍光以后，如果某地存在大量特色动植物，那么物种灭亡的总量是惊人的。

油页岩

油页岩行业对环境的影响包括：土地使用、废物管理、因采掘和处理油页岩而造成的水和空气污染等许多问题。油页岩的地面开采，造成与一般露天采矿相同的环境影响。此外，燃烧和热处理产生废料以及有害的大气排放，包括主要的温室气体二氧化碳，必须处理好。碳捕捉和存储技术可能减少这些担心，但会带来其他问题如地下水污染。

剥离

剥离，涉及在一座山峰或山脊上的采矿。清除整个矿床上面的覆盖层以后，从一座山顶或山脊上把矿物采出，然后把覆盖物重新堆积到原处，恢复山顶的原貌。不能放回原处的过多覆盖物，常被运到邻近的山谷。这种情况同美国东部阿帕拉契亚山的煤矿有密切关系。方法涉及用炸药按垂直方向炸掉400英尺的山，才能把下面的煤层暴露出来。皮尔审查的研究（Peer'Sreview Studies）显示，剥离有严重的环境影响，包括生物多样性的损失，一些缓解的做法并不能使之成功地解决。剥离还对人类健康有不利影响。

采沙

由于工业和建筑业对沙的需求增加，采沙正在成为一种环境问题。沙从海滨以及内地沙丘采集，也可以从海床或河床挖掘。这种沙常被制造业用作磨料，也被用于制作水泥。随着社区的发展，建筑物要求少用木材多用水泥，导致对低成本沙的需求上升。另一个原因是提取矿物如金红石、钛铁矿和锆石，它们含有工业上有用的元素钛和锆。这些矿物通常与普通沙一起生成，这些昂贵的矿物要浸在水中，靠各自不同的密度分离出来，同时剩下的普通沙则另作别用。

采沙是周围环境受侵蚀的直接和明显的原因，也影响到当地的野生生物。例如，海龟要靠沙滩筑巢，采沙已经导致印度的一种鳄鱼灭绝，由于其对水下和岸边的污染。采沙对珊瑚一类需要阳光的有机物也是有害的。它也毁灭鱼类，给靠捕鱼为生的人们造成问题。

清除海边的实物屏障，如沙丘，将导致沿海社区的淹没，以及岸边风景的破坏，影响旅游业的发展。在许多地方采沙受法律的管理，但仍然会有非法活动。此外，尾矿、炉渣、废料这些物质，如果处理不当也会造成环境污染。

2. 美国与环境有关的立法

由于人们对可持续发展必要性认识的日益提高，环境保护问题现在已经成为美国国会重要的议事日程。美国最早的矿业法主要关注的是在采矿过程公共土地的所有权问题，环境保护并不在立法考虑之列。美国最早的矿业法可以追溯到1872年的《普通矿业法》，该法界定了发现矿山的采矿者和勘探者的专利权。进入20世纪后，随着工业化过程带来的环境恶化，对1872年矿业法做了多次修订，最重要的一次修改是1976年的《联邦土地政策法》（Federal Land Policy Management Act，FLPMA），该法已经提出了防止土地退化，以及矿山开采后的复垦和财务补偿等与环境相关的问题。不久在卡特政府时期，又通过了1977年《地面采矿控制和复原法》。该法重点针对煤矿同时，也适用于其他金属矿山。这一立法以及后来各州通过的相关立法，都对矿山环境保护起到了重要作用。

美国1872年《普通矿业法》

1872年《普通矿业法》是美国联邦法律，它授权并管辖联邦公共土地上的经济矿物，如金、铂和银的勘探和开采。该法律于1872年5月10日通过，它把早先由加州和内华达州的勘探者从19世纪40年代晚期直到60年代淘金热时制定的在公共土地上收购和保护矿权的非官方制度，加以法典化。所有18周岁或大于18周岁的美国公民，根据该法，拥有在开放矿业的联邦土地上标定一条矿脉（硬岩）或沙矿（沙砾）的开采权。一旦标定的矿物被发现就可以确定这些权利。可标定矿物包括但不限于铂、金、银、铜、铅、锌、铀和钨。

在该法实施以前，开采者和勘探者们发现，他们处于法律真空之中。尽管美国联邦政府有治理出租矿山土地的法律，可是它刚根据瓜达鲁普条约收购了加利福尼亚，在这片新买来的土地上，它还没有来得及有效地行使权利。

在此情况下，开采者们在每一个新开采营地上组织了他们自己的政府，同时采用了当时存在于加州的墨西哥采矿法，该法赋予发现者在公共土地上勘探并开采黄金和白银的权利。开采者们从一个营地搬到另一个，并且制定了在各个营地上相似的规则，这些规则只有一些具体的差异，比如权利的最大限度，开采权的时效以避免被没收或被其他人获得这种权利。加州的开采者们把这些规则四处推广，而这些做法也扩散到大平原以西的所有各州和领土。

1872年以前，虽然在公共土地上采矿在西部很平常，并且受到州和领地立法者的支持，但并没有获得联邦法律的许可。在美国内战结束时，一些东部国会议员认为，西部采矿者作为在公共土地上的定居者，夺走了公共财产，并且主张没收西部矿山用于支付巨额的战争债。1865年6月，印第安纳州众议员乔治·华盛顿·朱立安为政府提出了一个议案，建议从矿物发现者手中拿回西部的矿山，通过公开拍卖出售。众议员弗迪南多·伍德建议加利福尼亚、科罗拉多和亚利桑那的政府，如果必要，即派军队"用武力保护政府在矿物土地上的权利"，把采矿者赶走。他呼吁联邦政府为充实国库，自己经营这些矿山。但是这些主张由于受到西部的强烈反对，而未能收效。

西部众议员们则成功地辩解说：西部采矿者和勘探者通过促进商务开辟了新疆土，是对国家的宝贵贡献。1865年，国会通过一个法律，指示由法庭决定有争议的矿权，而不考虑联邦的所有权，并允许采矿者们拥有这些土地。第二年，西部采矿者们支持国会，在有关加利福尼亚、俄勒冈和内华达州沟渠和运河等公共土地法上附加一条法律，使开采公共土地上的矿山合法化。这个法律被称为《查非法》（Chaffee Laws），用的是科罗拉多领地代表杰罗米·B. 查非的名字。该法于 1866 年 7 月 26 日签署。国会又于 1870 年 7 月 9 日把相似的规则推广到砂矿的开采权。

1866 年《查非法》和 1870 年《砂矿法》，在 1872 年合并为《普通矿业法》。1866 年的采矿法对发现者授以矿业开采权，允许他们采掘黄金、白银、朱砂和铜。当国会通过 1872 年《普通矿业法》时，其措辞改为"或其他贵重矿藏"，因而扩大了法律的适用范围。

1872 年法也授予了对矿脉的跨界开采权，同时确定矿脉权的最大限度为 1500 英尺长，600 英尺宽。1872 年法还确定了土地价格为每英亩 5 美元。对不包括在矿脉权中的砂金矿床权，则为每英亩 2 美元 50 美分。这个由法律确定的价格，自 1872 年以来始终没有改变。

所有采矿权最初都是非专利权，它只授权给那些为勘探和开采所必需的活动，这种权利的延续只限于每年进行工作的时间。例如，凡不能在隧道中工作 6 个月的，就被认为放弃在隧道一线上所有未发现的矿脉。此外，每年至少必须完成相当于 100 美元的劳动量。如果做不到，这种采矿权将被重新标定。矿业法给予开采者的专利权（从政府得到地契），很像农场主根据宅地法获得土地权。专利权的所有者可以把它用于任何法律用途。专利权获得的过程，也许是矿业法中最具争议的部分。1872 年矿业法授予矿脉权的所有者以跨界开采权，这就给在地面有矿脉露头的所有者以跟随矿脉走向拥有任何地方的权利，即使其地下延伸部分是在其他采矿权的下面。这个条款导致没完没了的诉讼甚至是地下战斗，在蒙大拿巴特和康斯托克矿脉尤其如此。由于国会实行暂停，联邦政府自 1994 年 10 月 1 日以来，没有再接受任何采矿专利权的申请。

1976 年《联邦土地政策法》（Federal Land Policy Management Act，FLPMA）

该法于 1981 年生效后对 1872 年《普通矿业法》做出了重大改变。FLPMA 的许多条款通过限制不必要的，或不适宜的公共土地的退化，修改了 1872 年矿业法所允许的采矿权对地面的使用。这些规章在 2001 年 12 月公布了最后的规则。这些规则有效地取代了许多 1872 年矿业法的条款，要求采矿后必须复垦，要求为联邦政府进行复垦必须有财务保障，要求采矿前必须有职业许可证以及详细的采矿业务计划,这些证件在破土动工之前都必须呈交管理部门。

FLPMA 立法的重大意义在于它改变了 1872 年矿业法只着眼于采矿者或勘探者的狭隘利益,而对环境保护和矿业的可持续发展不管不顾。这是一个巨大的进步。

1977 年通过的《1977 年地表采矿控制和复垦法》(Surface Mining Control and Reclamation Act 1977,SMCRA 1977),它是联邦对土地使用最全面的规章。在国会通过该法后,由卡特总统签署,以"保证向国家提供紧要能源需求的煤炭供应,以及经济的和社会的福祉,并且在环境保护和农业生产率以及国家对能源重要来源的煤炭需求之间保持平衡"。该法的核心是"复原"条款,要求矿山经营者在结束采矿业务后把土地归还原样。该法虽以煤炭开采为重点,但也被引用于其他金属矿山。

煤炭开采,特别当使用"地面"或"剥离"采矿技术时,对土地和环境有严重损害,包括土壤污染和侵蚀。1977 年以前,个别州的规章有名无实,因为各州执法不力。国会认为联邦规章有必要建立起码的全国标准,保证煤炭生产商之间的竞争不会被用于引诱各州降低环境标准或对法律执行不力。然而,在通过该法之前,辩论持续 7 年之久,人们担心,一个统一的标准难以应用于不同地区。

作为对美国煤矿以及大量废弃煤矿负面影响的反应,联邦政府通过了《1977 年地表采矿控制和复垦法》,它要求对未来煤矿场所的土壤要有改良计划。改良土壤计划必须在采矿开始前得到联邦或州当局的批准和允许。美国 2003 年以前开采过的土地中,超过 200 万英亩(8000 平方公里)的土地已经得到复垦。

关键规章

国会的主要关切是该法会对不同的农业和环境利益集团有什么样的影响。该法包含 4 个关键规章:(1)要求可能的开采者在着手开采地面煤炭前提出一个许可证申请表。(2)要求煤炭公司公布一份付款保证书,保证支付全部复原费用。(3)采矿者将必须达到非常详细的复原标准。(4)该法把规章的执行交给内政部长和每个州的管理部门。

总体而言,该法要求采矿公司把开采的土地恢复到它原来的外貌和使用能力，稳定土壤并且重新划分表土，使经过开采的土地场所恢复植物的生长条件。

宪法依据

通过该法是根据宪法第一章第八节关于商务的条款，它允许国会管理对州际商务有影响的活动。在 Hodel 控诉弗吉尼亚地面采矿和复原联合公司（Hodel 1 号）一案和 Hodel 控诉印第安纳（Hodel 2 号）一案，美国最高法院支持该法的宪法依据，认为该规章的意图是保护州际商务。

执行该法获得了有益的经验：虽然该法遇到了许多抵抗（矿山所有者拒绝追加的费用，许多州拒绝联邦干预），但该法在执行其条款时给予州很大的自治权。该法通过一系列许可证，通过视察和罚款进行管理。一旦一个州提出一个经内政部批准的复原计划，州相关机构即负责管理，州法院对任何纠纷有管辖权。尽管自 1977 年以来没有重大修改，具体规章和最后裁决不断受到法院和不同管理局的调整。在相关联邦和州机构之间的紧张关系仍然存在。此外，常常提出规章的经济效益问题，因为把采矿土地恢复到农业用途，所需的金额常常超出使用该土地产出的金额。

地面采矿控制和复原法，是联邦用于规制采煤业的法律。但各州也引用这个法律于其他矿物的地面开采。南卡罗来纳州有许多金矿，著名的海雷（Haile）黄金采矿公司就是在开采黄金时根据这个立法，对地面进行复原工作。这从下面该公司对当地居民提问的回答中看得很清楚。

问：在你们离开这里之前，你们清理这片土地吗？

答：是的，复原是采矿许可证的要求。事实上，在得到许可之前采矿公司必须向南卡罗来纳州递交付款保证书，包括复原工作的付款保证。采矿公司不能把这笔钱用于日常业务，同时只能在达到州设定的严格标准时才能要回来一些余钱。由于这笔钱达上千万美元，我们的利益是在我们离开前复原这个场所，把工作扎实做好，我们要做的是同步复原。

问：什么是海雷公司的复原计划？

答：海雷将实行同步复原。意思是我们将一面采矿，一面同时复原。复原包括回填矿坑，用塑料把某些物质封装起来，尽快填放土壤并重新种植，重建溪流和湿地，甚至打造新溪流和湿地。

问：在土地复原后你们打算做什么？

答：让我们知道你喜欢什么？在我们的"接触页"有一个表。建议它是一个农场，一个高尔夫球场，一个制造业厂址，一个射击场或野生物栖息地。

问：如何保证复原得到完成？

答：规章要求在采矿发生之前递交一张付款保证书。其金钱数额的计算法是被采矿影响的土地复原加所有受到影响的地区包括尾矿沉积池、堆积地、进出道路和加工工厂。如果我们想再看到一些余钱，我们将必须先把复原工作做好。

美国必和必拓公司的保持原样采矿方法，是一个比较好的经验。在美国的必和必拓铜矿根据政府要求，采用保持自然原样的技术，从地下采铜，同时保持地表不变样。该矿位于亚利桑那州佛罗伦萨。地面上种植棉花，但看不到大量尾矿、废物堆和其他矿山设施的痕迹。

保持自然或原样的意思就是得到想要的物资而不破坏所在地。常规的采矿，要搬走大量岩石把矿石裸露出来，然后开采，才能把铜提炼出来。保持原样技术几乎避免了所有这些工作，矿石在其存在的地方被沥滤，保持原样的方法由一系列注入井和回收井组成。这些井由抗酸的套管和水泥建成，从矿石区的起点延伸到地面，穿过含铜的岩石。一种弱酸沥滤液被打进去，通过套管的孔眼进入岩石。沥滤液通过岩石的裂缝时，铜被溶解到液体中。这种富含铜元素的液体通过回收井抽出来进行加工。回收井总是围绕着活跃的沥滤区。这就创造了一种内向于沥滤区的运动流，阻止沥滤的液体流失。

然后这种含铜液体被输送到一个溶剂抽取/电解工厂，在那里一种有机试剂被加到液体中把铜抽出。抽出后制造出一种饱含铜的液体，用于"电解冶金"。电解冶金是一个过程，在那里电荷通过溶液迫使铜元素堆积成金属。在几天之内，100磅纯铜薄片可以运走，并制造成铜线和铜缆。然后，当矿体的铜已经枯竭时，矿石区的有害物的组成部分已经清除，最后用水泥把这些井填死。

必和必拓同政府合作为《保持原样沥滤法》开发出《最便于展示的控制技术》（Best Available Demonstrated Control Technology，BADCT）。它成为这种采矿的标准，并且成为保护环境最知名的方法。这种水力控制有三个主要部分：

(1) 主要水力控制。所有注入地下的溶液将被回收。这一点的重要性不仅在于保护环境，还因为溶液的丢失意味着铜的丢失和收入的减少。好的环境控制意味着铜资源的保存。

(2) 二级水力控制。一系列抽水井环绕着沥滤系统，为的是把水注入到矿床系统。这种方法对环境清理很有效，必和必拓学习了这种技术，并且进行了改进。

(3) "走后即关闭"。随着铜被采光，矿区的土地和井将打扫干净，这些井都将被关闭。多数开放型矿坑直到矿石都被挖走不能关闭。在保持原样开采法下面，关闭和土地复原，贯穿于整个矿山的寿命期。水层保护许可（Aquifer Protection Permit，APP）要求监控地下水区域，在出现运行问题情况下的应急计划，以及一个经过批准的关闭和复原计划。这些都必须在开始生产以前做出。这个州环境质量部和佛罗伦萨要求的许可证，于12月中接到许可证意向的通知以及佛罗伦萨水层保护许可申请部门的审查。

管理有害物质的立法

有害废物的管理开始于《资源保护和恢复法》的实施，时间是1976年。受这个法律约束的行业很多，矿业也是其中之一。它对有害物质的治理从其发生开始，一直到沉积为止。《有害物质控制法》预期可以解决化学过程出现的有害物质。1980年随着爱情运河（Love Canal）事件，国会通过了《全面环境反应，赔偿和责任法》，它有助于清理废弃有害物质处理场。在20世纪80年代中期，《有害和固体废物修正案》（1984）和《超级基金修正案和再授权法》被通过。

有害废物规章的目的在于阻止由有害废物带来的伤害，同时把清理有害废物的负担转给废物最初的生产者。有害废物的问题在于它的负面影响很难发现并且常有争议。同时主要由于产生的有害物质数量庞大（1995年2.14亿吨），管理困难，费用高昂，落实立法非常困难，从法律通过开始到进行管理之间有时要经过几年时间。用于清理废物场地的超级基金在1980年12月通过立法建立起来，正好是在里根就职之前。超级基金的第一位署长是里塔拉威尔，他曾经在一个发生有害废物的工厂工作过。结果他对超级基金的落实主要是把管理推迟，后来的争议导致拉威尔、环境保护署署长安妮·伯福特和几个其他环境保护署的负责人辞职。1986年，国会通过了超级基金的修正案和再授权法，把基金增加到 90 亿美元，并且提供对新技术的研究经费。到 1995 年，超级基金对每个场地的清理活动仍然需要花 12 年，每个场地的费用几十亿美元。超级基金虽然体现出了进步，但由于其高昂的治理费用，存在落实困难的问题，其成就受到质疑，所以仍然是遭受批判最多的环境项目。

保护水层的立法

水层保护许可的设计是为了保护亚利桑那的饮水资源。它是对地面和地下的采矿和加工活动的一个全面的计划。除了水层保护许可，还有地下注入控制许可（Underground Injection Permit, UIP），都是美国环境保护署的要求。地下注入控制许可的设计不仅是为了保护地下水，也是对濒危和受到威胁的物种、考古资源，以及评估采矿业务对社会经济影响的关切。

美国政府为保护环境对矿业采取的立法和行政措施，对美国的环境保护取得了一定效果。加上舆论界和媒体对矿业的监督作用，在美国营业的矿业公司一般都在环境保护上很注意自己的形象。例如，世界上最大的矿业公司必和必拓，在美国的公司就很注意公关工作。然而，矿业公司对环境的污染，在美国仍然是一个严峻的问题，从我们在第四章中介绍美国大矿业公司的环境记录中可以看到，由于追求利润的驱动，许多大公司在环境保护问题上说的和做的并不是一回事。

另外，美国的两党政治也影响到环境保护立法的不同理念和执法的不同力度。共和党通常最关注的是企业的利益和竞争力，对矿业为保护环境所必须付出的高昂代价所带来的成本负担更为关切。而民主党则对环境破坏所造成的社会影响和经济发展的不可持续性更为关切。2007—2011 年，民主党控制两院时曾提出过的有关矿业环保的议案均无果而终。

例如，2007 年 11 月 1 日，众议院以 244 票对 116 票通过了《硬岩采矿和复垦法》。该法将永远终止采矿权专利，对现有非专利采矿权的矿山采掘，课征总收入 4% 的矿区使用费，对新的采矿业务课征 8% 的矿区使用费。私营矿权的开采（包括专利采矿权）不受影响。矿区使用费中的 70%，将设立一个为废旧矿区设置的清理基金，30% 用于受影响的社区。但是全国采矿联合会（矿主组织）认为，把现有的联邦、州和地方税收和该法课征的矿区使用费加在一起，将使美国采矿业的有效税率成为世界上最高的负担。该法在参议院没有立法，在2009年1月的第110届美国国会结束时胎死腹中。

2009年，由美国参议院提出的《硬岩采矿和复垦法》未经投票。该议案规定由内政部长对任何在联邦矿区的新矿山设立一个为标定矿物生产价值2%到5%的矿区使用费。在立法这一天，已经投产的矿山不收矿区使用费。此外，收取0.3%到1%的复垦税，税率由内政部长确定，它将向所有硬岩采矿业务，新的和老的，联邦的、州的和地方的，私营的和部族的土地征收。矿区使用费和复垦税将用于复垦被抛弃的硬岩矿山。这一议案得到奥巴马政府的支持，内政部长肯·萨拉匹说："我们在镇上有了新政府，我们想看到对1872年矿业法的改革。"然而，参议院多数党领袖，参议员哈里·李德宣布说，由于其他立法的优先次序，该法将在国会休会前不进行立法程序。这一议案在2011年1月的第111届美国国会上寿终正寝。

目前，我国环境污染的问题呈现局部改善，总体恶化的趋势。而与之相关的环保政策也存在着严重的不足。其主要的问题是标准法规不够严格，不合理，管理水平低，法制不健全，执法力度差。今后，环境政策改革要向着完善标准法规，提高管理水平，加大执法力度之路上走。

第四节　美国采矿业安全问题和政府政策

1870年到1915年间，是美国工业化快速发展的时期，工业和铁路、石油、钢铁以及矿业的需求扩张前所未见。然而这个时期也遭受了许多工业悲剧，特别是矿难事故的重创，这是由于某些矿主只顾自身利益，无视员工福祉，忽视采矿安全所造成的。从政府的角度看，则是缺乏对保障采矿安全的规章制度并予以严格监督的结果。

一　20世纪初的矿山事故

20世纪初美国每年有成千矿工死于采矿，特别是煤矿和硬岩矿。历史上，美国的"矿难"是指那些一次事故中夺走5个或更多人生命的矿山事故。矿难这样的事情在美国一度处于高发状态。例如，1907年一年，就有18起煤矿矿难，另外还有两起发生在金属和非金属采矿业的矿难。从1907到1909年这三年间，矿难频发，共发生50起，其中致死5人以上"矿难"的总共致死人数达1773人。美国历史上最惨的事故，是1907年发生在西弗吉尼亚的莫农戛矿难，由于地下发生爆炸，导致死亡人数达362人。

1909年，伊利诺伊州樱桃煤矿矿难也伤亡惨重。这个矿山是圣保罗采矿公司为向铁路供应煤炭，于1905年兴办的。该矿一年生产上万吨煤炭。矿山雇用了近500名工人，他们中的许多人是新到美国的移民。虽然美国存在《儿童劳动法》，但是樱桃煤矿仍然雇用了许多儿童，最小的只有10岁。尽管当时它是一个使用电气的"现代化"矿山，可工人们的境遇并不宽松。矿山极其危险，经过一些事件如矿山淹没、崩塌、危险气体和爆破，每年有2000多人死于非命。由于樱桃矿工不按小时支付工资，而是按他们的产量，所以工人们往往觉得速度比安全更为重要。1909年11月3日发生的樱桃煤矿矿难，导致259人死亡。这时，伊利诺伊州还没有真正的"工人赔偿法"，采矿公司已经宣布破产，使受害者获得援助的可能性进一步消失。然而，惨烈的悲剧和公众的愤怒，促使伊利诺伊州议会成立了一个委员会，来研究为这种工业悲剧补偿的需要。1912年5月1日，伊利诺伊州第一个《工人补偿法》生效。

接连不断的矿难，矿工们的抗争和社会舆论的责难，使联邦政府再也不能袖手旁观。早在1891年，美国国会曾通过一个联邦法令管理矿山安全。然而该法比较温和，只应用于美国领地的矿山，同时，所做的事情是对地下煤矿提出最低程度的通风要求，同时禁止经营者使用12岁以下的童工。严重的矿难呼吁政府采取更有效的政策措施。

1910年，美国矿业局成立，负责调查事故，向行业提出建议以进行生产和安全研究，教授防范事故的课程以及紧急抢救和矿难救援的知识。1969年和1977年，联邦煤矿健康和安全法进一步为这个行业确立了安全标准。在20世纪早期每年矿难死亡超过1000人，到50年代末，平均人数下降到约500人，到90年代下降到93人。在死亡人数之外，存在为数众多的受伤者（从1991到1999年平均每年是21351人），但总的趋势是死亡和受伤人数在下降。

1999年，在宾夕法尼亚州格利费斯发生了诺克斯矿难。上涨的苏斯奎哈那河水冲毁堤坝，河水涌入下面的矿井，12名矿工致死。

在宾州普利茅斯，阿旺达矿难导致108名矿工和2名抢救工人死亡。紧跟这次事件，联邦安全法律做了修订。2002年宾州在奎克利克遭受另一次矿难，9名矿工被困在地下，78小时以后才得到救援。2006年72名矿工在工作中丧失了生命。这些惨剧大多发生在肯塔基和西弗吉尼亚，包括萨苟矿难。2010年4月5日，在上大树枝矿难（Upper Big Branch Mine Disaster）中，因地下爆破造成29名矿工死亡。

二 矿山安全和健康署

1910年建立的矿业局（Bureau of Mines），作为一个内政部的新机构，负责对减少煤炭行业事故的措施进行研究。但直到1941年国会授权联邦视察员进入矿山之前，并没有对它授予视察的权威。1947年，国会授权制定第一个《矿山安全联邦规章法典》。

1952年，《联邦煤矿安全法》规定对某些地下煤矿要每年进行视察，并且给矿业局一定的执行权限，包括发出违规问题的通知以及紧急危险撤退命令。1952年，尽管《联邦煤矿安全法》规没有制定不遵守安全规定给予货币惩罚的条款，但是其对矿山经营者不遵守撤退命令或拒绝让视察员进入矿山，授权矿务局做出民事罚款的评估。

第一个直接管理非煤炭矿山的法令（《联邦金属和非金属矿山安全法》），直到1966年才出台。1966年本法规定发布了标准，不过许多标准都是忠告性的，它要求进行视察和调研，但执行力很小。

1969年的《煤矿安全和健康法》，通常管它叫《煤炭法》，它比任何以前的联邦管理矿业的立法都更为全面，更为严格。《煤炭法》包括在其范围内地面以及地下的煤矿，要求对每一个地面煤矿一年视察两次，对每一个地下矿一年视察4次，并且明显增加了联邦执行力度。《煤炭法》也要求对所有违规进行货币惩罚，并且对明知和有意违规者建立刑事惩戒。所有煤矿的安全标准都被加强，采用了健康标准。《煤炭法》包括建立改进的强制健康及安全标准和执行的具体程序，对由吸入煤尘造成的累进的呼吸疾病（黑肺）造成完全和永久残废的矿工提供补偿。

1973年,美国的内政部长通过行政动议,创立了矿业强制执行和安全署(Mining Enforcement and Safety Administration,MESA),作为一个从矿业局分出来的新部门机构。MESA承担了以前由矿业局实施的安全和健康法的执行功能,这是为了避免出现在执行矿业安全和健康标准时与矿务局承担资源开发责任之间的利益冲突。

后来,国会又通过了《1977年联邦矿业安全和健康法》(Mine Safety and Health Act of 1977),该法负责管理原来矿业强制执行和安全署(MESA)的活动。在一些重大方面,该法修改了1969年《煤炭法》,同时在单一的法律框架下合并了所有矿业的联邦健康和安全规章,包括煤炭和非煤炭业。该法以及相关配套规章的实施,加上新技术的推广应用,使美国煤矿业生产走上事故低发的新阶段:20世纪前30年,美国煤矿每年平均因事故死亡的有2000多人;到20世纪70年代,年死亡人数下降到1000以下;1990年至2000年,美国共生产商品煤104亿吨,死亡人数492人,平均百万吨煤人员死亡率为0.0473;2004年美国生产煤炭近10亿吨,但煤矿安全事故中总共死亡27人,2005年这一数字更是降低到22人。[①] 这个矿业法为了有利于实施法令,把责任从内政部转移到劳工部,并把新机构命名为矿山安全和健康署(MSHA)。此外,新矿业法还建立了独立的联邦矿业安全和健康审查委员会,规定对大多数MSHA实施的行动要独立审查。

主要条款如下:

(1) 把煤炭、金属和非金属矿纳入一个单一的立法;
(2) 为煤矿保留了分开的健康和安全标准;
(3) 把实施的权力由内政部转移到劳动部;
(4) 把矿山安全执行局重新命名为矿山安全和健康署;
(5) 对地下煤矿每年视察4次;
(6) 对所有地面矿山每年视察两次;
(7) 对金属和非金属矿山取消劝戒标准;
(8) 中止州的执行计划;
(9) 强制矿工的培训;

[①] 赵华:《美国矿业降低事故面面观》,《中国矿业报》2009年6月20日第B03版。

(10）所有地下矿山都必须有矿山救援队；

(11）矿工在健康和安全活动中，要增加他们的介入和他们的代表。

2006年，国会通过了矿业改善和新紧急情况反应法（MINER Act）。新紧急情况反应法修正了矿业法，要求在地下煤矿中，每个矿山有自己具体的紧急反应预案，增加了关于矿山援救队的新规章，密封被放弃的区域，要求做到对矿难的迅速通知，以及加强民事罚款。

当前的规章

现在，规章要求矿山由MSHA规管，每4个煤矿使用近一名安全巡视员。地下煤矿每年至少要由MSHA巡视员彻底视察4次。此外，矿工可以报告违章，并且要求追加的视察。对这种关切其工作安全的矿工不能威胁解雇。立即可以报告的工伤、事故，包括：

(1）在矿上个别人的死亡。

(2）在矿上个别人受伤，并有致死的合理可能性。

(3）个人陷入困境或危险中超过30分钟。

(4）矿山上非计划的被液体或气体淹没。

(5）异常气体或粉尘的冒火或爆破。

(6）异常的矿火在发现后30分钟未能扑灭。

(7）异常的爆破药剂或爆破物的点燃或爆破。

(8）异常的在固定支架区工作面上使用螺栓的顶棚塌落。

(9）面顶棚或矿壁塌落，影响通风或阻碍通过。

(10）煤块或岩石爆破造成矿工撤退或搞乱正常采矿活动超过1小时。

并要求蓄水池、废料堆、碎煤堆等处于不稳定状态的东西，要采取紧急行动，以阻止其塌陷。此外，《矿山安全和健康法》授权职业安全和健康国民研究所（NIOSH）——它是美国健康与人类服务部所属疾病和预防中心的一部分——向矿山安全和健康署推荐矿山健康标准，对矿工实施一种医疗预警计划，包括肺部X光检定煤矿工人的肺尘病（黑肺病），在矿山进行现场调查、测试、并验证个人保护设备以及危害测试工具。

由MSHA完成的分析显示，在1990到2004年中，与以前30年的稳定进步相比，这个行业把伤害率减少了（比较事故率同员工总数或工作小时的一个尺度）一半以上，死亡率减少2/3。

从上述美国矿业劳工安全的加强和劳工伤亡率的下降看，政府的管理和监督作用是功不可没的。政府对矿业安全的监管，表现在立法和执法的两个方面。

政府的立法是随着矿难的不断发生而逐步加强。自20世纪40年代以来，美国围绕矿业安全生产，先后制定了十多部法律，不断提高安全标准。但是法律制定以后，就有一个执行问题，否则仍然难以取得实效。

在执法领域，美国政府不断加强执法力度，先是在内政部设立了MESA，使之与管理生产的矿业局脱钩，接着又在劳工部中设立了MSHA，使之与内政部脱钩。采取这些措施是为了加强监督机构的独立性，防止检查人员与矿主、地方政府形成利益共同体。1978年，在劳工部内成立矿业安全与健康署以后，加强了安全标准的制定和对安全生产的监督，同时加强了对检查、调查处理事故和进行安全生产方面的研究。该署在各州设立的办公室既与矿主没有利益关系，也和各州及地方政府不搭界。各地的联邦安全检查员每两年必须轮换对调。

然而，矿山安全操作的加强不仅要靠加强监督，也要靠科学技术的进步。这个责任在美国不是由政府而是由企业承担的。美国矿业协会的报告指出，新技术在安全方面的贡献主要有4个方面：（1）信息化技术的广泛采用增强了矿山开采的计划性和对安全隐患的预见性。计算机模拟、虚拟现实等新技术，可大幅度减少挖掘中的意外险情，也可以帮助管理人员制订救险预案；（2）机械化和自动化采掘提高了工作效率，减少了下井人员数量，也就减少了容易遇险的人员；（3）推广安全性较高的长墙法，取代传统形式的坑道采掘；（4）推广新型通风设备、坑道加固材料、电器设备，提高安全指标。此外矿山安全和健康署下属的技术认证中心，还对煤矿的设备进行质量检查和认证，并每月都在网上公布已通过技术认证的产品[①]。美国矿业在安全生产方面取得的进步是劳工、企业、政府共同努力的结果。在美国的各个行业中，矿业在安全方面所取得的成绩优于林木采伐、钢铁冶炼、运输及建筑等行业，是矿业现代化值得借鉴的样板。

总之，在20世纪初，美国也曾经频频发生煤矿事故，但近年来美国在

---

① 赵华：《美国矿业降低事故面面观》，《中国矿业报》2009年6月20日第B03版。

煤矿安全生产上取得了比较明显的成就，矿难频发的现象得到了明显的遏制与改善。通过分析研究我们发现，这是在美国不断加强立法，做到有法可依的情况下，实施了严格的执法检查力度，并且也借助和发挥工会的力量，建立了相对独立的安全监察体系，鼓励和联合企业重视安全投入和相关的技术开发、员工培训以及保证公众监督等等手段的综合运用，从而实现了美国安全生产。这些经验尤其值得我们借鉴。

第六章　美国矿业发展道路的国际比较和借鉴意义

美国矿业发展道路在发达国家中具有特殊优势。美国既是一个矿业资源大国，又是一个矿业现代化强国，它不仅主要依靠本土资源实现了工业化，还成为两次世界大战中盟国军用矿物资源的强大后勤保障基地，这是欧洲发达国家和亚洲经济强国日本难以匹敌的。与之相比，欧洲大陆矿产资源相对贫乏，只有英伦三岛靠自身丰富的煤炭资源实现工业化，即便如此，英国所需要的许多金属和非金属矿物也主要依靠它的殖民地，欧洲大陆也是如此。日本是一个矿产资源非常匮乏的岛国，据日本经济产业省的数据显示，日本有储量的矿种仅有12种。日本是金属矿物资源小国，却是有色金属消费大国，对许多矿产品的需求量均居世界首位，并对多种有色金属的进口依赖度平均在95%以上，99%的石油、73.3%的煤炭、99%的铁矿石以及100%的镍、锰、钛等稀有金属均依靠进口。第二次世界大战后日本实现重工业化，主要依靠综合商社运筹帷幄，通过向资源富庶国投资参股，收购包销，保障了它所必需的矿产品供应。

中、美两国就矿产资源禀赋而言，颇有相似之处，双方都是资源大国，中国是世界上矿产资源种类比较齐全的少数国家之一，目前全球已经发现矿产资源200余种，中国迄今已经发现171种，其中探明储量的有159种。中、美现在又都是矿物生产和消费大国。中国钢产量位居世界首位已达15年之久。中国在铁矿石、铜、铝、锌、铅的消费方面也陆续上升到世界首位。[1] 正因为消耗量大，所以对外依存度正在日益提高，这一点两国也是相

---

[1] 于润沧：《关于我国矿业现代化的战略思考》，《第二届金属矿采矿科学技术前沿论坛》，2011年6月11日。

似的。

然而，除此之外，双方的差异就凸显出来。这表现在：第一，两国的发展阶段不同，导致其对矿产资源的需求也有差异。美国已经完成了工业化，并进入服务经济和知识经济时代，对矿物的需求相对饱和；我国则处于工业化的中期，因此对矿物资源的需求特别旺盛，缺口尤为巨大。另一个差异在于，我国的科学技术水平和管理技能仍然相对落后，因此我国虽然是矿业资源大国，但远不是矿业强国。我们要在满足工业化矿物需求的同时，实现矿业的现代化。并通过矿业的现代化，更好地满足工业化对矿物的需求。因此，我国矿业现代化所面临的任务特别艰巨。

中、美两国的共性和各自特性决定我们在审视美国矿业发展道路时，要从我国的国情出发，参照美国经验，有所取舍。编写本书的目的，并非仅以对美国矿业的认知为满足，更重要的在于为中国矿业的现代化服务。我们在求教矿业有关部门和专家学者，对我国国情有了一定了解之后，不揣冒昧，就美国矿业发展道路对我国的参照作用提出以下一些看法，供研究参考。

一 关于矿业发展道路中的政府作用问题。

在美国矿业的发展过程中，就市场与政府各自的作用而论，早期政府的影响有限，美国矿业的发展几乎完全受市场供求和利润的驱动，19世纪的淘金热就是见证。随着生产社会化程度日益提高，市场自发势力对社会负面影响日益显现，政府开始介入矿业的管理并有逐步加强的趋势。即便如此，由于美国政治受利益集团的支配，拥有立法大权的国会仍然会制定出具有偏向某些利益集团而不利于公众的法律。这是在我们赞赏美国矿业现代化成就时不可忽视的问题。可以举两个案例说明这个问题。

1872年美国国会出台了第一部矿业法，目的是鼓励西部开发，允许私人在公共土地上自由勘探，采矿者可以免费或最多缴纳5美元的费用取得土地专利权或土地产权。这部立法显然是自由放任思潮的杰作，在美国尚未进入垄断阶段的19世纪有一定积极意义。

然而随着垄断资本的不断增强，社会公平正义意识日益高涨，这部法律受到许多诟病，要求改革的呼声不绝于耳，但由于利益集团的阻挠，始终没有进行根本性变革。1999年，退休的前民主党参议员达尔批评说："这部古老的 132 岁的法律允许矿业公司从公共土地上换取数十亿美元的矿产，而不用向这些矿产的真正主人——美国人民缴纳一分钱，甚至，这些矿业公司经常把其造成的环境垃圾以及清理垃圾所需要的数十亿美元账单留给了无辜的纳税人。"此案例是政府未能与时俱进，对法律缺陷无所作为的典型[①]。

另一个案例是在 1995 年两党就联邦赤字进行博弈时，共和党控制了两院，并通过了关闭美国矿业局的法律，使政府对矿业发展和科技创新的领导作用遭到削弱。美国矿业局隶属于内政部，始建于 1910 年，最初的任务是应对不断发生的矿难，后来逐步扩大，包括研究改善矿物开采和加工对安全、健康和环境的影响；搜集并分析与传播全国 100 种以上矿物以及世界 185 个国家矿物采掘和加工的信息；分析与矿业相关的法律规章提案对国家利益的影响等。自该局创立以来，被美国和世界各国看作是矿业新兴科学技术的重心。自 1978 年以来，该局赢得了 35 个美国著名科技杂志《研究与发展》颁发的奖项"R&D100 Award"，这些奖项具有"科技界创新奥斯卡"之称，是由《研究与发展》杂志为当年 100 项最重要的研究创新成果的相关单位所颁发的，其中包括可以使矿难死亡率大幅下降的先进技术。1995 年 9 月美国国会通过表决，关闭了矿业局这个机构，并把它所承担的任务分散化，转移到能源部、地质调查局和土地管理局等机构，档案资料则转给国家矿山地图博物馆。2010 年，民主党参议员杰伊·洛克菲勒提议重建矿业局，但在国会遭到了杯葛。

对后一个案例，我们认为因财政紧缩而裁撤矿业局未必明智。美国产业长于科技创新，依靠两个条件，一个是企业在竞争压力下对研究开发所显示的主动性，另一个是在政府引导下的产、学、研大协作。两个条件不可偏废，这已为第二次世界大战后美国在原子能利用和信息产业革命的成功所证明。然而在新自由主义思潮的影响下美国不少决策者对政府在科技创新上的引导作用有一种本能的抵触情绪，对组织科技创新活动颇有成效的矿业局被裁撤，不能说与这种思潮没有关系。但这并不是美国所有人的共识。我们在第一章中介绍了美国国家研究委员会的研究报告，该报告强调：为提高美国矿业的竞争力，企业、学校、政府三者必须紧密结合，三者中矿业局必须发

[①] 魏铁军：《美国矿业法的演进》，《中国矿业》2005 年第 4 期。

挥整合所有科技力量，提高行业科技竞争力的引导作用。他们之所以特别强调这一理念，与美国矿业发展多年来两条腿走路的成功实践在20世纪60—70年代遭到某些人忽视有关，为此他们不得不大声疾呼，期望唤起人们的关注。

我们认为：美国两条腿走路促进科技创新的做法对我国也是适用的。我国地质学奠基人李四光院士从理论上击败了"中国贫油论"，并在政府的强有力领导下找到了大油田，满足了我国建设初期的能源需求，这是科学理论与基层生产单位技术开发相结合取得成功的典范，是在政府引导下整合各种科研开发力量结出的丰硕果实。我国地质科学院矿产资源研究所在总结寻找铬矿的经验时也强调指出："成矿理论对正确指导选择岩体，对找矿突破关系很大，选错岩带、岩体，投入大量工作不一定会找到大矿。同一个岩体不同理论评价结论又可以完全相反，需要结合勘察工作进程进一步发展成矿理论，优选岩体。"同时又指出："中国过去大量使用钻探手段，投入太多而收效甚少，应该接受这一教训。要把调查与研究结合起来，以研究成果指导勘察。"所有这些经验都说明产、学、研结合的科技创新和生产一线对研究开发的主动性是不可偏废的。

有人认为美国页岩气革命的成功是企业行为，是美国石油企业家乔治·米切尔经过20多年的艰苦努力，用低成本的水力压裂法和水平钻井法把原本封存在页岩中的天然气解放出来。这一创新不仅一举提高了美国天然气的储备量，使美国实现能源独立的梦想有成真的可能，而且一定程度上改变了美国能源格局和全球地缘政治关系，这充分说明了市场的力量。页岩气革命使我们更加相信企业是科技创新的基础，但是由此并不能否定建立国家创新体系，由政府引导产、学、研相结合，整合各方面的力量，组织科技创新协作的必要性。事实上，在美国我们不仅看到裁撤矿业局的例子，还看到政府为解决能源独立和环境污染在促进新能源科技创新上所实施的政策及其所起到的促进作用。

我国的社会主义市场经济制度是在国家宏观调控下发挥市场配置资源的基础作用。正是在这个原则下，我们的矿业在国务院的指导下，建立了四级三类矿产资源规划（四级是指国家、省、市、县；三类是总体、区域、专项）。它指导着我国矿产资源的开发和利用，是加强宏观调控与发挥市场资源配置基础作用相结合的依据，同时也是在矿业主管部门的统一引领下，协调企业、院校和政府部门科技力量，为实现规划做出贡献的路线图。从国土资源部 2011 年《中国矿产资源报告》看，在"十一五"期间，我国在科技创新上取得丰硕成果，提高了我们在国际上的影响力，成绩很大。不过面临的问题也不少，非常值得担忧的是我国在产、学、研结合上还存在脱节现象，现有的科研力量还没有得到充分利用，浮躁心理有使理论研究边缘化的危险。通过体制机制的改革，进一步整合我国的科技力量，使之得到更好的发挥仍需要做很大努力。

为此，我们认为可以考虑在国土资源部下建立一个由国内高水平矿业专家组成的科技指导委员会，按规划中的项目把产、学、研的力量加以整合。要根据企业政府研究机构和大专院校的各自特点，对理论研究和应用研究合理分工，密切协作。同时也要根据项目的特点保证研究开发项目所必要的财力和物力。同时对于各个项目哪些可以利用已成熟的技术，哪些可以购买国外新技术，哪些必须自主开发都要有所考量，对必须自主创新的项目就要组织各方面的力量集体攻关。这样，就会把我国矿业科技创新提高到一个新水平。与此同时，决不能忽视通过为企业创造公平的竞争环境，实行各种有利于科技创新的政策，调动企业运用自身力量从事研究开发的积极性。

二 关于矿产资源的全球化战略问题

从矿产资源的角度来看，美国近 200 年的历史本身就是一部资源争夺史。美国对全球矿产资源控制权的争夺，历史上从来没有停止过。

早期，由于运输条件等因素所限，美国对矿产资源的勘探开发主要集中在其本土以及近邻国家。在殖民统治保护下，美国的矿业公司完成了原始资本积累过程，形成一定规模并为日后美国参与全球矿产资源分配打下了坚实的基础。

19 世纪初，美国奉行"门罗主义"政策，在西半球全面扩张，力图控制拉美后院，掌握当地的矿产资源控制权，将欧洲势力排挤出美洲。

第二次世界大战以后，美国总统杜鲁门 1952 年组建专门的"矿物原料政策委员会"，发表了"佩利报告"，这影响了冷战期间美国的资源政策，奠定了美国和西方国家近半个世纪的矿产资源形势分析工作的基础。报告明确指出:"美国的矿产安全供应将可能会出现问题,必须从全球角度来解决这一问题。"

冷战期间,美国通过了《物资和矿物原料国家政策、调查和开采法》(1980年),批准了《有关物资和矿物原料的计划纲要》(1982年)。其中都反复强调一点:美国必须为保护国家安全、人民福祉和工业生产水平提供足够的矿物原料,要减少矿产供应的脆弱性,除加强储备和加紧矿产资源形势研究外,美国应该更加注重拓展海外,立足全球。

冷战结束后,美国总统布什1991年公布新的国家能源战略,提出能源供应来源的多元化和资源多元化,强调除了要发展传统的拉美和中东地区外,还要注重北非、中亚以及各海域。这时期美国确立了其在全球的霸主地位,美国的矿业跨国公司,已经在钢铁、铜、铝、黄金和其他基础金属方面获得了全球的优质资源,完成了全球布局,拥有了很强的国际竞争力,进入了矿业布局全球化阶段。所以说,美国虽然没有从国家层面提出全球矿产资源战略,美国的跨国公司却已经以实际行动实现了这个大战略,今天美国的发展成就与其国内和国外矿物资源的有力支撑密不可分。

美国是矿产资源大国,有品种多样、蕴藏丰富的各种矿藏,在19世纪中期,适应工业化的需求,本土矿业获得突飞猛进的发展。然而,即使是美国这样的资源大国,受自然禀赋的限制,也不可能样样自给,所以在19世纪后期,美国矿业已经进入国际化的发展阶段。同时出于国防需要和忧患意识,美国对战略性的重要矿物,仍然强调进行战略储备,并且通过循环利用和寻找代用品,以保证矿产品供应的可持续性。

我国与美国不同的地方在于发展阶段不同,我们正处于为完成工业化和现代化对基本矿物大量需求的阶段。我国对矿产资源需求的高峰在2025—2035年间。目前看,一些矿物资源的保障年限低于10年。许多重要矿产品的供应很快将成为瓶颈,难以保证我国国民经济的持续高速发展。不仅如此,目前我国对许多重要矿物进口的依存度非常高,而且供应国非常集中(例如,我国对印度尼西亚镍的进口依存度达到80%,印度尼西亚政府已宣布从2014年起,开始禁止包括镍矿在内的金属矿石出口)。这就涉及国家的战略安全问题。国家对解决这个战略问题是如何考虑的呢?温家宝总理在考察国土资源部时提出:要"大力推进资源节约集约利用,坚持开源和节流并重,并把节约放在首位；统筹利用国际国内两个市场、两种资源，坚持立足国内，夯实资源保障基础；加快实施找矿突破战略，形成能源资源战略接续区，积极参与矿产资源国际合作"。这完全符合我国当前的实际情况。

温总理首先要求节约利用资源，在利用两种资源的问题上，温总理强调要立足国内资源。（这同时也是美国所强调的，它们通过矿产资源的循环利用实现节约利用资源，比如美国钢铁的循环利用在汽车行业已经达到140%。）2011年12月9日，国土资源部、国家发改委等5部门召开找矿突破战略行动动员会议，提出了中国实施找矿突破战略行动的目标和任务：要用3年时间取得突破性发展，5年实现地质找矿重大突破，8—10年重塑矿产勘查开发格局。国土部还设定了2012年寻找石油、天然气、页岩气和铁矿石、铜、铝等金属的具体目标。据专家分析，夯实资源保障基础，我们有潜力、有条件、有支撑。全国能源和重要矿产资源潜力分析结果表明，我国成矿地质条件有利，矿产勘查程度较低，总体资源探明程度不足1/3。我国大部分矿山还在500—800米生产。一些矿山的实例表明，深部找矿的前景是乐观的，还有很大的资源潜力。1999年开始，国土资源部实施了新一轮国土资源大调查，为找矿突破提供了良好的地质工作基础。但是，专家们还建议，在找矿中，勘察一定要与研究相结合，有些矿藏即使发现，但科技跟不上还是难以利用，如钒钛铁矿石，如果技术上能分开就是宝贝，分不开就是废物。勘探与研究相结合才能避免找出一些"呆矿"，而过去这方面的教训是不少的。

还需看到，我国为完成工业化和现代化对矿物的需求特别巨大，如何满足某些重要矿产品的充足供应问题，已经迫在眉睫。例如，铜的一年消费量890万吨，进口矿石铜790万吨，我国自己产铜2011年是127万吨，自身每年增加十多万吨，已经是生产能力的极限，但是我们每年的消费量就增加100万吨，这就是说，我们的产量远远落后于每年消费量的增长，铬的情况也类似。所以，突破战略能否解决这样的瓶颈仍有很大的不确定性。即使通过找矿突破战略能够找到大部分所需的矿物储量，但由勘探到开采到加工再到冶炼，是一个相当长的周期，而我国对大宗矿产需求的高峰迫在眉睫，存在一个远水不解近渴的问题。

考虑到这些情况，在立足本土的前提下，统筹安排国内和国际两个市场和两种资源。同时实施全球矿产资源战略还是必要的。在这方面发达国家早已走在前头,除美国有强大的跨国公司布局外,资源贫乏的日本在战后实施重化工工业化过程则另辟蹊径,它是通过综合商社从全球获取矿产资源。例如:日本的三井物产拥有了巴西淡水河谷的股份,三井物产在澳大利亚也经营多年,早在 1965 年就投资于澳大利亚的罗布河铁矿山,1967 年又投资于澳大利亚的纽曼铁矿山,并与力拓公司、新日铁、住友金属工业公司共同拥有和开采西澳大利亚的几座矿山。除此之外,住友财团和三菱财团也建立了同力拓和必和必拓的关系,并拥有这几家矿业巨擘的大量股份。与这些大公司形成利益共同体是日本进行全球布局的成功杰作。2013 年 2 月 4 日,日本外务省任命驻 50 个国家的 55 个大使馆及总领馆的 70 名职员担任"能源及矿物资源专门官"。此举意在强化驻外使领馆的情报收集能力,在愈演愈烈的"资源争夺战"中获得先机,专门官主要设在非洲国家,其职责是与对象国和日企进行协调沟通,通过共享对象国情报建立更加稳定的资源供应体系。其中非洲是重中之重,外务省在 17 个非洲国家任命了 19 名专门官,包括阿尔及利亚、苏丹(负责南苏丹)和加纳等。此外,外务省还在驻缅甸和华盛顿等北美地区的四处使领馆分别任命了 1 名和 5 名专门官。

　　但是必须看到,我国要进行采矿的全球布局比发达国家困难得多。首先,作为后发国家,我们今天面临的条件更加不利,世界上的大矿和富矿几乎已经被它们的跨国公司瓜分殆尽。其次,发达国家有意无意地对中国国有大企业的并购活动,以各种借口进行阻挠。再就是我们对收购兼并缺乏经验,企业的机制也存在问题。不过,在实战中中国企业也逐渐增加了这方面的本领。例如,不久前中铝公司与美铝公司合作收购力拓公司 12% 的股权(我国约占 11%)。不仅增加我们持有的国外矿权,而且同美铝一起成功阻击了必和必拓吞并力拓形成国际垄断的企图。我国五金矿产公司灵活地绕过澳政府设置的障碍,收购了澳大利亚 OZ 矿业公司所属的矿业勘探集团有限公司(MMG),并以 18.46 亿美元(约合 120 亿元人民币)的价格,注入香港五矿的上市公司。这些都是可喜的成就。

　　正是因为我国企业走向全球有更大的难度,所以我们更要举全国之力实施全球矿产资源战略。这就是说不仅要把通过国际贸易和国际投资获取国外资源看作是一种商业行为，而且要看作国家战略的一部分。不过对此应当注意的是，如何应对国外媒体趁机渲染资源领域的"中国威胁论"。

为加强对国外市场和资源的利用，我们认为：

第一，要加强全球矿产的信息收集。美国政府曾经指定美国内政部矿业局搜集并分析全国100种以上矿物以及世界185个国家矿物采掘和加工的信息。矿业局裁撤以后，这个任务转给了美国地质调查局。所以美国政府对全球矿业的状况和动态始终是了如指掌的，我们也不能缺少这样的机构。现在担当这个任务的是国土资源部的信息中心，其功能非常重要，一方面它拥有国内矿产资源供求的信息，由此可以推导出组织国内外供求平衡的需要，供决策者制订国内外矿物资源统一平衡的规划。另一方面它要同商务部以及走出去的企业紧密协作，对各国的矿产资源以及各国政府对矿产资源的管理办法进行调研，为我国企业在国外进行矿产资源贸易和投资服务。为此，改善国土资源部信息中心目前人力、物力不足的现状十分重要。

第二，要利用当前西方债务危机的有利时机，通过投资入股、兼并收购，尽可能多地获取国外矿物资源，在立足国内的同时，加强开辟国外的第二条战线，增加国内经济建设所需矿产品供应的可持续性。为此，必须加强投资入股、兼并收购的调查研究和风险评估。在这方面应当发挥我国同世界上160多个国家建立外交关系的有利条件，加强驻外机构对所在国家矿产资源的调查研究，这将有利于我们对项目进行风险评估，包括政策风险评估和政治风险评估，提出抵御风险的对策。

第三，对国有企业必须实行严格的经济责任制，走出去的企业应在对经济风险、资源风险、建设条件风险进行充分评估后，做出启动项目的决策，项目一经启动，企业必须对经济效益负责，不能不计盈亏，不讲效益，搞不好就不了了之。

第四，要鼓励并带动民营企业以单独或以合作、合营形式走出去，以发挥民营企业的实力并扩大其发展空间，同时减少外国政府对国有企业的戒备心理。

三 关于强化采矿安全问题。

矿难频发、采矿安全进步缓慢，是我国矿业之最大伤痛，为我国矿业从业人员的生命健康、身体安全以及家庭幸福带来了巨大的灾难，并且这种灾难还在不断发生。同时，这也严重地影响了我们的国家形象，同国家倡导的"以人为本"的宗旨相抵触。近年来，经过不懈的努力，矿山安全状况有所改进，不过总体情况依旧严峻。截至 2009 年，全国矿难仍然造成了 2631 人死亡，其中 70% 的致命矿难发生在产量占全国 35% 的小煤矿。2010 年工矿商贸企业事故总量为 8431 起，死亡人数 10616 人。煤矿事故 1403 起，死亡人数 2433 人。煤炭行业是矿难发生的重点，但金属矿山也一样存在问题，2004 年河北铁矿矿难共造成 70 人死亡，只有 51 名矿工侥幸生还，就是一例。据统计我国目前产煤每百万吨死亡率接近 4，与国际比较，美国为 0.04，俄罗斯为 0.34，南非为 0.13。解决采矿安全已经成为我国矿业最为紧迫的问题。

矿难形成的原因，可以从宏观到微观各个层次去探寻。它们又都带有中国自己的特色，比如说在宏观层面，以追求 GDP 高增长为导向的经济发展模式导致对矿物和能源的过高需求，供求的不平衡又导致生产粗放，注重追求产量，忽视安全生产。又如在政治层面，从计划经济到市场经济的过渡中，某些政府官员的寻租行为，导致滋生腐败，官煤结合，官商结合。如官员入股煤矿，与私营矿主狼狈为奸；收受私营矿主贿赂，滥用开采审批权，包庇煤矿事故等。2005 年中纪委等监察机构通报，经过清理整顿，查出公职人员在煤矿投资入股者达 4578 人，其中国家机关工作人员 3002 人，国有企业负责人 1576 人。登记入股金额 6.63 亿元[①]。对于这些问题，都必须从中国的国情出发，采取针对性的措施才能解决。

然而，矿业的某些共性，使国际经验对我国仍然具有重要的借鉴意义。就美国矿业的发展道路而言，其矿业也有过矿难的高发期，美国也曾经是发达国家中矿难致死率最高的国家，在 20 世纪早期，每年因矿难致死的人数超过 1000 人，甚至还包括为数不少的童工。正是因为矿难频发，才促使政府介入到矿业生产之中，在 1910 年成立了矿业局加强安全管理，到 50 年代末，年平均死亡人数下降到 500 人左右，及至 90 年代更进一步下降到每年

---

① 《四部委联合召开新闻发布会通报清理纠正领导干部投资入股煤矿工作情况》，参见 http://www.gov.cn/jrzg/2005-11/02/content_ 88985.htm

93 人。这个事实说明,以追求利润为导向的矿山经营者,在经济效益和安全生产之间有趋于前者的自发倾向,需要维护公共利益的政府对这种倾向加以约束,促进安全生产。为了达到这个目的,不仅需要制定安全保障规则,还要有一套机制保证各项安保规则真正落到实处。比如,在美国矿业局成立后,它本应对矿山安全管理负完全责任。但为什么在 1973 年又创立了矿业强制执行和安全署? 就是为了避免在执行矿业安全和健康标准时,同矿业局承担的资源开发任务之间发生利益冲突。到了 1977 年又通过了《联邦矿业安全和健康法》,把矿业强制执行和安全署转移到劳工部,并重新命名这个机构为矿山安全和健康署。在单一的法律框架下合并了所有矿业的联邦健康和安全规章。扩大了矿工的权利,并且加强了对矿工们的保护,使他们在行使权利时不被报复。在这个矿业法下,采矿遇难者急剧下降,从 1977 年的 272 人减少到 2007 年的 22 人。

值得注意的是,美国政府并没有满足于矿难死亡人数的下降,而是在做进一步的努力,企图从根本上解决矿难问题。这从 2010 年美国西弗吉尼亚阿尔法公司阿坡比格布兰奇矿难发生后,弗吉尼亚司法部与阿尔法公司的和解协议诸条款中可以看得很清楚。这次矿难使 29 人遇难,是近来美国矿难中死亡人数最多的一次。以这次矿难为契机,政府狠抓矿山安全的科学研究,根据和解协议,总部设在弗吉尼亚的阿尔法公司承诺投资 4800 万美元,建立一个科研基金,另外花费 8000 万美元,用最新技术改善所有矿山的安全。为此,一个由三位专家组成的小组被指定进行独立研究,寻找使煤矿开采更安全的方法。这三位专家先由阿尔法公司遴选,再由西弗吉尼亚南区司法部办公室批准任命。他们是弗吉尼亚技术学院采矿工程师麦克·卡尔米斯,西弗吉尼亚大学教授凯斯·海斯雷和马萨诸塞大学荣誉教授大卫·韦格曼。这个小组作为非营利的阿尔法基金会的机构运作,成为矿山安全和健康研究与开发的先锋。

这一措施的特点是把应用最新技术解决安全问题摆到优先地位。海斯雷的研究领域包括数值模拟、采矿的计算机应用、矿山设计和地面控制。后来,他又获得一笔经费用于开发一种确定受困矿工位置的地震系统。卡尔米斯的研究工作重点在健康和安全项目的通信和跟踪系统。

阿尔法的首席执行官克拉奇菲尔德说:"这将驱使最新的矿山安全和保

健的发展和创新，为全世界的矿工造福并提供巨大的机会。"美国律师布斯古德温说：这种研究与开发的构成将承诺在未来几十年给矿山安全带来突破性转变。他还指出，这个基金将启动创新并把有效的方法用于煤矿工人所面对的风险。

2011 年美国的煤矿死亡人数为 21 人，是自联邦政府在一个多世纪以前开始保持纪录以来第二个最低的年度数字。美国矿山安全和保健署署长周美因曾经说过，联邦安全措施的实施有助于使这个行业从 2010 年重新振作起来，这一年全国有 48 名矿工遇难。这个和解协议对 29 名遇难者家属的赔偿费是相当高的，总额达 4650 万美元，约合每个家庭赔偿 170 万美元。

这个和解协议还体现了对矿难责任方的无限追索权。阿坡比格布兰奇矿是 2010 年由阿尔法公司买进的。前矿主是麦赛·安那吉，他还拥有另外几座矿山。对这次矿难调查的结果，确认安那吉曾让高度爆破性的沼气和煤尘在阿坡比格布兰奇矿山累积起来，它们磨损并破坏了切煤设备，由此引发起火花，并点着了燃料。而水枪喷头又已破裂并堵塞，瞬间一点火苗蔓延了几英里，把地下隧道变成了地狱，使人们立刻致死。所以安那吉是此次事故的重要责任方，安那吉由于违反安全规章而遭罚款 3500 万美元。

对死难者家属的高赔偿费不仅体现了生命的价值，还是对经营者的警示，要他们在经济效益和安全生产之间取得平衡。如果一味追求利润，忽视安全，其结果可能是两头落空。这是用经济手段改变经营者忽视作业安全偏向的有效措施。

对事故的发生进行认真细致的调查，分清责任，使真正的责任方在证据面前无法抵赖，使他们得到应有的惩罚，有助于使全社会认识到忽视安全要负无限责任。谁想一卖了之，最后仍然要受到追索。所有上述经验都值得我们重视。

四 关于矿业生产与环境保护问题。

在美国，采矿业的环境保护工作，在 20 世纪 70 年代以后取得了较好的成效。首先 1970 年成立了环境保护署，美国《国家环境政策法》（National Envir onmental Policy Act，NEPA）于 1969 年 12 月 31 日在国会通过，1970 年 1 月 1 日由尼克松签署生效并施行。《国家环境政策法》的主要内容有 4

个方面。其一是宣布国家环境政策和国家环境保护目标；其二是明确国家环境政策的法律地位；其三是规定环境影响评价制度；其四是设立国家环境委员会。这4个方面的内容具有紧密的内在联系，是一个整体。接着于1976年通过了《资源保护和恢复法》，以及超级基金修正案和再授权法，解决了有害废料垃圾场的补救问题，确立了法律责任，建立了开展清理活动的信托基金，使矿山积压的废料和垃圾的处理有了资金保障。1977年又通过了《露天采矿控制和复原法》，到2003年为止，以前开采过的土地中，超过200万英亩的土地已经得到复原。亚利桑那州和环境保护署为保护饮水资源，对覆盖在地面的和排泄到地下采矿和加工活动的水源进行全面规划，实行水层保护许可和地下注入控制许可，不仅保护了地下水，也显示出对保护濒危物种和考古学资产的负责态度。

　　除了这些以采矿业为对象，为保护环境进行立法和执法的活动之外，环境保护署及有关政府机构注重对矿山环境保护方案的事先审核与听证的做法，也是值得称道的。我国国土资源部赴美考察组介绍指出："审核的方法和程序是：（1）开发者提交开发海域或地面区域的环境影响报告书。要求对每一阶段的开发活动对环境的影响均做出预测，并提出防治措施。如海洋开发，要阐述对鱼类、海鸟及其他海洋微生物生长环境的影响，对鱼类汛期的影响，对鱼类繁殖期和繁殖地的影响，等等；陆地开发，要提供可能对自然生态、自然景观、包括土质、水质等环境的影响预测，如在旅游区野生动物栖居地、国家保护的鸟类、鹿类、牧区等地开采，更要提供大量的论证材料和详细的测量数据。（2）环境影响报告书提交后，政府将按规定向矿区地方政府和民众公布征集意见，三个月后，根据反馈的意见重新修改报告。修改后的报告再次征求意见，再次修改。对于民众提出的意见和问题，必须研究出解决的办法，反复沟通、力求将因开发可能造成的破坏降到最低程度，直到报告通过。（3）环境影响报告书会在各有关政府部门之间反复征求意见，如农业部、林业部等，由其审查对农业和林业方面的影响，提出意见，再做修改。反复循环。一般一个环境影响报告书要经过4—5年的时间才能走完全部程序，直到各方都满意，方可动工开采。对于开发与环境保护矛盾冲突较大的矿山项目，在各方意见相持不下时，可提交内政部裁定。在开发活动中，当开发者不按承诺的方案进行环境保护时，当地民众可随时向土地局提出诉讼。""对于一个矿山来说,其矿产资源开发方案的制订和审核是以环境影响报告书的审核通过为前提的。没有一个各方都满意的环境保护措施,矿山开发不可能提到议事日程上来。"① 把采矿项目批准的事先审核与听证工作做到家,环境污染的后遗症自然可以大大减少。他们的做法看上去很花费时间,每个项目的批准可能要长达 3—5 年或更长时间,但是,只要避免了成本更高的严重污染,就是最大的效益。

政府对矿业的环保立法,也促进了在科学技术创新的基础上解决采矿业的环境保护问题。这是美国矿业环保的另一个特点。美国的必和必拓公司,根据政府的要求,采用保持自然原样法采铜,就是一个成功的案例。这方面的做法我们在第五章第二节中已有介绍。

我国对采矿业的环境保护动手较晚。在这方面,我们有过几个误区,比如,为了支持出口创汇,我们输出了很多高污染、高能耗的矿产品,换回了有限的外汇,却给矿区留下了无穷后患;又比如,我们为了让群众尽快脱贫致富,鼓励矿区百姓以手工技术开采矿物,既浪费了资源,又造成严重污染,有些地方的严重程度触目惊心。总结这些教训,中央强调科学发展观,要求转变经济发展方式,改变粗放型经济,发展环境友好型、技术创新型经济,可以说这为矿业的环境保护提供了有利条件。

我国发展矿业最令人痛心的,莫过于对稀土金属的开发和利用。由于决策失误,把开采稀土当作让群众大干快上、脱贫致富的手段,导致环境污染的严重后遗症。现在算账,仅在江西赣州一地,为了还欠账,整治污染就需要投资 380 亿元人民币,而据江西省工信委公布的数据,2011 年江西全省稀土行业赚得的利润仅有 65 亿元,这还是稀土价格已经翻了四番之后的成果②。借鉴美国的经验,我们认为现在我国治理矿山污染和进行环境保护应从两方面用力:一方面要防止新污染,另一方面要抓紧还旧账。

防止新污染最有效的办法还要依靠科技创新。像美国倡导的采掘有色金属的就地浸取法,在有条件的地方是值得推广的。事实上,我国采矿界权威人士也已经有了十分完善的设想,这就是构建生态矿业工程。生态矿业工程

---

① 杨璐:《美国矿业行政概况及启迪》,《矿产保护与利用》1998 年第 6 期。
② 《赣州稀土污染治理需要 380 个亿》,参见 http://www.recycle366.com/Article/49-624522.html

的"目的在于解决社会经济发展和生态环境保护协同的问题,要求按照法律法规在矿业项目规划、立项、设计、施工建设、生产、闭坑的全过程中,将生态环境保护和生态环境治理、生态修复融为项目的有机组成元素,保证各阶段的资金投入,落实各阶段的社会责任"。[①]应当按照这个思路,制定详细的法律、法规,以保证工程的系统完整。做到了这一点,新上马的项目就可以避免造成新的污染。

为了改善已经受到严重污染的矿区生态环境,保护人民身体健康,还必须抓紧还旧账,对此我们认为美国在20世纪70—80年代实行的建立超级基金,对已经造成的公害进行补偿和挽救的做法值得借鉴。像我国江西稀土矿区,目前已经造成严重污染,单靠一个省或一个地区的力量是很难改善的,必须举全国之力,进行系统整顿。这就需要通过立法,责成环境保护部门进行周密规划,制订实施步骤,坚持不懈地做到底。这项工作的最大难点,是如何筹集资金。从美国的实践看,这是一个极为艰巨的任务,会触动许多方面的既得利益,必须在强有力的领导下进行。然而从原则上讲,造成污染都有责任方,他们为此而进行补救和赔偿是理所当然的。对于"无头债",则中央政府和地方政府应当埋单,治理公害从财政收入中拨款也是顺理成章的。鉴于这项工作的迫切性、长期性和艰巨性,建议在中央政府的主导下,选择某个严重污染地区(如江西赣州),借鉴美国超级基金的经验,着手系统治理的试点工作。在取得经验后再进行立法和推广。

此外,进行环保法的普法宣传,提高群众的环保意识和维权思想,加强对矿山污染的群众监督,是美国矿山环境保护的有效手段。美国的矿业大公司经常要应付公民的法律诉讼,为其所造成的污染要付出巨额赔偿,反映了公众很高的环保觉悟,有利于强化监督,这也是值得借鉴的。

五 关于稀土资源的内忧、外患问题。

稀土元素被称为"工业黄金",在军工、高精尖设备、化工等行业不可或缺,是尖端科技和绿色产业的关键要素,属于国家的战略物资。我国稀土

---

① 于润沧:《关于我国矿业现代化的战略思考》,中国恩菲工程技术有限公司,2011年6月11日。

蕴藏量占世界首位,已探明储量 2009 年为 1859 万吨,约占世界储量的 23%,现在供应了世界 96% 以上的消费需求①。目前我国是世界稀土出口第一大国。

我国的稀土矿藏可谓得天独厚,"中东有石油,中国有稀土"之说,也由来已久。本来我们可以为中华大地这些璀璨的明珠而自豪,实际上由于过去的失误,目前却受益不多反而使这些明珠在内忧外患的双重困扰下黯然失色。

所谓内忧,是指掠夺式开采和廉价出口所带来的巨大经济损失,以及滥采滥挖所造成的环境欠账。例如,南方离子型稀土普遍使用池浸工艺。浸出、酸沉等工序产生的大量废水富含氨氰、重金属等污染物,严重污染了饮用水和农业灌溉用水。包头的轻稀土对环境的破坏,虽不如南方离子型稀土厉害,但污染情况也相当严重。问题在于,不仅过去对环境治理积累了巨额欠账,而且直到今天,污染并没有得到完全制止。根据我国环保部的统计,我国共有稀土生产企业 300 多家,由环保部审查的第一批合格企业只有 15 家,第二批合格企业也只有 41 家,其余 244 家都不达标。在环保部 2011 年公布环保基本过关企业名单中,北方稀土巨擘——包钢稀土公司仍然屈居于"待审核企业"的行列。同时,民间的滥采滥挖也没有得到完全制止。这是由于下游深加工企业需求旺盛,合法稀土企业产品供应不足,下游企业受利润刺激,只能去购买非法私有矿山的产品。这就进一步鼓励了滥采滥挖的不法行为。工信部副部长苏波在对江西现场进行调研时,也发现这种情况,他说:"过去的青山绿水现在变成了秃山。经过整顿,多年来稀土行业滥采滥挖、供大于求的状况初步改观",但是"现在滥采滥挖、无证开采、无计划开采还大量存在。"

所谓外患,是指美、欧、日本对中国限制稀土出口向 WTO 提出诉讼,对我国施加压力。

2012 年 3 月 13 日,美国总统奥巴马正式宣布将中国的稀土出口限制政策诉诸 WTO,欧洲与日本也采取了联合行动。三方诉讼主要针对中国对 17

---

① 国务院新闻办:《中国的稀土状况与政策》,2012 年 6 月 20 日。参见 http://www.cfi.net.cn/p20120620000583.html

种稀土以及钨和钼的出口配额和出口税等限制措施。认为这些措施影响了他们"尖端科技和绿色产业的生产商"。此次美、欧、日正式提出诉讼的背景是 WTO 在 2011 年年底裁决中国对铝土、焦炭、镁等 9 种原材料出口限制政策违反世贸规则，这为它们进行稀土诉讼增添了信心。本来 WTO 协定中规定，在一些特定情况下，允许成员国进行出口控制，其中一项就是为了对不可再生自然资源的保护。这也正是中方在案件裁决过程中提出的主要论点。但欧美提出，如果确实如此，中国的限制措施应该内外一视同仁，也同样适用于中国的国内生产。欧盟官员称：欧盟观察到中国对稀土的使用实际上在增加。因为出口减少后，国内供应增加，导致国内稀土价格下降，中国企业可以以低价格获得稀土，这就使中国国内需求进一步增加，国内的生产并没有停止，他们认为这是对外国企业的不公平。

其实，真相是美、欧、日对中国不公平。中国虽然制定了配额，但外国进口商得到的配额根本没有用完。原因是中国的大量稀土被走私出境，白皮书公布的数据显示，2006 年至 2008 年，国外海关统计的从中国进口稀土量，比中国海关统计的出口量分别高出 35%、59% 和 36%，2011 年中国稀土出口的配额是 2.4 万吨稀土氧化物，折合实物量大约是 3 万吨，但实际出口是 1.86 万吨的实物量，配额有 40% 没有使用，因为走私稀土已经满足了外国的需求[①]。

为了改变我国稀土资源的混乱现象，我国政府下决心对稀土资源进行根本性治理。2011 年 2 月，国务院常务会议研究部署促进稀土行业持续健康发展的政策措施。会议提出，力争用 5 年左右时间，形成合理开发、有序生产、高效利用、技术先进、集约发展的稀土行业持续健康发展格局。2011 年 5 月，国务院第一次发布《关于促进稀土行业持续健康发展的若干意见》，这也是 2000 年以来，国务院首次单独针对稀土产业出台指导意见，同时首次将稀土上升到国家战略储备高度。2011 年国家还在继续对稀土大力整顿，重点打击非法开采、生产、黑市交易，走私等违法违规行为。对稀土资源执行更严格的保护性开采政策，停止受理新的勘察、开采登记申请，停止核准新建冶炼分离项目，禁止现有矿山和冶炼分离、企业扩大生产规模。上述治理

---

① 《出口不敌走私，稀土配额被剩余》，《第一财经日报》2012 年 6 月 21 日 B2 版。

方针无疑是正确的,但是要想完全见效,还须假以时日。这里的关键是在严格执法时,必须处理好各方面的利益关系。既要制止滥采滥挖,也要引导群众找到其他致富门路,既要集约经营,用规模经济取代分散和低效的生产单位,也要合理组织产业集群,使大、中、小企业、国营企业和民营企业合理分工,各得其所。这就需要在中央政府的领导下与地方政府、稀土大企业集团以及稀土行业协会精诚协作,形成合力,毫不动摇地把整顿和治理工作进行到底。

我们认为:在目前以及未来应对美、欧、日的 WTO 诉讼问题上,第一,要摆事实讲道理,白皮书的做法很有说服力,美、欧、日对稀土的需求事实上并没有受到配额的影响,他们是得了便宜卖乖;第二,要把整顿采矿秩序,保护环境,防止破坏和浪费稀有资源同贸易保护主义加以严格区别。说明中国这样做的目的不仅是为了中国经济的可持续发展,也是为了世界经济的可持续发展。第三,要用国际通行惯例对稀土的价格机制进行改革,要把开采稀土所带来的环境成本纳入稀土的价格。达到合理开发利用和配置资源的目的。办法就是制定合理的资源税或环境保护税[①]。

据了解,我国开征资源税始于 1980 年,税目限于煤炭、石油、天然气和铁矿石四种。1986 年颁布矿产资源法后,对矿产品征收资源税和资源补偿费。实行"普遍征收,级差调节"的原则。1994 年我国税制全面改革,资源税也在其中,其征税对象为开采应税矿产品和生产盐的单位和个人,征税范围扩大到 7 个税目,即原油、天然气、煤炭、其他非金属原矿、黑色金属原矿、有色金属原矿、盐。可以看出,自开始征收资源税以来,对资源税的征收目的,都是为了保护和促进国有自然资源的合理开发与利用,适当调节资源级差收入。而对于采矿所造成的环境污染等社会成本,并没有纳入资源税的视野之中,这是非常不够的。

事实上,采矿和运输过程所带来的外溢成本或社会成本非常高,但在企业内部成本中无法体现,必须运用税收手段收回,强制纳入企业内部成本,这就是使外部成本内部化的做法。它包括以下几个方面:

(1) 地质生态破坏,环境污染,水源流失以及水体污染等的治理成本,

---

① 许文、贾康:《资源税改革的基本问题分析》,《中国金融》2007 年第 24 期。

应当用资源税回收这一成本。

（2）矿产资源是不可再生的，矿区资源迟早会枯竭，这一代人使用完，下一代人就无法受益，造成代际分配的不公平。此外，资源枯竭后，城市的转型成本也很高。因此，用资源税的形式通过财政手段，为下一代提取资源补偿金和城市转型的储备金也很有必要。

过去发达国家经常抱怨说，中国的产品价格低廉是因为政府给予了补贴，而它们的产品是因为环保费用推高了成本，而无法与中国竞争，这种说法同我国的矿产品价格过去未计入社会成本有一定关系。为此，今后在资源税税率的设计上，必须根据各种矿产品采掘和运输中造成的污染程度和治理成本而有所差别。由此而造成的矿产品价格升高，对国内买家和国外买家是一视同仁的，这就避免了用配额限制所造成的国内外价格差异。对国内外消费者都能起到促进节约资源，合理使用的效果。

资源税改革应当积极进行，但最好能与当前我国对两大稀土基地的治理同步。稀土金属的价格同供求关系密切相关，如果任凭民间滥采滥挖和非法开采，使稀土生产过剩，对形成稳定的合理价格肯定是不利的。在此情况下，会给资源税的改革造成阻力，对此不可不加以防范。

六 关于修改完善《矿产资源法》的建议

1986年3月19日，全国人民代表大会常务委员会为加强矿产资源的勘察、开发利用和保护工作，通过了《中华人民共和国矿产资源法》。在有了6年的实践经验以后，国务院又颁布了《中华人民共和国矿产资源法实施细则》。此后又于1998年制定了《矿产资源勘察区块登记管理办法》。至此，我国的矿业发展已经进入有法可依的健康轨道。今天，国际国内形势都发生了巨大变化，我国已经成为世界第二大经济体，国家已经确立2020年建成小康社会，到新中国成立100年时达到中等发达国家水平的宏伟目标。为实现上述目标，建立一个强大的矿业是必不可少的，它将是把我国带入现代化社会的物质基础。国家和人民的意志应当在立法中得到体现，因此总结1/4世纪的实践经验，把《矿产资源法》加以充实和完善已经十分必要。

我们的一个建议，是把《矿产资源法》改为《矿业法》。这是因为"矿产资源"的提法其落脚点是"矿产资源"，是"物"，而要把物保护好、利用好需要建设强大的产业,因此建立一个以市场配置资源为基础的、在国家宏观指导下运作的、有强大竞争力的矿业,才是做好这件事的根本保证。修改立法应当起到这种促进作用。另外,《矿业法》这一提法的涵盖面比较广,可以把人和机构这个主体要素同物的要素有机地结合起来。

同时,从上述着眼点出发,必须处理好政府和企业的关系,总的来说要各得其所,不可偏废。这就是说,一方面政府的宏观指导必须是强有力的,另一方面又要有充满活力和竞争力的产业,这个产业是按照市场规律运行的,是由权、责、利三者紧密结合而成为独立法人的许多企业组成的。政府指导企业无非通过经济介入、行政介入和法律介入三个方面。我们目前采取的措施行政介入较多,经济杠杆也用一些,但是法律方面用得不够。换句话说,政府在企业的权、责、利方面的指导作用,还没有在法律上充分体现出来。

企业必须拥有必需的权利。有法学界人士认为,按照现有的《矿产资源法》,拥有矿业权的企业与政府部门之间的民事法律关系并不明确。各类所有制的矿业权人之间不平等的现象比较严重。矿业权难以得到有效的保护。原因在于,矿业权来源于公权力的特许,容易受到来自各方面的侵扰。企业对政府要有行政诉讼权,防止个别政府部门以公共利益的名义侵犯合法矿业权,只有这样,才能有效地调动办矿的积极性。

企业必须把自己分内的责任和社会责任承担起来。企业要盈利,这是无可非议的。但是必须走健康的和可持续发展的道路。矿业和其他产业没有两样,要想得到好的回报,必须在科技创新上下功夫。一方面要由政府通过国家创新体系协调产、学、研的相互关系。但是创新主体仍然是企业,国家立法应当鼓励企业走上自主创新的道路。跨国经营和全球布局,是企业提高竞争力的另一条正当道路,我们的跨国经营应以同东道国互惠为基础,在此基础上利用国外资源是正当的、必要的,国家应当给予鼓励和支持,并见之于立法。

企业在投产之后必须非常重视环境保护和生产安全问题,这是义不容辞的责任。在企业运行中,要建立严格的环境保护和生产安全条例,并认真实施;在发生环境污染和矿难的时候,要由政府对其实行严格的问责制。为了保护环境,在做矿山开发可行性研究的同时,要做"闭坑计划",如果企业不做，就应算作违法行为，就像发达国家要求的一样。在资源采尽，矿山关闭的时候，企业必须向主管部门提交闭坑报告，详述采掘工程进展，存在的不安全隐患，土地复垦和利用的情形及环境保护资料。这些要求应当在立法中体现，这样才有利于监督执行。

  为了提高矿业的集约经营和规模经济，对矿业准入要有较高的门槛，否则会造成资源浪费，因此在批准采矿权之前，对企业的资质审查是必要的。但是对不同的矿业也需要有不同的准入尺度，美国开发页岩气的经验说明，页岩气的生成比较分散，不一定都适合于大规模开发，适当放松准入门槛，因地制宜，允许有更多小企业进入，也许利大于弊。要使国家资本和民营资本各得其所，共同打造繁荣昌盛的中国矿业，应当在立法中有所体现。

附　录

表1　2010年美国67种重要的非燃料矿物对进口的依赖度

矿物名称	依赖度（%）	进口地区
砷 三氧化物 ARSENIC（truixude）	100	摩洛哥，中国，比利时
石棉　ASBESTOS	100	加拿大
铝矾土 氧化铝 BAUXITE & ALUMINA	100	牙买加，巴西，圭亚那，澳大利亚
铯 CESIUM	100	牙买加
氟石 FLUORSPAR	100	墨西哥，巴西，圭亚那，澳大利亚
石墨（天然）GRAPHITE（natural）	100	中国，墨西哥，南非，蒙古
铟 INDIUM	100	中国，加拿大，日本，比利时
锰 MANGANESE	100	南非，加蓬，中国，澳大利亚
云母片（天然）MICA Sheet Natural	100	中国，巴西，比利时，印度
铌 NIOBIUM（Columbium）	100	巴西，加拿大，德国，爱沙尼亚
石英 晶体（工业）QUARTZ CRYSTAL（Industrial）	100	中国，日本，俄罗斯
稀土 RARE EARTH	100	中国，法国，日本，奥地利
铷 RUBIDUM	100	加拿大
锶 STRONTIUM	100	墨西哥
钽 TANTALIUM	100	澳大利亚，中国，哈萨克斯坦，德国
铊 THALLIUM	100	俄罗斯，德国，荷兰
钍 THORIUM	100	英国，法国，印度，加拿大
钇 YTTRIUM	100	中国，日本，法国
镓 GALLIUM	99	中国，日本，法国
宝石 GEMSTONES	99	以色列，印度，比利时，南非

续表

矿物名称	依赖度（%）	进口地区
铋 BISMUTH	94	比利时，中国，英国，加拿大
铂 PLATINUM	94	南非，德国，英国，加拿大
锑 ANTIMONY	93	中国，墨西哥，比利时
锗 GERMANIUM	90	比利时，中国，俄罗斯，德国
碘 IODINE	88	智利，日本
铼 RHENIUM	86	智利，荷兰
钻石（粉状、砂、粉）DIAMOND (dust, grit, powder)	85	中国，爱尔兰，俄罗斯，韩国
岩石（石面）STONE (dimension)	85	巴西，中国，意大利，土耳其
钾 POTASH	83	加拿大，白俄罗斯，俄罗斯
钴 COBALT	81	挪威，俄罗斯，中国，加拿大
wtrt 钛浓缩矿物 TITANIUM MINERAL CONCENTRATION	81	南非，澳大利亚，加拿大，莫桑比克
碳化硅 SILICON CARBIDE	77	中国，委内瑞拉，墨西哥，爱尔兰
锌 ZINC	77	加拿大，秘鲁，墨西哥，爱尔兰
重晶石 BARITE	76	中国，印度
锡 TIN	69	秘鲁，玻利维亚，中国，印度尼西亚
钒 VANADIUM	69	韩国，捷克，加拿大，奥地利
钨 TUNGSTEN	68	中国，加拿大，德国，玻利维亚
银 SILVER	65	墨西哥，加拿大，秘鲁，智利
钛（海绵体）TATANIUM（spongy）	64	哈萨克斯坦，乌克兰，俄罗斯
泥炭 PEAT	59	加拿大
钯 PALLADIUM	58	俄罗斯，南非，英国，比利时
铬 CHROMIUM	56	南非，哈萨克斯坦，俄罗斯，中国
镁复合物 MAGNESIUM COMPOUND	53	中国，奥地利，巴西，加拿
铍 BERYLLIUM	47	哈萨克斯坦，肯尼亚，德国，爱尔兰

续表

矿物名称	依赖度（%）	进口地区
硅（铁化硅）SILICON	44	中国，俄罗斯，委内瑞拉，加拿大
锂 LITHIUM	43	智利，阿根廷，中国
镍 NICKLE	43	加拿大，俄罗斯，澳大利亚，挪威
氮（固化）阿摩尼亚 NITROGEN (fixed) Ammonia	43	特立尼达，多巴哥，俄罗斯，澳大利亚，挪威
铝 ALUMINUM	38	加拿大，俄罗斯，中国，墨西哥
镁金属 MAGNESIUM METAL	34	加拿大，以色列，中国，墨西哥
黄金 GOLD	33	加拿大，墨西哥，秘鲁，智利
铜 COPPER	30	智利，加拿大，秘鲁，墨西哥
云母 废料和薄片（天然）MICA SCRAP & FLAKE (natural)	27	加拿大，中国，印度，芬兰
石榴红（工业的）GARNET (Industrial)	25	印度，澳大利亚，中国，加拿大
珍珠岩 PERLITE	25	希腊
盐 SALT	24	加拿大，智利，墨西哥，巴哈马群岛
蛭石 VERMICULITE	22	中国，南非
硫 SULFUR	17	加拿大，墨西哥，委内瑞拉
石膏 GYPSUM	15	加拿大，墨西哥，西班牙
磷石 PHOSPHATE ROCK	15	摩洛哥
铁和钢渣 IRON & STEEL SLAG	10	日本，加拿大，意大利，南非
水泥 CEMENT	8	中国，加拿大，韩国，台湾
铁和钢 IRON and STEEL	7	加拿大，欧盟，中国，墨西哥
浮石 PUMICE	7	希腊，土耳其，冰岛，墨西哥

续表

矿物名称	依赖度（%）	进口地区
钻石（天然工业岩石）DIAMOND（natural industrial stone）	3	博茨瓦纳，南非，纳米比亚，印度
石灰岩 LIME	2	加拿大，墨西哥
碎石 STONE（crushed）	1	加拿大，墨西哥，巴哈马群岛

资料来源：Mineral Commodity Summaries 2011，美国内政部，地质调查局 2011 年，p. 6.

表2　八种金属商品在美国的初级生产、实际消费、世界生产和美国占世界生产份额

（单位：公吨）

商品	美国实际生产	美国实际消费	世界生产	美国占世界生产%
铝				
1945	449000	772000	870000	51.6
1965	2498000	2850000	6310000	39.6
1985	3500000	5210000	15400000	22.7
2004	2516000	6590000	29800000	8.4
铬				
1945	3000	251000	310000	1.2
1965	0	893000	1490000	0.0
1985	0	433000	3180000	0.0
2004	0	555000	5380000	0.0
铜				
1945	1010000	1650000	2110000	47.9
1965	1550000	1980000	4660000	33.3
1985	1060000	2140000	7990000	13.3
2004	1260000	2550000	14600000	6.6
铅				
1945	450000	915000	1250000	36.0
1965	385000	1000000	2700000	14.3
1985	487000	1130000	3390000	14.4
2004	148000	1480000	3110000	4.8

续表

商品	美国实际生产	美国实际消费	世界生产	美国占世界生产%
钼				
1945	14000	12200	16300	85.9
1965	35100	23300	44700	78.5
1985	49200	17200	98400	50.0
2004	41500	23900	141000	29.4
镍				
1945	1050	109000	145000	0.7
1965	12300	156000	425000	2.9
1985	4730	197000	913000	0.6
2004	0	212000	1390000	0.0
钨				
1945	2390	3060	10900	21.9
1965	3430	6700	27000	12.7
1985	983	8210	46600	2.1
2004	0	12600	73700	0.0
锌				
1945	694000	773000	1470000	47.2
1965	902000	1230000	4310000	20.9
1985	261000	961000	6760000	3.9
2004	189000	1160000	9600000	2.0

资料来源：Managing Materials for a Twenty – first Century Military (2008)，National Materials Advisory Board，p. 50.

注：实际消费等于生产＋进口－出口＋/－（库存变化）。

表3 2009—2010 年世界生铁和粗钢的产量（单位：百万吨）

	生 铁		粗 钢	
	2009	2010	2009	2010
美 国	19	29	59	90
巴 西	5	32	34	33
中 国	544	600	568	630

续表

	生　铁		粗　钢	
法　国	8	10	13	16
德　国	20	29	33	44
印　度	30	39	57	67
日　本	86	82	88	110
韩　国	30	31	53	56
俄　国	44	47	59	66
乌克兰	26	26	30	31
英　国	8	7	10	10
其他国家	85	67	236	250
世界总产量（四舍五入）	935	1000	1240	1400

表4　2009—2010年世界铁矿石的生产和储量（单位：百万公吨）

国　别	铁矿石生产		储　量	
	2009	2010	粗矿石	含铁量
美　国	27	49	6900	2100
澳大利亚	394	420	24000	15000
巴　西	300	370	29000	16000
加拿大	32	35	6300	2300
中　国	880	900	23000	7200
印　度	245	250	7000	4500
伊　朗	33	33	2500	1400
哈萨克斯坦	22	22	8300	3300
毛里塔尼亚	10	11	1100	700
墨西哥	12	12	700	400
俄罗斯	92	100	25000	14000

续表

国 别	铁矿石生产 2009	铁矿石生产 2010	储 量 粗矿石	储 量 含铁量
南 非	55	55	1000	650
瑞 典	18	25	3500	2200
乌 克 兰	66	72	30000	9000
委内瑞拉	15	16	4000	2400
其他国家	43	50	11000	6200
世界总量（四舍五入）	2240	2400	180000	87000

表5　铬：世界采矿生产和储备（单位：千公吨）

国 别	矿山生产 2009年	矿山生产 2010年	储 备（发运等级）
美 国	—	—	620
印 度	3760	3800	44000
哈萨克斯坦	3330	3400	180000
南 非	6870	8500	130000
其他国家	5340	6300	NA
世界总量（四舍五入）	19300	22000	350000

表6　钴：世界采矿生产和储量情况（单位：公吨）

国 别	矿山生产 2009年	矿山生产 2010年	储 备
美 国	—	—	33000
澳大利亚	4800	4600	1400000
巴 西	1200	1500	89000
加 拿 大	4100	2500	150000
中 国	6000	6200	80000
刚果（金萨沙）	35500	45000	3400000
古 巴	3500	3500	500000

续表

国 别	矿山生产 2009 年	矿山生产 2010 年	储 备
摩 洛 哥	1600	1500	200000
新加里多尼亚	1000	1700	370000
俄 罗 斯	6100	6100	250000
赞 比 亚	5000	11000	270000
其他国家	3700	4700	740000
世界总量（四舍五入）	72300	88000	7300000

表 7　锰：世界矿山生产和储量（单位：千公吨）

	矿山生产 2009 年	矿山生产 2010 年	储 备
美 国	—	—	—
澳 大 利 亚	2140	2400	93000
巴 西	730	830	110000
中 国	2400	2800	44000
加 蓬	881	1400	52000
印 度	980	1100	56000
墨 西 哥	169	210	4000
南 非	1900	2200	120000
乌 克 兰	375	500	140000
其他国家	1240	1400	很少
世界（四舍五入）	10800	13000	630000

表 8　钼：世界矿山生产和储量　（单位：公吨）

	矿山生产 2009 年	矿山生产 2020 年	储 备
美 国	47899	56000	2700
亚美尼亚	4150	4200	200
加 拿 大	8840	9100	200

续表

	矿山生产		储 备
	2009 年	2020 年	
智 利	34900	39000	1100
中 国	93500	94000	4300
伊 朗	3700	3700	50
哈萨克斯坦	380	400	130
吉尔吉斯坦	250	250	100
墨 西 哥	7800	8000	130
蒙 古	3000	3000	160
秘 鲁	123000	12000	450
俄 罗 斯	3800	3800	250
乌兹别克斯坦	550	550	60
世界总量（四舍五入）	221000	234000	9800

表 9　镍：2009—2010 年世界矿山生产和储量　（单位：公吨）

	矿山生产		储 备
	2009 年	2010 年	
美 国	—	—	
澳 大 利 亚	165000	139000	24000000
博 茨 瓦 那	28600	32400	490000
巴 西	54100	66200	8700000
加 拿 大	137000	155000	3800000
中 国	79400	77000	3000000
哥 伦 比 亚	72000	70200	1600000
古 巴	67300	74000	5500000
多米尼加共和国	—	3100	960000
印 度 尼 西 亚	203000	232000	3900000
马 达 加 斯 加	—	7500	1300000
新 加 里 多 尼 亚	92800	138000	7100000
菲 律 宾	137000	156000	1100000

续表

	矿山生产		储　备
	2009 年	2010 年	
俄 罗 斯	262000	265000	6000000
南 非	34600	41800	3700000
委 内 瑞 拉	13200	14300	490000
其 他 国 家	51700	77800	4500000
世界总量（四舍五入）	1400000	1550000	76000000

表 10　铌　2009—2010 年世界矿山生产和储量（单位：公吨）

	矿山生产		储　备
	2009 年	2010 年	
美 国	—	—	—
巴 西	58000	58000	2900000
加 拿 大	4330	4400	46000
其 他 国 家	530	600	NA
世界总量（四舍五入）	62000	63000	2900.000

表 11　世界钨的生产和储量（单位：公吨）

	矿山生产		储　备
	2009 年	2010 年	
美 国	无	无	140000
奥 地 利	900	1000	10000
玻 利 维 亚	1000	1100	53000
加 拿 大	2000	300	120000
中 国	51000	52000	1900000
葡 萄 牙	900	950	4200
俄 罗 斯	2500	2500	250000
其 他 国 家	3000	3300	400000
世界总量（四舍五入）	61300	61000	900000

表12 钒：世界矿山生产和储量（单位：公吨）

	矿山生产		储 备
	2009年	2010年	
美 国	无	无	45
中 国	21000	23000	5100
俄 罗 斯	14500	14000	5000
南 非	17000	18000	3500
其 他 国 家	1000	1000	
世界总量（四舍五入）	51500	50000	13600

表13 铜：世界矿山的生产和储量（单位：千吨）

	矿山生产		储备
	2009年	2010年	
美 国	1180	1120	35000
澳 大 利 亚	854	900	80000
加 拿 大	491	480	8000
智 利	5390	5520	150000
中 国	995	1150	30000
印度尼西亚	996	840	30000
哈萨克斯坦	390	400	18000
墨 西 哥	238	230	38000
秘 鲁	1275	1285	90000
波 兰	430	430	26000
俄 罗 斯	725	750	30000
赞 比 亚	697	770	20000
其 他 国 家	2190	2300	80000
世界问题（四舍五入）	15900	16200	630000

资料来源：Mineral Commodity Summaries 2011 U. S. Department of Interior; U. S. Geological Survey, p. 48.

表14 铅：世界矿山生产和储量（单位：千公吨）

	矿山生产		储备
	2009年	2010年	
美 国	406	400	7000
澳大利亚	566	620	27000
玻利维亚	86	90	1600
加 拿 大	69	65	650
中 国	1600	1750	13000
印 度	92	95	2600
爱 尔 兰	50	45	600
墨 西 哥	144	185	5000
秘 鲁	302	280	6000
玻 兰	60	35	1500
俄 罗 斯	70	90	8200
南 非	49	50	300
瑞 典	60	65	1100
其 他 国 家	306	330	4000
世界总量（四舍五入）	3860	4100	80000

资料来源：Mineral Commodity Summaries 2011, U. S. Department to the Interior; U. S. Geological Survey, p. 90.

表15 世界锌资源的产量和储量（单位：千公吨）

	矿山生产		储备
	2009年	2010年	
美 国	736	720	12000
澳大利亚	1290	1450	53000
玻利维亚	422	430	6000
加 拿 大	699	670	6000
中 国	3100	3500	42000
印 度	695	750	11000
爱 尔 兰	386	350	2000
哈萨克斯坦	480	480	16000
墨 西 哥	390	550	15000

续表

	矿山生产		储备
	2009 年	2010 年	
秘 鲁	1510	1520	23000
其他国家	1490	1580	62000
世界总量（四舍五入）	11200	12000	250000

资料来源：Mineral Commodity Summaries 2011, U. S. Department of the Interior; U. S. Geological Survey, p. 188.

表16 铝：世界熔炼厂的生产和生产能力（单位：千公吨）

	矿山生产		年末生产能力	
	2009 年	2010 年	2009 年	2010 年
美 国	1727	1720	3500	3190
澳大利亚	1940	1950	2050	2050
巴 林	870	870	880	880
加 拿 大	1540	1550	1700	1700
中 国	12900	16800	19000	18400
德 国	292	370	620	620
冰 岛	785	780	790	790
印 度	1400	1400	1700	2300
莫桑比克	545	550	570	570
挪 威	800	1230	1230	—
俄 罗 斯	3820	3850	4280	—
南 非	809	800	900	900
阿拉伯联合酋长国	1010	1400	1120	1650
委内瑞拉	610	440	625	590
其他国家	4900	5200	6750	6800
世界总量（四舍五入）	37300	41400	48800	49000

表17 锂：世界矿山生产和储量（单位：千公吨）

	矿山生产		储备
	2009 年	2010 年	
美国	无	无	38000
阿根廷	2200	2900	850000
澳大利亚	6280	8500	580000
巴西	160	180	64000
加拿大	310	—	—
智利	5620	8800	7500000
中国	3760	4600	3500000
葡萄牙	—	—	10000
赞比亚	400	470	23000
世界总量（四舍五入）	18800	25300	13000000

表18 镁：世界初级生产和储量（单位：千公吨）

国别	初级生产	
	2009 年	2010 年
美国	无	无
巴西	16	16
中国	501	650
以色列	29	30
哈萨克斯坦	21	20
俄罗斯	37	40
塞尔维亚	2	2
乌克兰	2	2
世界总量（四舍五入）	608	760

表19　钛：世界海绵体金属生产和海绵体色素生产能力（单位：千公吨）

	海绵体金属生产能力		2010年海绵体色素生产能力	
	2009年	2010年	2009年	2010年
美国			24000	1480000
澳大利亚	—	—	—	281000
比利时	—	—	—	74000
加拿大	—	—	—	90000
中国	61500	53000	8000	1100000
芬兰	—	—	—	130000
法国	—	—	—	125000
德国	—	—	—	440000
意大利	—	—	—	80000
日本	25000	30000	60000	309000
哈萨克斯坦	16500	15000	26000	1000
墨西哥	—	—	—	130000
俄罗斯	26600	27000	38000	20000
西班牙	—	—	—	80000
乌克兰	6830	65000	10000	120000
英国	—	—	—	300000
其他国家	—	—	—	900000
世界问题（四舍五入）	136000	132000	238000	5660000

表20　黄金：世界矿山生产和储量（单位：公吨）

	矿山生产		储量
	2009年	2010年	
美国	223	230	3000
澳大利亚	222	255	7300
巴西	60	65	2400
加拿大	97	90	990
智利	41	40	3400
中国	320	345	1900

续表

	矿山生产		储量
	2009 年	2010 年	
加纳	86	100	1400
印度尼西亚	130	120	3000
墨西哥	51	60	1400
巴布亚新几内亚	66	60	1200
秘鲁	182	170	2000
俄罗斯	191	190	5000
南非	198	190	6000
乌兹别克斯坦	90	90	1700
其他国家	490	560	10000
世界总量（四舍五入）	2400	2500	51000

表21 银：世界矿山生产和储量（单位：公吨）

	矿山生产		储量
	2009 年	2019 年	
美国	1250	1280	25000
澳大利亚	1630	1700	69000
玻利维亚	1300	1300	22000
加拿大	600	700	7000
智利	1300	1500	70000
中国	2900	3000	43000
墨西哥	3550	3500	37000
秘鲁	3850	4000	120000
波兰	1200	1200	69000
俄罗斯	1400	1400	NA
其他国家	2820	2600	50000
世界总量（四舍五入）	21800	22200	510000

表22 部分铂族元素的世界矿山生产和储量（单位：公斤）

国别	矿山生产 铂 2009年	矿山生产 铂 2010年	矿山生产 钯 2009年	矿山生产 钯 2010年	铂族金属储量
美国	3830	3500	12700	11600	900000
加拿大	4600	5500	6500	9400	310000
哥伦比亚	1500	1000	无	无	
俄罗斯	21000	24000	83200	87200	1100000
南非	140000	138000	75000	73000	63000000
津巴布韦	7230	8800	5680	6600	
其他国家	2420	2400	9230	9800	800000
世界总量（四舍五入）	181000	183000	192000	197000	66000000

表23 稀土元素地壳丰度的估计[①]

（表列稀土元素是按原子序数的次序排列：钇（Y）包括在这些元素中是因为它有与镧化物相似的物理化学特性。量度单位：每百万分之几）

稀土元素	Mason & Moore (1982)	Jackson & Chrestiansen (1993)	Sabot & Maestro (1995)	Wedephol (1995)	Lide (1997)	McGill (1997)
镧 La	30	29	18	30	39	5—18
铈 Ce	60	70	45	60	60.5	20—45
镨 Pr	8.2	9	5.5	6.7	92	3.5—5.5
铌 Nb	28	37	24	27	41.5	12—24
钐 Sm	6	8	6.5	5.3	7.05	4.5—7
铕 Eu	1.2	1.3	0.5	1.3	2	0.14—1.1
钆 Gd	5.4	8	6.4	4	6.2	4.5—6.4
铽 Tb	0.9	2.5	0.9	0.65	1.2	0.7—1
镝 Dy	3	5	5	3.8	5.2	4.5—7.5
钬 Ho	1.2	1.7	1.2	0.8	1.3	0.7—1.2
铒 Er	2.8	3.3	4	2.1	3.5	2.5—6.5

---

① 资料来源：http://pidc.com/products_imaterials_proli.html

续表

稀土元素	Mason & Moore (1982)	Jackson & Chrestiansen (1993)	Sabot & Maestro (1995)	Wedephol (1995)	Lide (1997)	McGill (1997)
铥 Tm	0.5	0.27	0.4	0.3	0, 52	0.2—1
镱 Yb	3.4	0.33	2.7	2	3.2	2.7—8
镥 Lu	0.5	0.8	0.8	0.35	0.8	0.8—1.7
钇 Y	33	29	28	24	33	28—70
钪 Sc	22		10	16	22	5—10
总共	206.1	205.2	159.9	184.3	242.17	

表 24　美国各地稀土元素分布

储量		公吨	品位	TREO 含量公吨	来源
储量（已证明或有希望的）					
Mountain Pass	California	13588000	8.24	1120000	Molycorp Inc. (2010)
资源（推断的）					
Bear Lodge	Wyoming	10678000	3.60	384000	Noble and others (2009)
资源（未分类的）					
Bald Mountain	Wyoming	18000000	0.08	14400	Osterwald and others (1966)
Bokan Mountain	Alaska	34100000	0.48	164000	Keyser and Kennedy (2007)
Elk Creek	Nebraska	39400000			Molycorp Inc (1986)
Gallinas Mtns	New Mexico	46000	2.95	1400	
Hall Mountain	Idaho	100000	0.05	50	Staaz and others (1979)
Hick's Dome	Illinois	14700000	0.42	62000	Jackson and Christiansen (1979)
Iron Hill	Colorado	2424000000	0.40	9696000	Jackson and others (1993)
Lemhi Pass	Idaho	500000	0.33	1650	Staaz and others (1979)

续表

储量		公吨	品位	TREO含量公吨	来源
Diamond Creek	Idaho	5800000	1.12	70800	Staatz and others (1979)
Mineville	New York	9000000	0.9	80000	McKeown and Klemic (1956)
Music Valley	California	50000	8.6	4300	Jackson and Christiansen (1993)
Pajarito	New Mexico	2400000	0.18	4000	Jackson and Christiansen (1993)
Pea Ridge	Missouri	600000	1.2	72000	Grauch and others (2010)
Scrub Oaks	New Jersey	10000000	0.38	38000	Klemic and others (1959)
Wet Mountain	Colorado	13957000	0.42	59000	Jackson and Christiansen (1993)

表25 2008年世界稀土元素矿产品生产和储量情况

国家	2009			
	生产		储备	
	总公吨	份额%	总公吨	份额%
澳大利亚	0	0	5400000	5
巴西	650	0.5	48000	0.05
中国	120000	95	36000000	36
独联体	2500	2	19000000	19
印度	2700	2	3100000	3
马来西亚	380	0.3	30000	0.03
美国	0	0	13000000	13
其他	0	0	22000000	22
总量	126230		99000000	

表 26　2009 年稀土元素矿山生产

国别	矿山	2009 产量公吨	初级产品	副产品
巴西	Buena Norte	650	Ilmenite	独居石精矿
中国	白云鄂博	5500	铁矿石	Bastnasite 精矿
	四川	10000	Bastnasite 精矿	
	中国南部	45000	稀土元素	
印度	重-矿物砂石	2700	Ilmenite 精矿	独居石精矿
马来西亚	Ipoh 砂石工厂	380	Cassiterite 精矿	磷钇矿精矿
俄国	Lovozero	2500	Loparite 精矿	氯化稀土元素

资料来源：《USGS 矿物商品概况》（美国地质调查 2010 氧化稀土总量）

选定的世界金属矿业集中度

（CR2 和 CR3，两国和三国各自集中比率。NHI 标准化的 Herfindahl 指数。指数越高，矿物生产和美国进口越集中。CR2 和 CR3 被四舍五入到最靠近其百分比的结果，在某些情况下在集中度和标准化的 Herfindahl 指数之间有微小的差额。RI 国家风险指数见本文对指数的解释。此处用的是 2007 年数据，是从美国地质调查局能够得到完整信息的最新数据。）

表 27　选定的美国进口矿产品和世界生产矿产品的集中度

矿物商品	进口依赖%	美国进口% CR2	CR3	NHI	RI	世界生产% CR2	CR3	NHI	RI
锑	86	90	98	0.42	1.9	91	94	0.77	2.3
铝矾土氧化铝	100	50	64	0.19	4.6	46	58	0.16	2.8
铋	95	62	80	0.26	0.8	75	90	0.29	2.3

续表

矿物商品	进口依赖%	美国进口%				世界生产%			
		CR2	CR3	NHI	RI	CR2	CR3	NHI	RI
钴	78	43	56	0.13	1.7	52	63	0.20	1.4
铜	37	75	88	0.32	1.5	44	51	0.16	2.4
镓	99	57	73	0.21	1.3	51	65	0.19	1.9
铟	100	72	81	0.31	1.3	68	76	0.36	1.4
锰	100	54	65	0.21	2.9	46	64	0.17	2.8
镍	17	59	68	0.23	0.10	32	46	0.10	2.6
铌	100	96	97	0.79	2.7	100	100	0.90	2.9
铂	94	50	65	0.17	1.5	91	94	0.63	2.9
稀土	100	94	96	0.83	1.9	99	100	0.94	2.0
铼	86	95	98	0.81	1.8	59	68	0.26	2.3
钽	100	35	50	0.13	1.6	75	85	0.30	2.0
锡	79	69	79	0.31	3.2	74	91	0.30	3.3
钛	64	85	94	0.39	3.3	55	77	0.23	2.2
钨	70	50	69	0.19	3.3	81	86	0.57	2.3
钒	100	66	74	0.35	1.5	72	97	0.33	1.5
钇	100	96	99	0.78	1.8	100	100	0.98	2.0
锌	58	67	82	0.19	1.1	52	66	0.19	1.9

Antimony 锑；Bauxite and almina 铝矾土和氧化铝；Bismuth 铋；Cobalt 钴；Copper 铜；Gallium 镓；Indium 铟；Manganese 锰；Niekel 镍；Niobium 铌；Platinum 铂；Rare earth elements 稀土元素；Rhenium 铼；Tantalum 钽；Tin 锡；Titanium 钛；Tungsten 钨；Vanadium 钒；Yttrium 钇；Zinc 锌

表28 波兰特水泥：世界产量和生产能力（单位：千公吨）

	水泥生产		烧结块生产能力	
	2009	2010	2009	2010
美　　国	64900	63500	114000	109000
巴　　西	51700	59000	50000	55000
中　　国	1629000	1800000	1300000	1500000
埃　　及	46500	48000	45000	46000
德　　国	30400	31000	31000	31000
印　　度	205000	220000	250000	260000
印度尼西亚	40000	42000	42000	42000
伊　　朗	50000	55000	50000	57000
意 大 利	36300	35000	46000	46000
日　　本	54800	56000	63000	63000
韩　　国	50100	46000	50000	50000
墨 西 哥	35200	34000	42000	42000
巴基斯坦	32000	30000	42000	45000
俄 罗 斯	44300	49000	65000	65000
沙特阿拉伯	40000	45000	40000	50000
西 班 牙	50000	50000	42000	42000
泰　　国	31200	31000	50000	50000
土 耳 其	54000	60000	63000	65000
越　　南	47900	50000	50000	55000
其他国家	466000	520000	460000	470000
世界总量（四舍五入）	3060000	3300000	2900000	3100000

表29 世界石灰生产和储量（单位：千公吨）

国别	产量 2009年	产量 2010年	储量
美国	15800	18000	
澳大利亚	2000	2200	
比利时	2000	2000	
巴西	7450	7700	
加拿大	1600	1800	
中国	185000	190000	
法国	3500	3700	
德国	6000	6800	
印度	13000	14000	
伊朗	2700	2800	
意大利	6000	6400	
日本（生石灰）	8400	9400	足够表列所有国家使用
韩国	3600	4000	
墨西哥	5500	5700	
波兰	1950	2000	
罗马尼亚	2000	2200	
俄罗斯	7000	7400	
南非（销售额）	1380	1400	
西班牙	2000	2200	
土耳其（销售额）	3800	4000	
英国	1500	1600	
越南	1700	1800	
其他国家	15500	16000	
世界总量（四舍五入）	299000	310000	

表30 石绵：2009—2010年世界矿山生产和储量（单位：千公吨）

国别	矿山产量 2009年	矿山产量 2010年	储量
美 国	—	—	小量
巴 西	288000	270000	中等
加 拿 大	150000	100000	大量
中 国	380000	350000	大量
哈萨克斯坦	230000	230000	大量
俄 罗 斯	1000000	1000000	大量
其他国家	19000	20000	中等
世界总量（四舍五入）	2070000	1970000	大量

表31 石膏：世界矿山生产和储量（单位：千公吨）

国别	矿山产量 2009年	矿山产量 2010年	储量
美 国	8400	9000	700000
阿尔及利亚	1700	1700	
阿 根 廷	1300	1300	
澳 大 利 亚	3500	3500	
巴 西	1920	1900	13000000
加 拿 大	3540	3500	450000
中 国	45000	45000	
埃 及	2600	2500	
法 国	2300	2300	
德 国	1898	1900	
印 度	2600	2500	
伊 朗	13000	13000	
意 大 利	4130	4100	在主要生产国储量很大，但多数拿不到资料
日 本	5750	5800	
墨 西 哥	5760	5800	

续表

国别	矿山产量 2009年	矿山产量 2010年	储量
波兰	1500	1500	
俄罗斯	2900	2900	
沙特阿拉伯	2100	2100	
西班牙	11500	11500	
泰国	8500	8500	
土耳其	3100	3100	
英国	1700	17000	
其他国家	11400	11000	
世界总产量（四舍五入）	148000	146000	

表32 石墨：世界矿山生产和储量（单位：千公吨）

国别	矿山产量 2009年	矿山产量 2010年	储量
美国	—	—	—
巴西	76	76	300
加拿大	25	25	(4)
中国	800	800	55000
印度	130	130	5200
朝鲜	30	30	(4)
马达加斯加	5	5	940
墨西哥	5	5	3100
挪威	2	2	(4)
斯里兰卡	11	11	(4)
乌克兰	6	6	(4)
其他国家	3	3	6400
世界总量（四舍五入）	1100	1100	71000

表33 黏土：世界矿山生产和储量（单位：千公吨）

	矿山生产					
	膨润土		富勒土		高粱土	
	2009	2010	2009	2010	2009	2010
美国（销售）	3650	4000	2010	2300	5290	5700
巴　　西	239	245	—	—	2680	2750
捷克（生产）	116	120			2890	2750
德国（销售）	350	380	—	—	3200	3250
希腊（生产）	845	860			—	—
意 大 利	146	150	3	3	1070	1000
墨 西 哥	511	520	108	110	78	80
西 班 牙	155	165	820	830	465	470
土 耳 其	000	1050	—	—	800	850
乌克兰（生产）	300	320	—	—	1.120	1150
英　　国	—	—			1800	1850
乌兹别克斯坦	—	—	—	—	5500	5550
其 他 国 家	2350	2400	259	285	8140	8400
其他国家（四舍五入）	9650	10000	3200	3500	33000	34000

表34 盐：世界生产和储量（单位：千公吨）

国别	生产		储量
	2009年	2010年	
美　　国	41000	45000	大型，经济的和次经济的盐矿床在盐的主要生产国很多。海洋实际上有取之不尽的盐
澳大利亚	11000	11500	
巴　　西	6900	7000	
加 拿 大	14400	14000	
智　　利	6430	6500	
中　　国	59500	60000	
法　　国	6100	6000	

续表

国别	生产 2009年	生产 2010年	储量
德 国	16400	16500	
印 度	16000	15000	
墨 西 哥	8810	8800	
荷 兰	5000	5000	
波 兰	4390	4400	
西 班 牙	4550	4600	
乌 克 兰	5500	4600	
英 国	5800	5800	
其他国家	63200	53600	
世界总量（四舍五入）	280000	270000	

表35 硫：世界生产和储量（单位：千公吨）

国别	产量 2009年	产量 2010年	储量
美 国	9780	9900	硫在原油、天然气和硫酸盐中储存是大量的。由于大部分硫的生产是化石燃料加工的结果，在可预见的未来其供应将是充分的。由于石油和硫酸盐矿石能够在远离其生产点进行加工，所以硫可以不在储藏的那个国家生产，例如，沙特石油含有的硫，可在在美国冶炼厂回收
澳大利亚	930	930	
加 拿 大	6940	7000	
智 利	1600	1600	
中 国	9370	9400	
芬 兰	615	615	
法 国	1310	1300	
德 国	3760	3800	
印 度	1150	1200	
伊 朗	1570	1600	
意 大 利	740	740	
日 本	3350	3400	
哈萨克斯坦	2000	2000	

续表

国别	产量 2009 年	产量 2010 年	储量
韩国	1560	1600	
科威特	700	700	
墨西哥	1700	1700	
荷兰	530	530	
波兰	730	750	
俄罗斯	7070	7100	
沙特阿拉伯	3200	3200	
南非	539	530	
西班牙	637	640	
阿拉伯联合酋长国	2000	2000	
乌兹别克斯坦	520	520	
委内瑞拉	800	800	
其他国家	4810	4800	
世界产量（四舍五入）	67900	68000	

表36 磷：世界矿山生产和储量：（单位：千公吨）

国别	产量 2009 年	产量 2010 年	储量
美国	26400	26100	1400000
阿尔及利亚	1800	2000	2200000
澳大利亚	2800	2800	82000
巴西	6350	5500	340000
加拿大	700	700	5000
中国	60200	65000	3700000
埃及	5000	5000	100000
以色列	2700	3000	180000
约旦	5280	6000	1500000
摩洛哥和西撒哈拉	23000	26000	50000000

续表

国别	产量 2009年	产量 2010年	储量
俄罗斯	10000	10000	1300000
塞内加尔	650	650	180000
南非	2240	23000	1500000
叙利亚	2470	28000	1800000
多哥	850	800	60000
突尼斯	7400	7600	100000
其他国家	8620	9500	620000
世界总量（四舍五入）	166000	176000	65000000

表37 世界氨生产和储量（单位：千公吨）

国别	工厂生产 2009年	工厂生产 2010年	储量
美国	7700	8300	
澳大利亚	1200	1200	
孟加拉	1300	1300	
加拿大	4000	4000	
中国	42300	42000	
埃及	2000	2300	
德国	2360	2500	生产氨能得到的大气氮和天然气来源，被认为对所有表列国家是足够的
印度	11200	11700	
印度尼西亚	4600	4600	
伊朗	2000	2000	
日本	1100	1000	
荷兰	1800	1800	
巴基斯坦	2300	2300	
波兰	1990	1900	
卡塔尔	1800	1800	

续表

国别	工厂生产 2009年	工厂生产 2010年	储量
罗马尼亚	1300	1300	
俄罗斯	10400	10400	
沙特阿拉伯	2600	2600	
特立尼达和多巴哥	5100	5500	
乌克兰	4200	3300	
乌兹别克斯坦	1000	1000	
委内瑞拉	1160	1160	
其他国家	17000	17000	
世界总量（四舍五入）	130000	131000	

表38 钾碱：世界矿山生产和储量（单位：千公吨）

国别	矿山生产 2009年	矿山生产 2010年	储量
美国	700	900	130000
白俄罗斯	2490	5000	750000
巴西	385	400	300000
加拿大	4320	9500	4400000
智利	692	700	70000
中国	3000	3000	240000
德国	1800	3000	150000
以色列	2100	2100	40000
约旦	683	1200	40000
俄罗斯	3730	6800	3300000
西班牙	435	400	20000
乌克兰	12	12	25000
英国	427	400	22000
其他国家			50000
世界总量（四舍五入）	20800	33000	9500000

表39 纯碱：世界的生产和储量（单位：千公吨）

国别	矿山生产 2009年	矿山生产 2010年	储量
美国	9310	10000	23000000
博茨瓦纳	250	250	400000
肯尼亚	405	450	7000
墨西哥	—	—	200000
土耳其	1000	1000	200000
乌干达	无	无	20000
其他国家	—	—	260000
世界总量，天然的（四舍五入）	11000	11700	24000000
世界总量，合成的（四舍五入）	33000	34300	××
世界总量（四舍五入）	44000	46000	××

表40 天然云母：世界生产和储量（单位：千公吨）

国别	小块和片状 矿山生产 2009	小块和片状 矿山生产 2010	小块和片状 储量	薄片 矿山生产	薄片 矿山生产	薄片 储量
美国	50	53	大量			非常少
巴西	4	4	大量	—	—	无
加拿大	15	15	大量	—	—	无
中国	无	无	大量	—	—	无
芬兰			大量	—	—	无
白云母浓缩体	8	8		—	—	
黑云母	60	60		—	—	
法国	20	20	大量	—	—	
印度	4	4	大量	3.5	3.5	很大
韩国	50	50	大量	—	—	无
挪威	3	3	大量	—	—	无
俄罗斯	100	100	大量	1.5	1.5	中度
其他国家	26	30	大量	0.2	0.2	中度
世界总量（四舍五入）	340	350	大量	5.2	5.2	很大

表41 硅 世界生产和储量（单位：千公吨）

国别	生产量 2009年	生产量 2010年	储量
美 国	139	170	
巴 西	224	240	
加 拿 大	53	59	
中 国	4310	4600	
法 国	66	69	主要生产国的储量相对需求而言是巨大的，没有数量估计
冰 岛	81	93	
印 度	59	66	
挪 威	301	330	
俄 罗 斯	537	610	
南 非	98	120	
委内瑞拉	54	62	
其他国家	266	290	
世界总量（四舍五入）	6310	6900	

表42 矽藻：世界生产和储量（单位：千公吨）

国别	矿山生产 2009年	矿山生产 2010年	储量
美 国	575	550	25000
阿 根 廷	40	40	无
中 国	440	450	110000
独 联 体	80	80	无
丹 麦	225	225	无
法 国	75	75	无
冰 岛	26	25	无
意 大 利	25	25	无
日 本	110	110	无
墨 西 哥	116	120	无

续表

国别	矿山生产 2009 年	矿山生产 2010 年	储量
西班牙	50	50	25000
土耳其	30	30	无
其他国家	50	50	无
世界总量（四舍五入）	1840	1830	大量

表 43 长石：矿山产量和储量（单位：千公吨）

国别	矿山生产 2009 年	矿山生产 2010 年	储量
美国	550	570	无资料
阿根廷	214	220	同上
巴西	150	150	同上
中国	2000	2000	同上
捷克共和国	431	440	29000
埃及	354	180	5000
法国	650	650	无资料
德国	140	150	同上
印度	410	410	38000
伊朗	500	500	无资料
意大利	4700	4700	同上
日本	700	600	同上
韩国	623	630	同上
马来西亚	357	450	同上
墨西哥	383	440	同上
波兰	550	550	同上
葡萄牙	320	320	11000
沙特阿拉伯	500	500	无资料
南非	100	100	同上
西班牙	550	580	同上

续表

国别	矿山生产 2009 年	矿山生产 2010 年	储量
泰　　国	600	620	同上
土 耳 其	4210	4500	同上
委内瑞拉	200	170	同上
其他国家	760	750	同上
世界总量（四舍五入）	2600	20000	大量

表 44　萤石：世界生产和储量（单位：千公吨）

国别	矿山生产 2009 年	矿山生产 2010 年	储量
美　　国	无资料	无资料	无资料
巴　　西	64	65	无资料
中　　国	2900	3000	24000
哈萨克斯坦	67	65	无资料
肯 尼 亚	16	30	2000
墨 西 哥	1040	1000	32000
蒙　　古	60	450	12000
摩 洛 哥	75	80	无资料
纳米比亚	74	110	3000
俄 罗 斯	240	220	无资料
南　　非	204	130	41000
西 班 牙	140	120	6000
其他国家	180	170	110000
世界总量（四舍五入）	5460	5400	230000

表45　硅灰石：世界矿山生产和储量（单位：千公吨）

国别	矿山生产 2009年	矿山生产 2010年	储量
美　　国	65000	67000	世界硅灰石储量估计超过9000万吨，估计储量也可能到2.7亿吨。然而许多大型矿床还没有调查，所以还没有准确的储量估计
中　　国	290000	300000	
芬　　兰	16000	16000	
印　　度	110000	120000	
墨 西 哥	40000	30000	
其他国家	9500	9500	
世界总量（四舍五入）	530000	400000	

表46　世界宝石钻石矿山生产和储量（单位：千公吨）

国别	矿山生产 2009年	矿山生产 2010年	储量
安 哥 拉	8100	8100	含钻石的矿石世界储量很大，其他宝石储量无资料
澳 大 利 亚	60	60	
博 茨 瓦 纳	2400	2400	
巴　　西	182	180	
加 拿 大	10900	11000	
中非共和国	300	300	
中　　国	100	100	
刚果（金）	3600	3600	
象牙海岸	210	210	
加　　纳	500	500	
几 内 亚	2400	2400	
圭 亚 那	179	180	
莱 索 托	450	450	
纳 米 比 亚	2300	2300	
俄 罗 斯	17800	18000	
塞拉利昂	200	200	

续表

国别	矿山生产 2009年	矿山生产 2010年	储量
南非	2400	2400	含钻石的矿石世界储量很大,其他宝石储量无资料
坦桑尼亚	150	150	
其他国家	270	270	
世界总量(四舍五入)	74100	74000	

表47 世界矿山生产和储量(单位:千公吨)

国别	矿山生产 2009年	矿山生产 2010年	储量
美国	71	70	美国的储量很大
法国	65	65	
印度	24	24	
南非	210	265	
其他国家	6	8	
世界总量(四舍五入)	375	430	